扶贫社会组织
多维公信力研究

钟玲 陈莉 著

中国社会科学出版社

图书在版编目(CIP)数据

扶贫社会组织多维公信力研究/钟玲,陈莉著.—北京:中国社会科学出版社,2019.2
ISBN 978-7-5203-4198-1

Ⅰ.①扶… Ⅱ.①钟…②陈… Ⅲ.①扶贫—社会组织管理—研究—中国 Ⅳ.①F126②C916.1

中国版本图书馆 CIP 数据核字(2019)第 047833 号

出 版 人	赵剑英	
责任编辑	王莎莎	
责任校对	张爱华	
责任印制	张雪娇	

出 版	中国社会科学出版社	
社 址	北京鼓楼西大街甲 158 号	
邮 编	100720	
网 址	http://www.csspw.cn	
发 行 部	010-84083685	
门 市 部	010-84029450	
经 销	新华书店及其他书店	
印 刷	北京君升印刷有限公司	
装 订	廊坊市广阳区广增装订厂	
版 次	2019 年 2 月第 1 版	
印 次	2019 年 2 月第 1 次印刷	
开 本	710×1000 1/16	
印 张	16	
插 页	2	
字 数	259 千字	
定 价	68.00 元	

凡购买中国社会科学出版社图书,如有质量问题请与本社营销中心联系调换
电话:010-84083683
版权所有 侵权必究

前　言

20世纪90年代以来，无论是国际社会组织，还是我国的社会组织，都出现了数量上的猛增，在为社会注入生机与活力的同时，也因其创新性和独特性在社会发展中发挥着重要的作用。然而，由于自身发育程度不够、自律规范缺少或不完善，加之外部监督失灵，各种公信力问题层出不穷，不仅直接损害社会组织在公众心目中的"公益"和"利他"形象，也严重影响社会组织长期可持续的发展。

本书通过国内外文献梳理、问卷调查、案例访谈和官网微信等媒体信息收集，对我国扶贫领域社会组织公信力现状及其机制建设进行了实证研究，分析和讨论了目前我国扶贫类社会组织的公信力状况、存在问题及机制建设，以促进扶贫类社会组织的公信力发展，并借其讨论来透视和影响其他类别的社会组织，以推动社会组织的整体发展，促进整个社会的良性和谐发展。

在具体内容和主要观点上，本书综述了国内外文献有关公信力的概念和主要公信力机制及其特征，并围绕多维公信力的概念，从公信力的四个维度，即管理公信力、财务公信力、专业公信力和社会公信力，考察并分析讨论了我国扶贫社会组织的公信力现状及公信力机制建设情况。在研究主体部分，基于对公众有关"扶贫类社会组织公信力现状及发展"调查问卷所收集的560份有效问卷的数据分析，评价了扶贫社会组织的多维公信力状况；基于对26个扶贫社会组织的案例研究，对扶贫社会组织的管理公信力、财务公信力和专业公信力进行了研究，对其核心的内部公信力建设措施和所面临的问题进行了分析和提炼；在环境分析和扶贫社会组织行为基础上，探讨了扶贫社会组织在诸多政府及多元社会主体问责情境中进行公信力建设的行为机制,包括行为产生的环境、行为发生的动力、具体的行为选择,以及产生的行为结果等。最后,依据对案例扶贫社会组织深入系统的剖析,归纳总结了目前案例扶贫社会组织公信力建设的经验和逻辑,指出其公信力建设面临对受助方负责不够以及多主体问责能力较为缺乏等问题,因此,提出提升社会组织的整体公信力水平的途径在于政府底线监管、公共平台搭建、制度环境软性激励,社会多维公信力培训咨询和社会组织内部制度健全、人才开发和信息互动透明等方面综合协作。

本书的完成,得到了诸多政府机构和扶贫社会组织的关注与支持。这些机构和组织遍及东西南北的各个省份,他们都毫不保留地提供了研究所需要的宝贵的第一手资料,尤其是得到了广东省扶贫开发协会秘书长钟邵彬的大力支持,对于他们的慷慨和热情,在此一并表示感谢。许多老师和同仁也给予了这本书非常重要的意见和建议,他们是中国农业大学人文与发展学院左停教授、沈彩艺副教授、华中师范大学社会学院陆汉文教授、澳大利亚新南威尔士大学社会政策研究中心方倩博士,以及台湾屏东科技大学社会工作系陈柯玫博士。这本书还得到了参与问卷发放和收集的中国农业大学学生的支持,在此也表示深深的谢意。

本书在资料收集和写作中,正赶上国家社会组织的规范化调整和国家《慈善法》的编定制定,写作过程中有很多更新,基于水平有限和信息持续更新的滞后性,书中撰写难免有不当和错误之处,衷心希望得到专家、同行和读者的批评指正。

目 录

第一章 导论 …………………………………………………… （1）
 第一节 研究背景 ……………………………………………… （1）
  一 社会组织参与扶贫的角色定位 ………………………… （1）
  二 社会组织面临公信力质疑 ……………………………… （5）
 第二节 研究设计 ……………………………………………… （7）
  一 研究思路 ………………………………………………… （7）
  二 研究问题 ………………………………………………… （8）
  三 研究方法及路径 ………………………………………… （8）
 第三节 研究过程 ……………………………………………… （9）
  一 社会组织访谈样本选取 ………………………………… （9）
  二 公众问卷调查抽样 ……………………………………… （10）

第二章 扶贫社会组织公信力研究综述 …………………… （14）
 第一节 社会组织公信力概念界定 …………………………… （14）
  一 国外社会组织公信力概念 ……………………………… （14）
  二 国内社会组织公信力概念 ……………………………… （16）
  三 其他相关概念 …………………………………………… （17）
 第二节 公信力研究的关键问题 ……………………………… （19）
  一 公信力机制 ……………………………………………… （19）
  二 对谁负责 ………………………………………………… （29）
  三 自律与他律 ……………………………………………… （34）

第三章 扶贫社会组织社会公信力现状 …………………… （41）
 第一节 样本公众与扶贫社会组织的互动现状 ……………… （41）
  一 关注扶贫社会组织发展的意愿 ………………………… （41）

二　对扶贫社会组织信息的了解情况 …………………………（42）
　　三　参与扶贫社会组织的行为 ……………………………………（44）
第二节　扶贫社会组织公信力的社会认知评价 ………………………（47）
　　一　整体认知与评价 ……………………………………………（47）
　　二　管理公信力认知与评价 ……………………………………（52）
　　三　财务公信力认知与评价 ……………………………………（55）
　　四　专业公信力认知与评价 ……………………………………（59）
　　五　多维公信力的比较分析 ……………………………………（62）
第三节　公众对扶贫社会组织公信力发展的期望 ……………………（66）
　　一　公信力建设应解决的问题 …………………………………（67）
　　二　提升公信力的关键因素 ……………………………………（68）
　　三　促进相关主体的角色定位 …………………………………（69）
　　四　提升公信力的管理途径 ……………………………………（71）
第四节　结论与反思 ……………………………………………………（74）

第四章　扶贫社会组织自身公信力建设现状 …………………………（78）
第一节　管理公信力建设现状 …………………………………………（78）
　　一　组织结构 ……………………………………………………（78）
　　二　制度建设 ……………………………………………………（87）
　　三　管理绩效 ……………………………………………………（94）
第二节　财务公信力建设现状 …………………………………………（104）
　　一　财务透明度 …………………………………………………（104）
　　二　财务可信度 …………………………………………………（109）
第三节　专业公信力建设现状 …………………………………………（112）
　　一　员工专业性 …………………………………………………（112）
　　二　服务专业性 …………………………………………………（126）
　　三　对象瞄准性 …………………………………………………（140）
第四节　结论与反思 ……………………………………………………（148）

第五章　扶贫社会组织公信力建设的机制探讨 ………………………（151）
第一节　扶贫社会组织公信力建设的环境分析 ………………………（151）
　　一　社会组织法律法规的演变 …………………………………（151）
　　二　社会组织配套制度的改革 …………………………………（167）

第二节　扶贫社会组织公信力建设的动力分析 …………………… (177)
　　　　一　政府的底线监管 ………………………………………… (178)
　　　　二　社会组织的主动构建 …………………………………… (180)
　　　　三　主体的传导约束 ………………………………………… (183)
　　　　四　评估的软性激励 ………………………………………… (185)
　　第三节　扶贫社会组织公信力建设的行为分析 …………………… (186)
　　　　一　扶贫社会组织公信力建设的行为维度 ………………… (186)
　　　　二　扶贫社会组织公信力建设的行为特点 ………………… (188)
　　　　三　扶贫社会组织公信力建设的行为逻辑 ………………… (193)
　　第四节　扶贫社会组织公信力建设的效果评价 …………………… (200)
　　　　一　政府支持的效果评价 …………………………………… (200)
　　　　二　对谁负责的效果评价 …………………………………… (202)
　　　　三　行为与公众认知评价 …………………………………… (206)
　　第五节　结论与反思 ………………………………………………… (208)
第六章　推进扶贫社会组织多维公信力建设 …………………………… (211)
　　　　一　扶贫社会组织公信力建设的经验做法 ………………… (211)
　　　　二　扶贫社会组织公信力建设面临的挑战 ………………… (214)
　　　　三　推进扶贫社会组织公信力建设的建议 ………………… (217)

参考文献 ………………………………………………………………… (221)
附录一：《扶贫类社会组织公信力现状及发展》调查问卷 ………… (228)
　　被调查者个人信息 ………………………………………………… (228)
　　A. 与扶贫类社会组织互动情况 …………………………………… (229)
　　B. 扶贫类社会组织公信力评价 …………………………………… (230)
　　C. 扶贫类社会组织公信力建设面临的问题和应采取的对策 …… (234)
附录二：扶贫社会组织登记管理机关访谈提纲 ……………………… (236)
附录三：扶贫社会组织案例深度访谈提纲 …………………………… (237)

图表目录

图1 扶贫类社会组织公信力研究框架 …………………………（ 7 ）
图2 扶贫社会组织典型案例 ZGF 历年财务总收入与总支出情况 ………………………………………………………（ 95 ）
图3 扶贫社会组织典型案例 ZGF 历年受益人口发展情况 ………（ 97 ）

表1 我国社会组织构成及数量 …………………………………（ 6 ）
表2 访谈机构一览表 ……………………………………………（ 9 ）
表3 问卷调查对象地域分布情况（N=560） …………………（ 11 ）
表4 问卷调查对象年龄分布情况（N=556） …………………（ 12 ）
表5 问卷调查对象职业分布情况（N=559） …………………（ 12 ）
表6 问卷调查对象学历分布情况（N=559） …………………（ 13 ）
表7 社会组织公信力机制及特征 ………………………………（ 24 ）
表8 国际社会组织经历的两次公信力改革浪潮 ………………（ 26 ）
表9 我国社会组织合法性管理机制演变及特征 ………………（ 35 ）
表10 社会组织的自律与他律 …………………………………（ 38 ）
表11 问卷调查对象工作岗位与扶贫的相关程度（N=558） …………………………………………………（ 41 ）
表12 问卷调查对象对扶贫社会组织的关注程度（N=560） …………………………………………………（ 42 ）
表13 问卷调查对象工作岗位对扶贫社会组织关注程度的影响（N=558） ………………………………（ 42 ）
表14 问卷调查对象日常接触的与扶贫社会组织有关的信息量（N=559） ………………………………（ 43 ）

表 15	问卷调查对象日常接触扶贫社会组织信息的渠道（N=558）	（43）
表 16	问卷调查对象日常接触扶贫社会组织信息的主要渠道（N=480）	（44）
表 17	问卷调查对象参与扶贫社会组织活动的情况	（45）
表 18	问卷调查对象选择扶贫社会组织捐赠的指标（N=559）	（45）
表 19	问卷调查对象参加扶贫社会组织公益活动的类型（N=211）	（46）
表 20	问卷调查对象对扶贫社会组织的了解程度（N=559）	（47）
表 21	问卷调查对象认可的扶贫社会组织公信力较强的表现（N=559）	（48）
表 22	问卷调查对象认为公信力不足的做法（N=559）	（48）
表 23	问卷调查对象对扶贫社会组织活动和行为的认可程度（N=557）	（49）
表 24	问卷调查对象对扶贫社会组织工作的满意度（N=557）	（50）
表 25	问卷调查对象对扶贫社会组织认可满意度与了解程度的相关性分析（N=557）	（50）
表 26	问卷调查对象对扶贫社会组织不满意的原因分布（N=236）	（51）
表 27	问卷调查对象对扶贫社会组织理念与做法的认同程度（N=559）	（52）
表 28	问卷调查对象对扶贫社会组织管理模式的了解程度（N=558）	（53）
表 29	扶贫社会组织对贫困人群的影响评价（N=558）	（53）
表 30	问卷调查对象对扶贫社会组织扶贫活动的评价（N=560）	（54）
表 31	问卷调查对象对扶贫社会组织扶贫活动评价的理由（N=82）	（54）

表32 问卷调查对象对扶贫社会组织财务信息是否应该公开的评价（N=300） …………………………（55）

表33 问卷调查对象认为扶贫社会组织应该公开的财务信息维度（N=555） ……………………（55）

表34 问卷调查对象认为扶贫社会组织财务应该公开的方式和途径（N=559） ………………………（56）

表35 问卷调查对象建议扶贫社会组织财务公开的其他方式和途径（N=31） ………………………（56）

表36 问卷调查对象对扶贫社会组织财务状况的了解程度（N=559） ……………………………（57）

表37 问卷调查对象对扶贫社会组织财务状况信息的了解渠道（N=234） …………………………（57）

表38 问卷调查对象对扶贫社会组织财务公开透明度的评价（N=557） …………………………（57）

表39 问卷调查对象对扶贫社会组织财务公开真实度的评价（N=559） …………………………（58）

表40 问卷调查对象评价扶贫社会组织财务公开真实度的原因（N=91） …………………………（58）

表41 问卷调查对象对扶贫社会组织专业人员素质的期望（N=559） ……………………………（59）

表42 问卷调查对象对扶贫社会组织从业人员专业性的认知评价（N=560） ………………………（60）

表43 问卷调查对象对扶贫社会组织服务内容的期望（N=558） …………………………………（60）

表44 问卷调查对象认为扶贫社会组织选择受助群体应该采用的标准（N=560） ……………………（61）

表45 问卷调查对象对扶贫社会组织活动与贫困人群的需求评价（N=560） ………………………（61）

表46 问卷调查对象对扶贫社会组织受助方瞄准程度的评价（N=556） …………………………（61）

表47 问卷调查对象对扶贫社会组织关注的方面

	（N=557，多选） ……………………………………	（63）
表48	问卷调查对象对扶贫社会组织多维度公信力的关注了解程度 ……………………………………	（63）
表49	问卷调查对象对扶贫社会组织公信力的多维评价比较 ……………………………………………	（64）
表50	问卷调查对象对扶贫社会组织公信力的多维评价指标标准化 ……………………………………	（65）
表51	问卷调查对象对扶贫社会组织公信力的排序比较 …………	（65）
表52	影响扶贫社会组织公信力的因素（N=559） ………………	（67）
表53	问卷调查对象认为扶贫社会组织面临的最突出问题（N=558） …………………………………	（68）
表54	问卷调查对象认为扶贫社会组织出现问题的原因（N=558） ……………………………………	（68）
表55	扶贫社会组织提升公信力的关键因素（N=559） …………	（69）
表56	问卷调查对象对扶贫社会组织公信力建设中社会组织作用的认同度（N=558） ………………	（70）
表57	问卷调查对象认为促进扶贫社会组织公信力建设的社会组织角色（N=560） …………………	（70）
表58	问卷调查对象认为促进扶贫社会组织公信力建设的政府角色（N=559） ……………………	（70）
表59	问卷调查对象对第三方评估必要性的认识（N=558） ………………………………………………	（71）
表60	问卷调查对象认为有助于提高扶贫社会组织公信力的管理途径（N=560） …………………	（71）
表61	问卷调查对象认为扶贫社会组织公信力提升的社会监督途径（N=559） ……………………	（72）
表62	问卷调查对象认为目前扶贫社会组织公信力建设应该加强改进的方面（N=560） …………	（72）
表63	问卷调查对象对加强扶贫社会组织建设的开放性建议（N=226） ………………………………	（73）
表64	基金会案例ZGF历年收入来源情况 ……………………	（80）

表 65	基金会案例 YCQ 历年收入来源情况	（81）
表 66	基金会案例 QFP 历年收入来源情况	（81）
表 67	基金会案例 DFP 历年收入来源情况	（82）
表 68	社会团体案例 SDF 历年收入来源情况	（82）
表 69	案例组织历年捐赠收入情况及变动情况	（83）
表 70	基金会案例 CFP 历年捐赠收入来源结构情况	（83）
表 71	社会团体案例 SDF 捐赠收入来源结构情况	（84）
表 72	访谈案例机构组织治理结构信息	（86）
表 73	扶贫社会组织案例机构基本信息披露情况	（88）
表 74	扶贫社会组织案例机构制度公示现状	（89）
表 75	扶贫社会组织典型案例章程结构对比	（91）
表 76	扶贫社会组织典型案例制度公示的内容	（91）
表 77	扶贫社会组织典型案例历年财务总支出情况	（95）
表 78	扶贫社会组织案例组织历年支出结构	（98）
表 79	扶贫社会组织典型案例管理费用支出结果	（99）
表 80	扶贫社会组织典型案例基金会 ZGF 历年服务成本效率分析	（100）
表 81	扶贫社会组织典型案例民办非企业 SXB 历年服务成本效率分析	（100）
表 82	扶贫社会组织典型案例国际机构 XMN 历年服务成本效率分析	（101）
表 83	扶贫社会组织典型基金会案例每单位非业务活动成本费用所产生的业务活动成本	（101）
表 84	扶贫社会组织典型案例每单位非业务活动成本费用所产生的业务活动成本	（102）
表 85	社会组织财务信息披露相关法律条文	（104）
表 86	扶贫社会组织案例组织拥有人力资源现状分析	（114）
表 87	案例扶贫社会组织员工结构一览表	（118）
表 88	案例扶贫社会组织人力资源招聘信息中的任职要求	（120）
表 89	扶贫社会组织案例员工信息披露情况	（124）
表 90	扶贫社会组织员工信息披露渠道统计分析	（126）

表 91	案例扶贫社会组织选取的服务领域一览表	(128)
表 92	扶贫社会组织典型案例项目信息公开维度	(138)
表 93	案例扶贫社会组织服务对象界定标准	(141)
表 94	案例扶贫社会组织界定服务对象的依据	(142)
表 95	规范约束社会组织发展的法律法规	(152)
表 96	细化的社会组织管理的规章制度	(152)
表 97	法律法规对社会组织监管主体及监管内容的规定	(155)
表 98	法律法规对社会组织年检报告的要求	(158)
表 99	社会组织评估工作相关的制度规章	(167)
表 100	政府购买服务政策推进的相关文件	(169)
表 101	社会组织本身税收优惠的相关政策文件	(171)
表 102	社会组织捐赠方公益捐赠税前扣除相关政策文件	(174)
表 103	案例扶贫社会组织多维公信力建设的经验做法	(211)
表 104	案例扶贫社会组织多维公信力建设面临的问题与挑战	(215)

第一章 导论

第一节 研究背景

一 社会组织参与扶贫的角色定位

我国的扶贫工作开始于20世纪70年代末,至今已有近40年的历程,我国是世界上减贫人口最多的国家,也是率先实现联合国千年发展目标的国家,为世界减贫事业作出了重大的贡献。根据《中国扶贫开发报告2016》(扶贫蓝皮书),改革开放以来,我国实现了"迄今人类历史上最快速度的大规模减贫",按照2010年价格农民年人均纯收入2300元扶贫标准计算,我国农村贫困人口从1978年的7.7亿人减少到了2015年的5575万人,减少了71464万人,减少了92.8%。到2016年底,我国剩余贫困人口4335万,这些人口还在以每年1000万的速度递减,直至2020年最终实现全部贫困人口脱贫。这些成就很大程度上得益于几次重大的扶贫政策调整。1978年底,我国开始推行以家庭联产承包责任制为核心的农村经济体制改革,大幅度提高农产品价格,增加农产品产量,增加农民的收入;1986年,成立国务院贫困地区经济开发领导小组(1993年12月28日改名为国务院扶贫开发领导小组),开始在全国范围内开展有计划、有组织、大规模的扶贫开发工作,从上到下正式成立专门的扶贫机构,确定开发式扶贫方针,确定划分贫困县的标准;1994年,启动"八七"扶贫攻坚计划,扶贫模式从道义性、救济式扶贫向制度性、开发式扶贫模式的重大转变,扶持对象由贫困地区逐渐向贫困村和贫困户转变,明确要求集中人力、物力和财力,用七年左右的时间基本解决农村8000万人的温饱问题,同时进一步增加国家级贫困县的数量。需要指出的是,这几个阶段出台的扶贫政策基本遵循的都是从中央到基层的垂直模式,政府差不多是扶贫活动的唯一主体，贫困人口处于被动扶持的垂直模式的底端，社会组织的参与程度很低。不过，随着一轮又一轮新的扶贫政策出台、贫困人口不断减少，但是剩存贫困人口的贫困状况、贫困原因和贫困程度却越来越复杂，短期内彻底消除贫困的目标难以实现，政府开始认识到吸纳社会力量并与之合作共同攻克扶贫难题的重要性。与此同时，社会组织自改革开放以来受国家政策及市场需求的刺激，发展迅猛，数量增长很快，近年来在科、教、文、卫以及扶贫等各个重要领域表现活跃，不断推动政府改革以适应新的社会发展和变化，也催生了政府与社会组织寻求合作，共同致力于解决贫困问题的需求和愿望。因此，进入21世纪以来，我国的扶贫政策更加重视社会组织的发展、影响和作用，越来越多地强调政府与社会组织之间的合作，鼓励社会组织以多种形式参与国家扶贫。

2001年，国家出台《中国农村扶贫开发纲要（2001—2010年）》，取消沿海发达地区的所有国家级贫困县，增加中西部地区的贫困县数量，但总数保持不变，同时将国家级贫困县改为扶贫开发重点县，注重发展贫困地区的科学技术、教育和医疗卫生事业，强调参与式扶贫，以村为单位进行综合开发和整村推进，并且首次明确提出"要积极创造条件，引导非政府组织参与和执行政府扶贫开发项目"。2006年，十六届六中全会通过《中共中央关于构建社会主义和谐社会若干重大问题的决定》，强调"充分发挥民间组织作用，积极推进和谐社会建设"。2007年，党的十七大报告进一步把社会组织摆到更加突出的位置，首次把社会组织放到全面推进社会主义经济建设、政治建设、文化建设、社会建设"四位一体"的高度进行系统论述。2011年出台《中国农村扶贫开发纲要（2011—2020年）》，强调武陵山片区等"集中连片特困地区"是未来十年扶贫的主战场，明确14个片区中所含的县区总数为679个，提倡把政府各有关部门和社会各方面的力量，全面调动起来，互相配合，共同为贫困户和贫困地区开发提供有效帮助。提出要"广泛动员社会各界参与扶贫开发，完善机制，拓展领域，注重实效，积极鼓励、引导、支持和帮助各类社会组织承担定点扶贫任务"，以及"加强规划引导，鼓励社会组织和个人通过多种方式参与扶贫开发"。作为承上启下重要节点的2012年十八大再次提出："要引导社会组织健康有序发展，加快形成政社分开、权责明确、依法自治的现代社会组织体制。"2013年11月，十八届三中全会也要求

"积极鼓励和扶持社会力量参与提供公共服务，扩大政府购买服务范围，促进公共服务多元化供给。"2014年1月，中共中央办公厅、国务院办公厅出台《关于创新机制扎实推进农村扶贫开发工作的意见》，明确提出"建立和完善广泛动员社会各方面力量参与扶贫开发制度"，"鼓励引导各类企业、社会组织和个人以多种形式参与扶贫开发"。2015年12月发布的《中共中央国务院关于打赢脱贫攻坚战的决定》（以下简称《决定》）再次强调打赢脱贫攻坚战的原则之一就是要"坚持政府主导，增强社会合力。强化政府责任，引领市场、社会协同发力，鼓励先富帮后富，构建专项扶贫、行业扶贫、社会扶贫互为补充的大扶贫格局"。《决定》同时指出要"坚持群众主体，激发内生动力。继续推进开发式扶贫，处理好国家、社会帮扶和自身努力的关系"，以及"健全社会力量参与机制。鼓励支持民营企业、社会组织、个人参与扶贫开发，实现社会帮扶资源和精准扶贫有效对接。引导社会扶贫重心下移，自愿包村包户，做到贫困户都有党员干部或爱心人士结对帮扶"。2016年，我国第二个扶贫日也将主题定为"坚持精准帮扶，合力脱贫坚攻"，再次强调社会扶贫的重要性。

从以上梳理可以看出政府与社会组织之间的合作扶贫既是历史的必然，是现实的需要，也是合法性纲要的要求。传统垂直和单向度的政府扶贫模式逐渐向多方力量共同参与的多元扶贫大格局转变，政府和社会各自应承担的扶贫角色和职责定位逐渐清晰。顺应新时期新需求成立的我国各类社会组织不仅已经成为原先只由政府提供的部分公共服务的重要提供者，也已经成为我国新时期扶贫开发中一支不可忽视的重要力量，既是定点扶贫的重要承担者，也是精准扶贫的有力补充，与政府扶贫形成了重要的合力。

为鼓励社会组织充分发挥作用，积极参与扶贫，我国陆续制定了一系列相关政策。首先，为推动社会组织发育和发展，2013年3月，《国务院机构改革和职能转变方案》提出对行业协会（商会）类、科技类、公益慈善类、城乡社区服务类社会组织可予以直接登记的优惠政策。之后全国各地，包括北京、天津、安徽、贵州、湖南、南京和青岛等地先后响应，对四类组织实行直接登记制度。该方案的实施明显降低了能够承接政府转移公共服务职能的社会组织获得合法身份的门槛，对于社会组织参与社会公共服务提供了有利的政策环境。同年，国务院办公厅发布《国务院办公厅关于政府向社会力量购买服务的指导意见》，指出面对人民群众日益增长的公共服务需求以及不少领域提供的公共服务质量效率不高、规模不足和发展不平衡等突出问题，政府迫切需要"进一步强化公共服务职能，创新公共服务供给模式，有效动员社会力量，构建多层次、多方式的公共服务供给体系，提供更加方便、快捷、优质、高效的公共服务。政府向社会力量购买服务，就是通过发挥市场机制作用，把政府直接向社会公众提供的一部分公共服务事项，按照一定的方式和程序，交由具备条件的社会力量承担，并由政府根据服务数量和质量向其支付费用"。其次，对社会组织参与扶贫予以相应的政策支持。党的十八大报告明确指出"改进政府提供公共服务方式，加强基层社会管理和服务体系建设，增强城乡社区服务功能，强化企事业单位、人民团体在社会管理和服务中的职责，引导社会组织健康有序发展，充分发挥群众参与社会管理的基础作用"。2014年2月，国务院颁布的《社会救助暂行办法》中也鼓励单位和个人等社会力量通过捐赠、设立帮扶项目、创办服务机构、提供志愿服务等方式，参与社会救助（第52条）。而社会力量参与社会救助也可以按规定享受财政补贴、税收优惠、费用减免等政策（第53条）。县级以上地方人民政府还可以将社会救助中的具体服务事项通过委托、承包、采购等方式，向社会力量购买服务（第54条）。该办法同时强调社会救助管理部门及相关机构应建立起社会力量参与社会救助的机制和渠道，提供社会救助项目、需求信息，为社会力量参与社会救助创造条件、提供便利（第56条），以推动建立政府救助和社会力量参与相结合的社会救助制度体系。与此同时，2014年7月，国务院扶贫办等十五个部门联合印发《创新扶贫开发社会参与机制实施方案》（以下简称《方案》），鼓励支持社会组织参与扶贫开发。《方案》认为社会力量的广泛参与扶贫开发是中国特色扶贫开发的重要组成部分，是我国社会主义制度优越性和扶贫济困传统美德的体现，有助于培育和践行我国社会主义的核心价值观，有助于形成政府、市场、社会协同推进的大扶贫工作格局。《方案》同时强调有必要简化扶贫社会组织登记程序，对符合条件的社会组织还应给予公益性捐赠税前扣除的资格。2014年12月出台的《财政部、民政部关于支持和规范社会组织承接政府购买服务的通知》进一步提出要加大对社会组织承接政府购买服务的支持力度，首先是加强社会组织的培育发展。加快培育一批独立公正、行为规范、运作有序、公信力强、适应社会主义市场经济发展要求的社会组织。重点培育和优先发展行业协会商会类、科技类、公益慈善类、城乡社区服务类社会组织。统筹利用现有公共服务设施，以适当方式为社会组织开展服务创造必要条件，大力支持社会组织积极参与政府购买公共服务活动。其次，按照突出公共性和公益性原则，逐步扩大承接政府购买服务的范围和规模。充分发挥社会组织在公共服务供给中的独特功能和作用，在购买民生保障、社会治理、行业管理等公共服务项目时，同等条件下优先向社会组织购买。

这些政策不仅为社会组织参与由政府主导的扶贫开发以及公共服务的供给提供了合法性依据，也细化了社会组织参与提供公共服务的方向和内容，为社会组织提供了广阔的发展空间。许多优惠政策都有助于激励社会组织与政府在多方面开展合作，这些政策对于深化社会领域改革，推动政府职能转变，整合利用社会资源，增强公众参与意识，激发经济社会活力，增加公共服务供给，提高公共服务水平和效率，都具有非常重要的意义。

二　社会组织面临公信力质疑

根据1965年的数据，我国全国性社团不及100个，地方性社团也只有6000个，但是改革开放之后，尤其是20世纪90年代以来，我国社会组织经历了一个快速发展的时期。根据民政部网站数据，1994年我国登记的社会团体共17.5万个，1999年13.7万个，2001年底12.9万个；民办非企业单位1999年开始有统计数据，为0.6万个，2001年为8.2万个；基金会2003年开始有统计数据，为954个。到2010年，我国社会组织总量增至近40万个，其中包括社会团体211661个、民办非企业单位182382个和基金会1597个。截至2016年底，我国共有社会组织70.2万个，其中含社会团体33.6万个，主要含工商服务业类3.8万个，科技研究类1.6万个，教育类1.0万个，卫生类0.9万个，社会服务类4.8万个，文化类3.5万个，体育类2.5万个，生态环境类0.6万个，法律类0.3万个，宗教类0.5万个，农业及农村发展类6.1万个，职业及从业组织类2.0万个，其他5.8万个；基金会5559个，含公募基金会1730个，非公募基金会3791个；民政部登记的基金会245个（其中：涉外基金会9个、境外基金会代表机构29个）；民办非企业单位36.1万个，含科技服务类1.8

万个，生态环境类444个，教育类19.9万个，卫生类2.5万个，社会服务类5.4万个，文化类1.8万个，体育类1.7万个，法律类617个，工商业服务类3459个，宗教类102个，国际及其他涉外组织类9个，其他2.4万个。（表1）

表1　　　　　　　　　我国社会组织构成及数量　　　　（单位：万个；个）

	2006年	2007年	2008年	2009年	2010年	2011年	2012年	2013年	2015年	2016年
社会团体	19.2	21.2	23	23.9	24.5	25.5	27.1	28.9	32.9	33.6
基金会	1144	1340	1597	1843	2200	2614	3029	3549	4784	5559
民办非企业	16.1	17.4	18.2	19	19.8	20.4	22.5	25.5	32.9	36.1

（数据来源：民政部）

这些社会组织在文教、卫生、养老、社会工作、法律援助等多个领域表现活跃，不仅为我国现阶段社会发展注入了活力，社会组织本身也因为在提供基本社会服务方面被认为具有经济实惠和惠及穷人等特征，因而受到普遍的关注和支持。但是不可否认的是，随着越来越多社会组织的出现并参与社会公共服务，社会组织的各种问题也随之出现，各种公信力问题频频曝出，引发了公众对社会组织的质疑，社会组织面临公信力危机。2011年，社会组织曝出的一系列丑闻使红十字会和其他许多社会组织陷入严重的公信力危机，其中包括由"郭美美事件"引发的红十字会危机、中非希望工程项目"卢美美事件"引发的中国青基会信任危机、尚德诈捐门事件引发的中华慈善总会信任危机，以及由河南宋庆龄基金会地产事件引发的宋庆龄基金会信任危机等。社会组织的公信力问题由此被提上议事日程。这些问题涵盖社会组织的正规与非正规，即合法性问题；社会组织的非政府性问题，即行政色彩或官办色彩浓厚的问题；社会组织的非营利性和公益性，即营利性色彩明显、公益性不够的问题；社会组织的效率问题，即专业性不足，导致效率低下的问题；以及社会组织的内部管理混乱和外部监督机制缺乏等问题。因此，关注社会组织公信力，探究影响社会组织公信力的要素，从而构建或提升社会组织公信力，不仅有助于提高社会组织本身的公信力，提升由社会组织提供的公共服务的效率和有效性，也有助于提高整个国家的治理水平，这不仅是发达国家的经验，也是发展中国家已经形成的共识。

因此，本书将针对我国社会组织的公信力现状，尤其通过对我国部分扶贫类社会组织公信力现状的调研，讨论并分析我国现有社会组织的公信力机制及其存在问题，进而探讨构建或提升我国社会组织公信力的可能路径，以增加社会组织的效率和可持续性，提高社会组织在公众中的可信度，推动整个社会良性和谐的发展。

第二节 研究设计

一 研究思路

本书的目的在于通过对我国几个具有代表性的扶贫社会组织的考察，首先，了解我国扶贫社会组织的公信力机制；其次，分析并评价目前我国扶贫社会组织公信力机制的利弊；最后，讨论建设或提升我国扶贫社会组织公信力机制的可能路径。具体研究框架如图1所示。

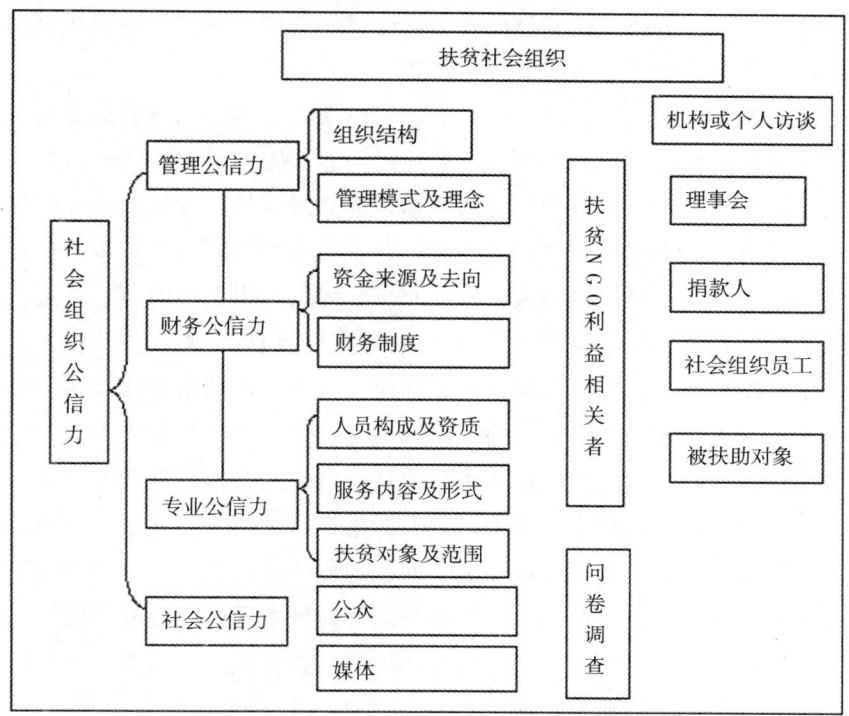

图1 扶贫类社会组织公信力研究框架

二　研究问题

本书主要关注以下几个方面的问题：

第一，我国扶贫社会组织公信力现状如何？

第二，现有社会组织的公信力机制是怎样的？

第三，如何通过扶贫社会组织的公信力机制透视我国社会组织的整体公信力现状？

第四，如何构建或提升我国社会组织的公信力？

三　研究方法及路径

为使所获得的数据尽量客观真实且具有较广的代表性，本书同时综合了定量和定性的研究方法。

文献综述：通过文献查阅，综述国内外有关社会组织公信力的主要理论及实践经验；分析并比较目前我国社会组织公信力现状；结合社会组织参与减贫的理论构建本研究的理论框架。

定量研究方法：问卷调查。为了比较全面而客观地了解和把握我国扶贫社会组织的公信力现状，本书主要通过问卷调查的形式，就普通大众对目前我国扶贫类社会组织公信力的认知情况进行调研。考虑到部分问题的专业性以及在面上尽可能具有代表性，调查问卷发放的对象更多为分布于不同省份的城市人群，这些人群涵盖北京、河南、山东、湖南、安徽、河北、重庆、贵州、辽宁、浙江、河北、广西、四川以及内蒙古等省市。

定性研究方法：案例研究。在定性研究方面，课题组主要采用了机构访谈和关键人物访谈的方法，通过对一些具有代表性的社会组织和关键人物的访谈，以及案例搜集的形式来呈现社会组织的公信力现状及公信力机制。在访谈机构的选择上，课题组主要考虑了所选对象的地域分布和行业特征，以及在类别上的代表性和覆盖面，因此主要以扶贫口的社会组织为研究对象，覆盖华北、西北、西南和华南等地域，既涉及沿海经济发达地区，如广东，也涵盖中西部经济欠发达地区，如甘肃和四川等，在类别上则包含了社会组织的所有类别，即社会团体、基金会和民非企业。同时，为了较为全面地了解调研对象当地的社会组织活动状况，课题组还对这些社会组织所归属的政府管理部门，如省民政厅和县民政局等进行了走访并与相关人员进行了座谈。

数据分析与结论提升方法：在问卷调查和机构访谈及案例采集的基础上分析并讨论我国扶贫领域社会组织的公信力现状及存在问题。同时针对调研中发现的问题，讨论现阶段我国扶贫社会组织可能的公信力机制或模式，并提出这些机制或模式对我国整个第三部门公信力建设的启示。

第三节 研究过程

一 社会组织访谈样本选取

根据民政部对社会组织的定义，我国目前社会组织主要分为三大类：社会团体、基金会和民办非企业单位。社会团体由公民或企事业单位自愿组成、按章程开展活动，包括行业性社团、学术性社团、专业性社团和联合性社团。基金会利用捐赠财产从事公益事业，分为公募基金会和非公募基金会。民办非企业单位由企事业单位、社会团体和其他社会力量以及公民个人利用非国有资产举办，是从事社会服务活动的社会组织，分为教育、卫生、科技、文化、劳动、民政、体育、中介服务和法律服务等十大类。社会组织与政府、企业共同构成我国社会的三大基石。相对于政府和企业而言，社会组织具有非营利性、非政府性、独立性、志愿性、公益性等基本特征。

课题组于2014年6月到2016年1月期间，访谈了涉及北京、四川、重庆、陕西、甘肃和广东六个省、直辖市的28个单位，其中包括2个政府机构和26个扶贫社会组织（具体涵盖10个基金会，11个社会团体，3个民办非企业和2个国际机构），26家机构的具体信息如表2所示。

表2 访谈机构一览表

案例编号	案例简称	机构性质	被访谈者身份	所在地区	访谈时间	成立时间
01	ZGF	基金会	基金会副会长，人力资源部主任	北京	2015/06/15	1989
02	YCQ	基金会	基金会副秘书长	北京	2015/06/17	2007
03	QFP	基金会	理事长和秘书长	重庆	2014/09/29	1994
04	SSH	基金会	秘书长	甘肃	2015/07/9	2014

续表

案例编号	案例简称	机构性质	被访谈者身份	所在地区	访谈时间	成立时间
05	XFP	基金会	秘书长	陕西	2015/07/14	1990
06	CFP	基金会	基金会主任，募集部主任，办公室，财务会计	四川	2015/07/27	1992
07	DLF	基金会	主任	四川	2015/07/28	2001
08	WMC	基金会	理事长，理事长助理	四川	2015/07/29	2014
09	DFP	基金会	理事长，何部长	广东	2016/01/22	1994
10	TXC	基金会	会长	陕西	2015/07/13	2012
11	LQJ	社会团体	会长，秘书长，副会长2人，副主任2人	重庆	2014/09/29	1997
12	QXH	社会团体	秘书长，3个主任	重庆	2014/09/29	1994
13	LZC	社会团体	理事长，2个理事	重庆	2014/09/28	2011
14	DQC	社会团体	理事长，理事	甘肃	2015/07/10	2010
15	SXX	社会团体	会长，办公室主任	陕西	2015/07/13	-
16	XCS	社会团体	部长	陕西	2015/07/13	1996
17	WMX	社会团体	理事长，理事长助理	四川	2015/07/29	2008
18	CFK	社会团体	秘书长，副秘书长3人	四川	2015/07/27	1993
19	DFK	社会团体	秘书长，4名员工	广东	2016/01/22	2010
20	SDF	社会团体	秘书长	广东	2006/01/25	2012
21	CCS	社会团体	综合部部长，会计，宣传部长	四川	2015/07/29	1995
22	WLY	民办非企业	董事长	重庆	2014/09/28	2011
23	SXB	民办非企业	理事长	甘肃	2015/07/09	2005
24	JTF	民办非企业	分支机构负责人	甘肃	2015/07/10	2012
25	GJH	国际机构	项目经理	陕西	2015/07/14	1999
26	XMN	国际机构	项目经理	四川	2015/07/24	1989

二 公众问卷调查抽样

课题组一共发放了660份调查问卷，利用大学生2016年寒假回乡的时候完成。调查问卷问题主要涉及：1）公众对扶贫类社会组织的基本认知；2）公众对扶贫类社会组织公信力的评价；3）公众对扶贫类社会组织公信力问题的对策与建议（附件1）。

1. 抽样对象地域分布情况

回收有效问卷560份，填写问卷的人群涉及24个省份（见表3）中的63个城市，其中：男性被调查对象278份，占比为49.6%；女性282份，占比达50.4%。

表3　　　　　问卷调查对象地域分布情况（N=560）

省份	样本量	百分比（%）	省份	样本量	百分比（%）
四川	38	6.8	贵州	1	0.2
重庆	46	8.2	河南	31	5.5
河北	59	10.5	山西	5	0.9
湖南	76	13.6	辽宁	31	5.5
内蒙古	20	3.6	湖北	3	0.5
广西	8	1.4	安徽	30	5.4
浙江	41	7.3	江苏	4	0.7
北京	56	10.0	福建	3	0.5
吉林	31	5.5	上海	3	0.5
广东	3	0.5	天津	2	0.4
黑龙江	1	0.2	新疆	2	0.4
山东	64	11.4	湖北	2	0.4

2. 抽样对象年龄分布情况

问卷调查对象年龄（表4）基本覆盖所有年龄段，其中年龄最大的为81岁，出生于1935年12月；最小的为16岁，出生于2000年7月。在年龄段分布上，20世纪90年代出生的占比最多，达到30.8%；其次为70年代出生的，占比为26.8%；再次为80年代出生的，占比为20.1%；60年代出生的，占比为16.2%；此外，还有50年代及50年代之前出生的，占比为5.7%；2000年后出生的人群占比为0.4%。

表 4　　　　问卷调查对象年龄分布情况　（N = 556）

出生年代	样本量	百分比（%）
50 年代前	14	2.5
50 年代	18	3.2
60 年代	90	16.2
70 年代	149	26.8
80 年代	112	20.1
90 年代	171	30.8
00 年代	2	0.4

3. 抽样对象职业分布情况

在职业背景上，调查对象涉及政府机关部门、企事业单位、社会组织、国际机构等多个部门，以及农民、无业/退休/下岗职工、学生和自由职业/个体经营者等类型（见表5）。其中，企事业单位人员最多，样本量达274份，占比为49.0%；其次为学生人群，占比为17.4%；再次为政府机关人员，占比为11.3%；最后，社会组织、农民、无业/退休/下岗职工、和个体职业人员分别占比约5%左右，"其他"未注明类型的人群占比2.1%。

表 5　　　　问卷调查对象职业分布情况　（N = 559）

职　业	样本量	百分比（%）
政府	63	11.3
企事业单位	274	49.0
社会组织	29	5.2
农民	28	5.0
无业/退休/下岗职工	31	5.5
学生	97	17.4
个体经营/自由职业	25	4.5
其他	12	2.1

4. 抽样对象学历分布情况

在学历分布上（表6），被调查对象学历普遍较高，占比最高的为大专/本科学历，达63.3%，样本量为354份；其次为高中/中专学历，占比达21.5%；再次为研究生及以上学历人员，占比为9.8%；初中及以上学历人群样本量为30份，占比达5.4%。

表6　　　　问卷调查对象学历分布情况（N = 559）

学　历	样本量	百分比（%）
初中及以下	30	5.4
高中/中专	120	21.5
大专/本科	354	63.3
研究生及以上	55	9.8

第二章 扶贫社会组织公信力研究综述

国际上有关社会组织的称呼很多,既有非政府组织、非营利性组织、公民社会、第三部门或独立部门、志愿者组织,也有慈善组织或免税组织等,例如在英国,慈善组织的概念就用得更为广泛(王名,2006)。2007年以前,我国对社会组织的称呼主要为民间组织,这一称呼主要折射的是"民间"与"政府"或"官方"相对应的社会政治秩序,即传统社会中"官"与"民"相对应的角色分配及相互关系。2007年之后,我国民间组织被统称为"社会组织",以适应新时期的社会政治现实。鉴于此,本书中社会组织的概念主要对应我国"社会组织"的概念,即非营利性社会组织。

第一节 社会组织公信力概念界定

一 国外社会组织公信力概念

保罗(Paul)认为公信力是"用尽可能客观的手段使个体或组织对其行为负责"。对于提供公共服务的社会组织,他专门使用了公共公信力的概念。公共公信力,他认为指的是公共服务所涉及的利益相关者所采用的用于确保公共服务达到预期水平和类型的一系列方法、机制及实践。保罗将这里的公共公信力具体化为利益相关者为保证公共服务达到预期目标所设定的一系列方法、机制和实际行动,但是这套方法、机制和行动是否有效则取决于利益相关者的影响是否反映在了服务供给方的监测和激励机制当中。基于此,公共公信力成为公共服务绩效的重要的决定性因素(Paul,1992)。

但是,达布尼克(Dubnick,1998、2014)指出公信力一词本身就具有模糊性。他认为，公信力的意思一直在变化和扩展，但是其建立有用的分析性工具的内核却一直没有改变。该内核强调公信力作为社会功能的"给予责任"的行动。但是这一内核被证明同样模糊，难以被发现，因为现实中公信力一词被不断地误用甚至滥用。公信力在现实生活中被等同于"责任""回应能力"和"回应"等，达布尼克认为，将公信力等同于责任尤其不可取。

于是，加姆（Gamm，1996）提出就政治制度和科层结构而言，公信力反映的是行政人员和政策制定者与上级和选民之间在监测、控制和回应能力等方面的关系。尽管对公司上级和社会的责任是其主要的义务，但是对公众的"道德义务"仍然经常被认为也是政治公信力的一个要素。在健康领域，非营利性社会组织（NPO）公信力则被定义为一个过程，即NPO高层追求效率、质量以及满足那些重要"公众"的利益及期望的过程。在这个领域，NPO主要被期望满足四个维度的公信力，即政治公信力、商业公信力、社区公信力和临床/病人公信力。政治公信力主要指该NPO是否具有合法的免税资格；商业公信力主要涉及非营利性医院是否将低成本、高价值的产品或服务出售给不同的付费顾客；社区公信力主要指NPO解决社区健康需求或其他社会需求的能力；临床/病人公信力则指病人获得NPO服务的途径及质量结果。

与此同时，基尔比（Kilby，2006）认为社会组织是自我管理的独立存在，以志愿为本质，有着特定的价值观，并在此基础上将有着共同利益和关注的支持者与受益者聚拢在一起，以实现公益为目的，因此公信力应是个人、群体或组织的行为和表现，以及这些行为和表现如何被评估。以公益为目的的社会组织的动力来自其所遵循的价值观，也就是建设一个"更加美好的世界"的愿望。正是这些价值观使得社会组织以追求公益为目的而不是以追求利润或机构成员的社会和政治利益为目的。社会组织通过其价值观宣扬的是一种世界观。这种世界观不同于那些具有时限的、组织的和目标性的价值观[①]，因为它同时也是一种哲学观。这种世界观是社

[①] 时限性价值观指的是一些即时的关怀，如人道主义救助、人权、自助和个人的自主性；组织性价值观指的是某些组织的价值观以及这些价值观的实施情况，如诚实、正直和负责任；目标性价值观指的是某些欲达到的目标，如为实现减贫和普及教育而制定的《联合国千年发展目标》（Kilby，2006）。

会组织所内在的,主要通过员工选拔和绩效评估标准体现出来,如社会组织理事会和监事会成员的选拔标准。这些标准虽然不易被外界理解和测量,但是却是社会组织普遍应该遵循的。不过,基尔比也指出,其实不同的社会组织有着不同的世界观。这些世界观就如同一个连续体,有的社会组织在这个连续体的这一端,有的则在另一端,有的一开始就具有工具性特征,有的则以团结和凝聚力等为目标。正是这些社会组织的世界观决定了他们如何看待所应履行的公信力责任。

不难看出,以上有关公信力的概念都强调:第一,公信力是一系列方法、机制及实践,具有工具性特征;第二,公信力是一个多维度的概念,在不同的领域以及同一个领域里都涉及多个层次或方面;第三,公信力以特定的价值观或哲学观为基础,代表的是某个机构或者组织具体的资质、目标、行为及标准。具体到社会组织的公信力则指被委托使用公共资源的组织或机构对其所使用的资源的管理情况的汇报,并对这些资源在财务、管理以及责任等方面负责。

二 国内社会组织公信力概念

国内对于社会组织公信力的研究大致始于 2003 年,一方面因为各类社会组织数量逐年增多;另一方面也因为社会组织频繁爆出各种丑闻,如 2004 年的"西安体彩事件"和被誉为"中国母亲"的胡曼丽涉嫌挪用百余万元慈善资金事件等(方俊、何雄杰,2013)。2011 年廖冰兄人文专项基金管理委员会自曝其财务侵吞基金会善款事件[①]以及 2011 年郭美美事件[②],不仅引发了包括红十字会在内的多个官办和私人社会组织的公信力危机,也引发了社会各界对于我国社会组织公信力的更多讨论。

国内公信力概念的使用源于英文 Accountability,意为公众信任的力

---

① 2011 年 6 月 23 日,广东人文学会廖冰兄人文专项基金管理委员会在其官网上主动公布该基金会会计王某自 2008 年下半年起,利用职务之便,采取虚构资金用途及做假账的方式,侵吞基金会善款近 80 万元用于个人挥霍。该事件引发舆论对基金会财务制度完善以及财务监管问题的讨论。

② 2011 年 6 月 21 日,新浪微博上一个名叫"郭美美 baby",自称"住大别墅、开玛莎拉蒂"的 20 岁女孩因其身份认证为"中国红十字会商业总经理"而引发外界对其真实身份的关注以及对中国红十字会公信力的质疑。后来根据警方调查以及郭美美的自述,郭美美及其资金来源其实与中国红十字会毫无关系。

量。与公信力概念使用同等频繁的是问责和诚信等概念。王名将我国社会组织定位为一是提供社会服务；二是参与社会治理，因此公信力是指社会对一个组织所提供的社会服务的认可及信任程度，主要通过法律约束和自律规范来体现（王名，2001）。也有学者认为公信力是反映社会组织与利益相关者之间关系的一个概念，一方面，公信力是社会组织赢得政府和社会信任与支持的能力和程度，是社会组织自身的信用水平；另一方面，社会组织公信力也是利益相关者对社会组织信任和支持的程度，反映的是利益相关者对社会组织信守承诺的心理期待（姚锐敏，2013）。还有学者认为公信是社会和公众对社会组织的认可度、信任度和满意度。第一，公信力是被认为是一种认知评价体系，包括对社会组织合法性、宗旨、诚信、能力和效率等方面的认可、信任和满意程度；第二，社会组织公信力的评价主体是社会和公众，包括政府机构、大众媒体、捐赠方、服务对象、第三方机构等多方主体（陈宁，2012）。

这些定义都涵盖了有关社会组织公信力的两个基本的要素，首先，公信力是一种能力，即社会组织本身所应具备的赢得社会或公众信任与支持的品质或能力，可以通过社会组织的自律规范来体现；其次，公信力还包含社会或公众对社会组织能力或品质的期待与评价。

根据以上国内外有关公信力概念的界定及其所包含的基本元素，本书拟从以下四个维度，即管理公信力、财务公信力、专业公信力及社会公信力来考察和分析我国社会组织的公信力现状，以及建设公信力的途径和方法。

三 其他相关概念

1. 管理公信力

管理公信力是反映一个组织或机构管理水平的重要指标，是对社会组织的产出及其过程的问责。就扶贫社会组织管理公信力而言，主要是指扶贫社会组织的内部组织管理结构设置是否合理、内部奖惩及绩效管理制度是否完备，以及是否具有较强的机构执行力等。一般认为良好的社会组织应具有清晰的组织机构使命、长远的以及年度发展目标、有效的内部绩效考核机制、清晰的责、权、利界限，以及较高的生产或产出效率和执行力等。

2. 财务公信力

财务公信力反映的是社会组织或机构使用公共资源（主要为资金）的情况，即是否透明和有效。这种透明和有效主要表现为社会组织是否建构了一套比较完整的财务制度，以及这套制度能否有效运行和是否为公众所了解和认可。就扶贫社会组织而言，其财务公信力更多表现为资金使用是否合理，尤其是是否用在了其既定的目标或特定的对象之上，即覆盖范围是否精准，以及对公众披露的有关机构资金使用的信息是否准确、完整和及时。组织机构内部完整规范的财务制度以及政府和社会严格的监督和管理程序及措施是保证社会组织财务公信力的重要手段。

3. 专业公信力

专业公信力主要指从业人员所具有的特定领域的职业判断能力及行为。通常情况下既包含从业人员的职业操守（道德）水平，也包含其业务能力。行业标准虽然是定义和约束行业行为的统一标准，但是由于每个组织或机构对行业标准的理解和执行程度不一，因此所表现出的专业水平也会有很大差异。扶贫社会组织的专业公信力不仅表现为从事该行业人员的专业水平，还表现为他们对扶贫这一具有公益性质事业的理解、价值观认同以及付诸的实际行动。

4. 社会公信力

根据奚洁人主编的《科学发展观百科辞典》中有关社会公信力的概念，社会公信力是指国家机关或公共服务部门在处理社会公共关系事务中所具备的为社会公众所认同和信任的影响能力，也是公民在社会生活中对社会组织体系、社会政策实施以及其他社会性活动的普遍认同感、信任度和满意程度，是公民对社会组织及其政策的一种评价，具体表现为相关部门是否具有妥善解决问题的能力，以及是否取得满意的效果。影响社会组织社会公信力的因素通常包括：政府施政的合法性，政策与行为的公正性与公益性程度，公民的心理因素和利益需求，以及社会文化和社会环境影响等[①]。就扶贫社会组织而言，社会公信力更多表现为这些组织或机构在公众中的影响力以及公众对这些组织或机构所开展的与扶贫相关的工作及

---

① 引自《人民网》（2016-10-16）（http://dangshi.people.com.cn/GB/165617/166499/9981408.html），转引自奚洁人主编《科学发展观百科辞典》，上海辞书出版社2007年版。

其所取得的成效的肯定和认同。

第三节 公信力研究的关键问题

社会组织的公信力问题不仅存在于发展中国家，也同样存在于发达国家。整体而言，发达国家研究社会组织公信力早于发展中国家。发达国家有关社会组织公信力的研究主要集中于20世纪90年代。当时，由于受以"崇尚市场、贬抑政府"和"让国家回退"为核心的新自由主义思想的影响，发达国家的公共服务被大量私有化，该举被认为更有助于引进竞争和市场机制。同时，因为私营部门专业水准较高并注重创新，因而被认为不仅能够减少公共开支，也会增加效率。这样，对于由私营部门提供的公共服务，政府只需支付较低的成本，却能收获较高的质量（Savas，2002；Stolt，et al.，2001）。公共服务私有化的结果之一就是更多的社会组织通过与政府签署购买公共服务协议而参与到公共服务的供给队伍之中，但是另外一个结果也几乎同时产生，就是这些社会组织在提供实际的公共服务中所表现出来的良莠不齐的质量差异，这一结果也导致了严重的后果，就是公众开始质疑社会组织公信力。这一时期，有关社会组织公信力的讨论主要集中在以下三方面。

一 公信力机制

有关社会组织公信力的其中一大讨论是什么样的机制才能使社会组织具有公信力。易卜拉欣（Ebrahim，2003）总结出了目前普遍使用的五类公信力机制：报告和公开法律声明（reports and disclosure statements）、绩效考核与评估（performance assessments and evaluation）、参与情况（participation）、自律（self-regulation）以及社会审计（social audits）。

1. 报告和公开法律声明

在美国，除非例外，非营利性社会组织（NPO）每年都须向国内收入署汇报财务、组织结构和项目计划等方面的信息。除此以外，美国法律中的许多条款也严格规定NPO在登记和报告信息中应含有年度财务报告。这些法律声明在一定程度上保证了对希望读到有关NPO这些内容的捐赠者、客户和会员的公信力。与此同时，捐赠者还要求NPO定期向他们汇报。汇报的内容视出资人的要求和项目的具体内容决定，是双方协商的结果。这些报告和法律声明都是重要的公信力工具，因其向公众或监督机构提供了有关 NPO 业务的基本数据。

2. 绩效考核与评估

绩效考核与评估的应用也十分广泛。考核评估的内容涉及面较广，主要为绩效评估和影响力评估。绩效评估和影响力评估由机构内部和外部两种评估构成。目前外部评估除终结性评估之外，出资方（捐赠者）开始越来越多地使用中期评估。这些评估主要是为了评价项目目标和目的是否被实现以及实现到了何种程度，这是决定 NPO 能否继续获得资金的关键。除了外部评估，内部评估也同样应用广泛。内部评估是 NPO 员工对项目进展情况的自我评估，即确认与项目资助方所设定的目标是否一致以及是否符合该 NPO 自己设定的目标和使命。将内部评估与外部评估结合起来的情况也很多。但是外部评估更多倾向于对"产出"的评估，具有短暂性特征，同时强调容易被测评的以及可以被量化的结果，偏好等级特征比较明显的管理结构，不太注重模糊的、不那么明显的过程或变化。爱德华兹和赫尔姆（Edwards and Hulme）认为这种评估的弊端在于有可能因为过度强调短期的量化的目标以及具有等级特征的管理机制因而"扭曲公信力"，助长"会计能力"（accountancy）而非"公信力"（accountability）（Ebrahim，2003）。此外，由于 NPO 文化更多强调机构本身的行动而非耗时耗力的针对外部考核的评估分析，因而有时会与捐赠者评估主要关注具体项目的做法相矛盾。因此，易卜拉欣（2003）提出，捐赠者应将评估的重点放在发现项目规划中的不足并及时进行战略干预，开发出长期的过程和结果评估而非简单的短期结果评估。绩效评估应该不仅是捐赠者用来提升 NPO 公信力的工具，还应是帮助 NPO 进行能力建设的工具。NPO 可以通过自我评估，把对失败经验的分析当成一种学习，因此，在美国、加拿大和荷兰，评估的功能应该更多是作为学习并传播发现成果的工具而不是一方用来操控、另一方用来辩护的机制。

3. 公众参与

公众参与是社会组织公信力的另一个机制。公众参与主要体现在三个层次。第一个层次即公众对某个已经计划好的项目的知晓程度，其形式可以是参加与项目有关的公众会议或者项目听证会、项目调研或者就该项目本身及他们所关心的问题与社会组织进行正式的对话。第二个层次指的是公众参与到与项目有关的活动当中，即为项目实施贡献劳动力或者资金，也可以是对服务或设施进行维护。在第三个层次的参与中，公众可以就社会组织所涉及的项目进行协商或讨价还价，甚至可以对他们的决议实行否决权。但是易卜拉欣（2003）指出，由于社会组织和公众之间存在不平等的权力关系，因此，如果缺少解决公众和社会组织之间不平等权力关系的机制，参与只能是形式上的参与，并不能真正解决社会组织对下（这里主要指公众）的公信力问题。

4. 自律

自律指的是社会组织为形成统一的行为和表现以及标准和准则而付出的努力。虽然外部干预（如提交报告和公开信息）通常被认为是解决社会组织公共信任危机的重要方法，但是对于直接解决社会组织行业内部的问题并使其保持凝聚力，自律仍被认为是必要的补充。目前行业不同，采用的自律机制也存在较大区别，但大都在机构使命和管理机制等方面有具体而清晰的表述。自律机制一般含六个要素：机构愿景（理念）、使命和目标；机构治理模式；管理制度；项目实施；连接网络；财务管理。这些标准与准则表达的是适用于整个行业并使其负责的行为。易卜拉欣（2003）提出，社会组织建立行为标准与准则的过程实际上是社会组织"自我定义，即向公众展示集体使命、原则、价值观和方法的机会"。自律机制的建立不仅为社会组织提供了大量提升自我形象的机会，也提供了增加绩效的机会，有助于社会组织提高对出资人、社区以及自我的公信力。但是自律，尤其是行为准则并不只是简单的公信力工具，而是与部门的身份、合法性以及外界对其组织行为看法相联系的复杂的公信力过程的一个部分（Ebrahim，2003）。比斯（Bies）认为社会组织自律机制的形成主要受三个因素的影响：社会组织与利益相关者，即与捐赠者或国家之间的关系；市场结构，如社会组织的市场准入性以及在此环境中社会组织与资源捐客之间的关系；社会组织自己的内部特征，包括社会组织内部机构的能力、职业规范以及绩效预期等。与此相关联的是三种理论：委托代理理论、资源依附理论和制度理论，这三种理论可以解释为什么以上三个要素对自律机制的设计至关重要。委托代理理论（Principal-agency Theory）解释的是在服从取向的自律模式中，为什么社会组织对于外部，如第三方评估或认证实体的一系列行为必须服从;第二种理论为资源依附理论,该理论解释的是适应性自律模式为什么会以市场为导向,适时调整其公信力行为以及资源的交换。制度理论则解释了职业性自律机制的设计是为了执行基于实践的规范、价值观和原则,以提高对社会组织合法性的认知。

5. 社会审计

社会审计指的是评估和展示某个组织在社会、经济和环境方面的收益与局限的过程。社会审计并不仅仅是一种评估方法,而是融合了以上提及的各种公信力机制,包括公开声明、绩效评估、参与和行为标准等的复杂的过程。到目前为止,该公信力机制并未被社会组织广泛采用,但是由于社会审计在概念上融合了上面提到的多个公信力工具和过程,因而尤其值得关注。社会审计过程于 1999 年由伦敦社会伦理责任研究院(the Institute of Social and Ethical Accountability,ISEA)开发,经 2002 年修订,是结合了利益相关者对话和各种指标及评价条款的一套方法。这套方法包含五个要素:利益相关者区分;利益相关者对话;指标和/或基准的使用;持续改善;公开声明。该机制的支持者认为,第一,就绩效监测而言,社会审计为社会组织的内部管理提供了有利条件。该机制中包含的核心要素——社会和环境信息系统的发展,对于尚不具备分析和报告其社会和环境表现的社会组织而言非常有用。第二,社会审计使得社会组织在制定或修订其价值观和目标,以及设计绩效评估指标的时候能够将利益相关者(如社区和出资人)的观点融合进去。第三,如果利益相关者的观点和社会的反馈意见被反馈进了决策过程,社会审计还可以是战略规划和组织学习的重要工具。第四,社会审计是一种外部认证方式,通过向社会公开认证过的而非编造或缺少事实依据的信息,实际上为社会组织提供了一种提升公众知名度的方法。社会审计的这种功能不仅使社会组织能够回应公众对其工作质量和形象的担忧,也避免了社会组织自己夸大成果的可能。但是社会审计也因涉及较大成本而受到质疑。对于小型社会组织来说,社会审计程序,尤其是外部认证,无疑会在很大程度上增加时间和金钱成本。不过,由于社会审计逐渐与战略规划以及评估、年度报告和财务审计等手段结合在一起,因而为此付出的努力和资源会随着时间的推移而出现递减倾向。另外一个问题是社会审计有可能对捐赠者造成影响,虽然这一影响并不确定。社会审计一旦暴露出某个社会组织某些方面的弊端,如未能履行在参与和减贫方面的承诺,那该怎么办?此外,社会审计目前还没有一套恰当的外部检验的标准。但是尽管如此,社会审计仍不失为一个有可能提升社会组织公信力的重要机制,因为它是融合了评估社会组织公信力的一系列工具和程序的一套机制。不仅如此,作为社会组织的一个外部公信力机制,社会审计还提供了一个将社会组织的价值观和目标以及机构治理和战略规划融合在一起的框架,使得该框架的使用者能够依据社会审计的发现而采取相应的行动。

针对以上五种应用广泛的社会组织公信力机制,比斯(2003)认为"公信力就是按规定的行为标准履行义务",因而具有外部性;但因受"被感知的责任"所驱动,并以个人行为和组织使命的形式表达出来,因而兼具内部性。社会组织利益相关者表现为多重:出资人、客户(用户),以及社会组织自己。社会组织与出资人之间的关系是"对上"的公信力(upward accountability),即社会组织与捐赠者、基金会和政府之间的关系,该关系重点关注的是是否"将指定的钱用于指定的目的"。社会组织对客户(用户)的公信力主要指"社会组织是为哪些群体服务的",虽然其中包含受社会组织项目间接影响的社区或地区,但这就是通常所说的社会组织"对下"的公信力(downward accountability)。此外,社会组织还履行对内的公信力,即对机构的使命和员工负责,这些员工既包括决策者也包括执行者。易卜拉欣(2003)将公信力机制整体区分为工具性和过程性两个类别。工具性指的是社会组织为取得公信力而使用的独立的手段或方法。这些手段或方法在一定的期限内使用,方便存档,也可以被重复使用,如财务报告、法律声明和业绩评估等。与此不同的是,过程性公信力机制涉及面较广,具有多层次特征,如社会组织的自律机制。过程机制强调一系列的行动而不是某个明确的最终结果。除此以外的机制,如社会审计,则跨越了工具性和过程性两个类别所规定的边界。虽然传统的报告和公开声明等手段有助于提升公信力,但实现的主要是对上的公信力,对于实现对下的公信力则帮助不大。因此,易卜拉欣(2003)建议比较妥当的方法是社会组织对其出资方进行评价,与此同时,客户又对社会组织进行评价。但是指望出资人对接受其捐赠的机构负责,尤其是考虑到他们各自所掌握的资源的悬殊以及权力的差异,这一建议并不现实。因此,一些社会组织也通过实施某些特定的战略来减少自己的脆弱性以及对于某些捐赠源的敏感性，或者通过使用自己已经掌握的资源来增加对出资方的影响。

除了以上几个维度的公信力，易卜拉欣（2003）还提出了功能公信力和战略公信力等概念。功能公信力指的是社会组织需要对所利用的资源、资源的使用以及所产生的直接效应负责；战略公信力则指社会组织需要为其行为对其他组织以及较大的自然或社会环境所造成的影响负责。总之，在易卜拉欣看来，公信力是一个复杂的、动态的和多维度的概念，包含众多的利益相关者（出资人、客户和社会组织自己），有着多种不同的机制和绩效标准（外部的和内部的、显性的和隐性的、法律的和自愿的），同时要求不同程度的组织回应（功能的和战略的）。这些机制的特征体现在表7。

在此基础上，马太（Mattei，2009）提出民主公信力和管理公信力的概念。马太提出的民主公信力概念强调社会组织应对其服务使用者以及公众和国家负责，管理公信力则强调对社会组织的产出及过程进行问责。马太认为，如果将这两种公信力机制都运用于实践，那么由社会组织因更接近社区而远离国家所造成的社会组织公信力矛盾就可以得到解决。

表7 社会组织公信力机制及特征

公信力机制（工具或过程）	对谁的公信力（对上，对下还是对自己？）	诱因（内部还是外部）	组织的回应（功能性还是战略性）
公开声明/报告（工具）	对上：对出资人和监管机构	法律要求；税收状况	主要为功能性，关注短期结果
	对下（相对较弱）：对客户或报告阅读者	资金要求（来自外部的资金或税收损失的威胁）	
绩效评估及评价（工具）	对上：对出资人	资金要求（外部）	目前主要为功能性，但有可能成为长期战略性评估
	有可能向下：社会组织对社区以及出资人对社会组织	有可能成为一个学习工具（内部）	

续表

公信力机制（工具或过程）	对谁的公信力（对上，对下还是对自己？）	诱因（内部还是外部）	组织的回应（功能性还是战略性）
参与（过程）	对下：从社会组织到客户和社区	组织信奉的价值观（内部）	如果参与仅限于咨询和实施环节，那么就是功能性的
	对内：对社会组织自己	资金要求（外部）	
	有可能向下：出资人对社会组织		如果客户和社会组织之间以及社会组织和出资人之间的协商权力增加，那么就是战略性的
自律（过程）	作为一个部门，社会组织对自己	因丑闻和业绩夸大而导致公众信心丧失（外部资金损失；内部声誉受损）	因涉及行为准则的长期变化，因而是战略性的
	有可能对客户和出资人		
社会审计（工具和过程）	社会组织对自己（审视其价值观是否与其战略和行为一致）	公众信心丧失（外部）	功能性的：只对一个机构产生影响
	对上下利益相关者	对社会组织的社会、环境和伦理表现（外部），以及经济业绩（内部）进行综合评估	战略性的：影响社会组织与其利益相关者之间的互动，推动长期规划并使其在部门范围内被接受

（资料来源：Ebrahim，2003）

克拉克（Crack，2013）在研究国际社会组织（I 社会组织）公信力的基础上，总结出 I 社会组织所经历的两次公信力改革浪潮（表8），即从公信力概念被具有影响力的利益相关者的要求所狭隘定义到后来将受益者的权益置于首位，因而涵盖面更广、更全面。

表 8　　国际社会组织经历的两次公信力改革浪潮

	公信力类型	主要利益相关者	特　征
第一次 公信力改革浪潮	财务公信力	捐赠者	公信力被狭隘地定义。
	法律公信力	政府	
	委托公信力	委托机构	围绕短期的、具体活动目标形成。
			对违规者实行重惩。
第二次 公信力改革浪潮	对话式（对外）	受益者、合作伙伴	公信力被广义地定义。
	对话式（对内）	会员；员工	以实现长远的社会变革为目标。
	同行	同行 I 社会组织	支持参与式决策和以组织为单位的学习。

（资料来源：Crack，2013）

克拉克指出，财务公信力是 I 社会组织机构治理的重要内容，主要原因是 I 社会组织为避免因信息公布有误而导致捐赠者撤资。目前绝大多数 I 社会组织都主要通过网站公布其财务报表，让公众了解机构的财务运行状况。克拉克强调，I 社会组织对其业务涉及地区的权力机构同样负有责任。I 社会组织必须遵守业务涉及国家或地区的法律法规，这些国家或地区也由此可以获得一些优惠，如减免税收等，反之，如果 I 社会组织违反了这些国家或地区的法律法规，则有可能遭到重罚，或者活动受到限制。委托公信力指的是 I 社会组织对将任务委托给他们的机构所负有的责任。委托机构（commissioning agent）不一定是捐赠者。委托公信力的界限由被委托的任务所定义，无论该任务是有偿的还是无偿的。委托公信力不同于财务公信力，因为后者所涉及的捐赠通常不设附加条件。委托机构既可以是地方或国家政府机构，也可以是多边机构，如世界货币基金组织或世界银行。在 I 社会组织治理中，委托公信力已经被严格地制度化了。

克拉克认为第一轮公信力改革浪潮所表达的主题类似，主要是为了满足有影响力的利益相关者的需求，其重心主要在于跟踪资金的使用，涉及具体的项目和短期内需要实现的目标。这种公司式的公信力模式并不能充分反映 I 社会组织的使命和价值观，也不能鼓励 I 社会组织成长为一个学习型的组织，因为它遵守的只是反映那些有影响力的利益相关者所设定的标准和他们的偏好，这些利益相关者可以决定是否应给 I 社会组织开出财务和法律罚单。第二次公信力改革浪潮明显突破了前一次公信力概念的狭隘，规定了 I 社会组织主要应对其可能的"受益者"负责。但是第二次公信力浪潮并没有完全抛弃第一次公信力的几个模式。财务、法律和委托公信力仍然被视作 I 社会组织机构治理的基本要素。除此以外，第二次公信力改革浪潮更加关注最为弱势的利益相关者，因而参与的概念得到强化。但是克拉克同时指出，"向下"（downward）的公信力其实含有 I 社会组织单方面向受益者传递信息的意思，因此他提出"对话式公信力"（dialogic accountability）的概念，强调对话过程中 I 社会组织与受益人之间的互动关系以及作为回应一方的 I 社会组织所应承担的责任。这里的对话式公信力包含对外的（external）对话公信力以及对内的（internal）对话公信力两层含义。对外的对话式公信力主要指 I 社会组织和地方合作者之间的对话机制。对内的对话式公信力则主要指机构内部管理层和其员工之间的关系。克拉克认为 I 社会组织内部仍然是科层制的，任务和人员都存在等级差别，有的任务只对董事会负责，有的任务则只对员工负责。此外，克拉克指出，I 社会组织在向社区一级居民咨询意见时应努力做到最大程度的包容并及时反馈。他认为"受益者"（beneficiary）这个词应该从公信力话语中删除，因其含有削弱主要利益相关者的权益并希望 I 社会组织予以回应之意。倾听被边缘化的主要利益相关者的声音应同时包含帮助并赋权他们能够"讲话并被倾听"的场所和机会。克拉克认为 I 社会组织有必要倾听并利用各方的反馈意见，从而成长为一个学习型的组织，同时通过与同行协作，创立起一种涉及全行业的反思性文化，即同行公信力机制。同行公信力是一种志愿型管理机制，一般由 I 社会组织提供资金和人力，由独立的第三方管理，是 I 社会组织之间就行业最低标准达成的共识，同时鼓励就最佳标准进行跨部门对话。这些机制有的是泛泛而谈的行为准则，有的则是非常正式并有着详尽要求的认证方案。当然，模棱两可的行为准则会使规定难于实施和执行，也与财务管理、报告和公开声明所要求达到的详尽程度不相符合。克拉克指出，第二次公信力改革的要求并未在 I 社会组织治理中形成制度化的条令，部分是因为这期间国家对于违反条令的行为的惩罚并没有像第一次改革时期那样直接并具有强制性。而且，当 I 社会组织的受益者对 I 社会组织存在高度依赖性时，对话式公信力就变得难以维持，双方的坦诚交流也会因此受阻。

达布尼克（2014）应用"社会机制"（social mechanisms）的方法，讨论了公信力和业绩之间的关系。他指出以往将公信力等同于责任、回应的能力或者回应，其实是对公信力的误解甚至是滥用。与此同时，将公信力视为对期望达到的目标进行管理的一套总的战略方法的观点同样忽略了公信力本身的含义。在工具性视角下，公信力是使公职人员负有责任，具备回应能力并做出回应的具体的方式，该视角充分体现在委托代理理论及其变体的逻辑关系之中，也因此使得公信力问题及管理性控制成为现代治理研究和分析的核心问题。达布尼克认为公信力并不等同于业绩表现。他指出，所有形式公信力的核心都与信息提供行为相关联，在此基础上，他提出信息提供机制（account-giving mechanism）的概念。根据这一机制，信息提供方通过一种相对中立的方式向某个主管单位或者个人提供信息或者反馈意见。但事实上，这种中立并不存在，更准确地说，是以控制机制的形式存在，因为不仅信息提供方预先由某个主管单位或个人指定，其提供报告的形式、内容和提交方式都由主管方预先设定，因此信息提供方除了遵循主管方对报告所提出的要求，并不需要发挥更多的能动性。相反，弱化信息提供机制（mitigated account giving）则要求信息提供方自己有尽可能多的投入，并且对它所负责的某些较为棘手或麻烦的事情或局面做出一定的回应。这样，信息提供方及其主管方之间的关系就更像是同辈关系，而非上下级关系。最后重构信息机制就是要将信息提供方改造成有目的的信息制造者，在这种机制下，信息提供方或制造者将努力控制或改造自己与主管方之间的关系。

除此以外，也有文献提出新治理框架下公信力应该有一个更加宽泛的定义，以适应国家和半国家行动者（即社会组织）之间的关系（Norris，2014；Fisher et al.，2015）。该定义应不仅包含行动者（即社会组织）与其合法的活动空间之间的责任关系，还应包含社会组织对于公众在参与过程中所提出的要求的回应（Norris，2014）。该定义一方面承认相对于不同的关系、程序或情境，公信力应该各有不同；另一方面融合了社会组织有可能做出回应的自上而下的，以及水平的和自下而上的问责（Fisher et al.，2015）。

总之，无论是易卜拉欣、马太、克拉克，还是诺里斯（Norris）和费希尔（Fisher）都强调了西方社会组织公信力机制的几个特征：多维性、过程性和复杂性。首先，社会组织公信力机制并不仅仅是为满足或实现其作为社会组织的某一方面的责任而诞生的一种机制，而是包含了多个维度，如法律、财务和委托等，涉及多种形式，为多方负责；其次，公信力机制不单是对某一个终结性的结果的约束或评价，还是一种过程机制；最后，因涉及众多的利益相关者、行动者、机制和绩效标准，以及不同程度的组织性回应，并且贯穿于社会组织活动的始终，因而兼具复杂性。

二 对谁负责

现有文献在解释社会组织需要对谁负责的问题上，主要涉及三种理论，即资源依赖理论、利益相关者理论和委托代理理论，相应地体现为三种责任形式：代表形式、契约形式和利害关系方路径（李勇，2010）。同时，将社会组织需要负责的对象的路径概括为四种：垂直层面的对上负责、对下负责和水平层面的对内负责、对外负责。与各个问责主体之间的逻辑关系具体如下。

1. 负责原因探讨

1）捐赠契约导致社会组织需对捐赠方负责

社会组织对捐赠方负责，被称作"对上的公信力"（upward accountability）。在社会组织和捐赠方这对关系中，捐赠方关注社会组织是否"将指定的钱用于指定的目的"。对于社会组织来说，捐赠方因掌握有资源，可以决定资源的指向和意图，是社会组织生存和发展所依赖的重要资金来源，直接影响社会组织的可持续发展。根据资源依赖理论，对资源的强烈依赖关系使得社会组织的资源供给者具有强大的话语权，社会组织需要遵从捐赠方对资源本身、资源的使用及其直接效应的要求，同时捐赠方也有权利要求非政府组织说明和解释资源的使用和效果情况（龙宁丽，2015）。从委托代理理论来看，社会组织与捐赠方之间有明确的契约合同和委托代理关系，即捐赠方对社会组织进行了经济赋权，所以对社会组织进行问责是捐赠方的权利；同时，社会组织作为捐赠方的代理人，需要按照捐赠方的偏好生产公益产品，资源的使用必须符合捐赠方的意愿和与之达成的协议（李小云，2015），只有生产出负责任的行为才能建立起与捐赠方之间的信任关系，也只有这样，社会组织才有可能获得已有捐赠方资源的持续供给。权利和义务二者的对立统一，决定了社会组织要对捐赠方履行义务，承担责任。因此，对捐赠方负责源自社会组织的资源依赖，是其需要承担的显性契约责任。

2）伦理约束导致社会组织需对受助方负责

社会组织对受助方负责，称为"对下的公信力"（downward accountability），主要指"社会组织为哪些群体服务"，服务群体通常包含受社会组织项目直接或间接影响的社区或地区。关注受影响的社区是人道主义精神的核心，是伦理角度的考量，社会组织首要负责的对象就是遭遇灾害和冲突的个人与群体（Callamard, 2006）。社会组织得以存在和发展的基础是其所承担的重要的社会职责和道德性使命，是一种感知的责任，离开受助群体，社会组织就失去了存在的意义。尽管社会组织与受助群体之间没有正式的合同契约，但是契约并不是社会组织责任感存在的唯一来源，对受助群体天然的道德性使命，使得社会组织对非契约性的社会团体同样负有责任（石国亮，2015）。这种责任只有道德性约束，没有契约性约束，社会组织会在道德的基础上与受助方形成一种志愿性和非义务性的代理关系，代理是一种愿望和预期（李小云，2015）。因此，对受助方负责是社会组织基于融合型社会的隐性契约责任，是社会组织存在和发展的根本价值基础。

3）价值导向导致社会组织应对自己负责

社会组织对自己的使命、内部的员工和会员负责，既包括决策者也包括执行者，称为"对内的公信力"（internal accountability）。从使命上来讲，社会组织有自身的价值理念和追求，应是非营利价值的坚守者和裁判者，应根据自身的使命来选择捐赠者和从事相关的活动，而不是随资源拥有者或强权者而动（陈志广，2012），这是一种以价值为导向的问责。社会组织将感知的责任转化为个人的行为和组织的使命，社会组织的领导通常将该使命转化成精确的目标，并带领员工贯彻执行，保证组织健康有序、高效地运行，即社会组织具有内部治理的义务，强调对社会组织的产出及过程的问责，是一种管理公信力（Mattei, 2009）。同时，社会组织会员是社会组织实践中非常重要的关系成员，会员加入到社会组织中，为社会组织发展贡献时间、金钱、智慧和忠诚。会员通过内部选举对组织的领导者进行赋权，是一种政治权力授权过程（Peruzzotti，2006），由此产生的问责是组织内部的责任，社会组织应该对会员和过程负责（Spiro，2002）。因此，社会组织对内负责源自对员工的代表和组织的使命践行，是一种基于选举代表和价值导向的责任。

4）声望诉求导致社会组织需对公众负责

社会组织对公众和同行及监督评估机构负责，称为"对外的公信力"（external accountability）。对外的公信力反映的是利害关系方的负责路径，随利益相关者理论的发展而受到关注。社会组织作为一个对环境非常敏感的组织，需要为其行为对其他组织和较大的环境所造成的影响负责，因此也被称作战略公信力（Ebrahim，2003）或民主公信力（Mattei，2009）。社会组织在公众中所建立的可信度和声望会为其发展提供道义和伦理支持，从而影响公众中潜在捐赠方的进一步捐赠行为，对其的负责是预期反应行为规则所起的作用；同时公众对社会组织具有一种实施惩罚的权力，社会组织的发展会受到公众的非正式控制和威胁，一旦发生丑闻，将会对社会组织产生毁灭性的影响（Peruzzotti，2006）。同行及监督评估机构相对于大众群体来说，专业性更强，他们对社会组织专业性的等级划分会很大程度上影响社会组织对捐赠资源的进一步获取。因此，社会组织对公众和同行及监督评估机构的负责是基于潜在威胁和未来利益导向的行为，是社会组织持续发展的最大利益所在。

尽管社会组织应该对谁负责有诸多理论上的探讨，但在实践中究竟对谁负责，却依据环境的不同呈现出差异性。不同的组织形式具有不同的依赖关系以及资源背景，这就决定了不同的组织将根据自身的发展与战略需要而形成不同的责任关系（石国亮，2015）。随着外部环境对社会组织问责要求的改变，社会组织对谁负责在实践中大体经历了四个阶段的变化和发展。

2. 扶贫社会组织对谁负责的发展演变

1）第一阶段是不对任何主体负责

第一个阶段是社会组织公信力议题正式提出之前，社会组织对谁负责并没有引起社会主体的关注，原因在于社会组织不是公选出来的，也不存在一个明确的社会组织行动的全球共识，且社会组织是作为填补市场失灵和政府失灵的组织而得以产生和发展的，享有较高的社会信任度，因此在数量缓慢增加的初期，相关问题并没有凸显。但随着社会组织数量的激增，其获取支持资源的能力和对发展的影响力也日益增强，与管理和绩效相关的问题也频繁出现。一直关注社会组织发展且具有较强公众关注力的《经济学家》杂志在2000年断言认为出现糟糕管理和糟糕绩效的根本原因是社会组织完全不懂规矩，不对任何人负责，之后两三年探讨社会组织应该对谁负责的文章层出不穷，并在2003年《谁来看守看守者》一文中达到顶峰，提出审查社会组织和加强社会组织问责的观点（Jordan et al.，2006）。与此同时，社会公众对社会组织的信任度也在持续下滑（WEF，2004）。

2）第二阶段是实现对捐赠方的负责

第二个阶段是外部监管要求的日益增多，出现了第一次公信力浪潮，即传统的社会组织问责方法，认为社会组织只需要对少部分利益相关者负责（Kovach et al.，2003），即主要对社会组织发展有影响力的利益相关者负责，如国际非政府组织只需要对成员国组织、股东、捐赠者以及政府负责。在资源充满竞争性的环境中，对谁负责，能否获得相应的资源，是很多社会组织生存的基本考虑。社会组织要获得生存和发展，必须从捐赠方获得和维持相应的资源，由此引发了一系列促进社会组织对捐赠方负责的机制与方法的讨论。在具体负责的路径上，社会组织精力主要放在跟踪资金的使用上，涉及具体的项目和短期的目标，财务、法律和委托公信力是社会组织治理的基本要素。在负责的行为中，社会组织遵守的标准是反映捐赠方所设定的标准和偏好，因为其可以决定是否应给社会组织开出财务和法律罚单，这是一种公司式的公信力模式，并没有充分反映社会组织的使命和价值观（Crack，2013）。

3）第三阶段是实现对受助方的负责

第三个阶段强调应对受影响社区及人群的负责，即可能的受益者或受助方负责。相关实践始于人道主义机构2001年发起并开始试验的国际人道主义问责项目（Humanitarian Accountability Project International，HAPI）和世界共同信托组织2000年发起的全球问责项目（Global Accountability Project，GAP）。项目的实践更多关注社会组织所肩负的使命和价值，强调对弱势的利益相关者负责，并将受助方的权益置于所有其他利益相关者的首位，创造一个更加明快的民主问责系统。尽管对受益者负责逐渐成为问责领域中的一个热点议题，但是基于资源与权力本身的关系，受助方自身能力和平等地位的欠缺以及对社会组织提供的物品或服务等资源的极端依赖，受助方的监督能力弱化，甚至可能降低为零（孔维红，2011），很难有问责的能力，因此社会组织对受益者负责始终是一个具有挑战性的话题。

为实现对受助方的负责，一是强调捐赠方、行业自律和政府问责权的行使，促使社会组织在对有影响力的利益相关者负责的同时体现对受助方的负责；二是社会组织依据自身的使命和价值，在捐赠方对受助方缺少负责的情况下，通过实施某些战略来减少自身的脆弱性及对捐赠资源的敏感性，或通过使用自己所掌握的资源来增加对捐赠方的影响，进而实现对受助方的负责；三是创建系列的问责机制来实现对受助方的负责，如 GAP 问责模型中强调对信息透明度、利益相关者的参与、诸多向下评估及利益相关者投诉与赔偿（Kovach，2006）的制度要求，给弱势群体更多的机会和渠道来表达和实施对社会组织奖惩的权利，推动社会组织对弱势群体更多的负责。

4）第四阶段是对更广泛的利益相关者负责

第四个阶段是第二次公信力浪潮所引发的新的问责方法，认为社会组织应该对更广泛的利益相关者负责，包括拥有影响社会组织权力的利益相关者，和被社会组织行动影响的利益相关者，如受益者，受到社会组织地方层面的项目或倡导性工作直接影响的特定社区和团体（Kovach，2006），或体现为理事、员工、捐赠者、政府以及所服务的个人和社区等。对利益相关者负责，强调社会组织对其基本的组织效率和组织责任负责。该阶段除了前面提到的对捐赠方和受助方负责外，还有许多有关对内和对外负责机制的讨论，强调负责对象的异质性，如克拉克（2013）认为社会组织内部存在科层结构，任务和人员存在等级差别，有的只对董事会负责，有的则只对员工负责；对外负责强调对社会组织与地方多元合作者的互动关系。此外，新的治理框架也提出社会组织应该对其合法的活动空间负责（Norris，2014），应将自上而下的、水平的和自下而上的多种问责融合在一起（Fisheret et al.，2015）。

在负责对象的优先序上，这一阶段的问责机制首先强调对遭受灾难和冲突的个人及群体的负责；其次为对员工和捐赠者的负责。在实践当中，对多元的利益相关者负责意味着更多的成本投入，在资源约束的环境背景下，会有一定的博弈和排序，社会组织类型不同，负责对象也不同，如执行活动的社会组织，倡导活动的社会组织，基于不同的依赖关系，责任关系呈现不同的特征。在负责的目标上，社会组织一改往常单方面向受益者传递信息的含义，参与的概念得到强化，强调社会组织与受益人之间的互动关系以及作为回应一方社会组织所应承担的责任，强调对话式和协商式公信力，强调社会组织利用反馈意见成为一个学习型组织，通过与同行协作创立起一种涉及全行业的反思性的文化（Crack，2013）。

三 自律与他律

目前查阅到的中文文献大都基于对公信力概念的理解，提出的公信力机制主要有两种：外部他律（监管）和内部自律。对于社会组织的外部监管，根据刘求实和王名等学者的梳理，我国主要经历了从清理整顿、分级登记，到多头管理，再到归口登记、双重负责、分级管理等历史阶段（刘求实、王名，2010；王名、孙伟林，2011；游祥斌、刘江，2014）。

解放初期，即1950年9月，政务院颁布《社会团体登记暂行办法》，对旧社会遗留下来的各种社会团体进行清理整顿，同时确立全国性的社会团体向内务部申请登记，地方性的社会团体向当地人民政府申请登记的社会团体的"分级登记"原则，登记管理机关集审批权和管理权于一身。1951年，内务部又颁布《社会团体登记暂行办法实施细则》。这两部法规都规定了社会团体登记管理的程序和办法，但缺少日常管理的细则，因而在对社会团体的清理整顿任务完成之后基本被弃用（游祥斌、刘江，2014）。第二个阶段从1969年开始。1969年1月，主管社团工作的内务部被撤销，社会团体进入由财政部、公安部、卫生部和国家计委等多部门管理的状态，由于许多从内务部分离出来的部门都可以审批和管理社团，因而社会团体基本处于无序状态。1978年2月，国家民政部成立，但社团管理格局并未随之改变，之前内务部的社团管理权限实际上分散在包括民政部在内的各个部门，并未设立统一的社会组织管理机关，也缺少有关社会组织运行和管理的统一模式和范本，合法社团和非法社团呈现多头管理和野蛮生长的状态（游祥斌、刘江，2014；王名、孙伟林，2011）。

改革开放至1989年，其间由于社会组织发展过快过猛，但在制度和体制上并未形成统一、明确的框架和管理机构，社会组织的运作和管理仍然缺乏统一的模式和范本（王名、孙伟林，2011）。1989—1998年为社会组织归口管理阶段。这一时期，国务院先后颁布《基金会管理办法》《社会团体登记管理条例》和《民办非企业单位登记管理暂行条例》。根据社会组织的性质、功能和结构等特点，社会组织被分为社会团体、民办非企业单位和基金会三大类，纳入不同的系列进行登记管理，同时对部分社会组织进行清理，逐步形成"双重负责，分级管理"的社会组织管理体制，确定民政部门为社会组织登记管理机关，相关政府部门作为业务主管部门，实行多重审批，共同把关的管理机制。一个包括四个行政层级，依托各级民政系统的以国家民政部为核心的社会组织登记管理体系逐渐形成（王名、孙伟林，2011）。

1998—2013 年为社会组织分类管理阶段，即在目前社会团体、民办非企业单位和基金会三大分类的基础上，依照作为我国现行社会组织管理体制核心的《社会团体登记管理条例》《民办非企业单位登记管理暂行条例》和《基金会管理条例》三大条例对社会组织进行分类管理，但"双重管理"仍然是社会组织管理体制的核心内容。2013 年 3 月 15 日，《国务院机构改革和职能转变方案》提出到 2013 年 12 月底前将完成《社会团体登记管理条例》等相关行政法规的修订工作，对行业协会商会类、科技类、公益慈善类、城乡社区服务类四类社会组织实行民政部门直接登记制度，同时强调到 2017 年基本形成政社分开、权责明确、依法自治的现代社会组织体制。这一时期为我国社会组织管理制度框架的探索创新阶段，也有学者称之为"后双重管理体制时代"（郁建兴等，2014）。表 9 勾勒出了我国社会组织合法性管理机制的演变历程及各阶段主要特征。

表 9　　我国社会组织合法性管理机制演变及特征

时间/年	社会组织发展阶段	社会组织合法性管理机制演变及特征
1949 年初	旧的社会团体改造，新的社会组织萌芽	清理整顿各类社会团体，确立分级登记原则
1969—1978	合法和非法社团野蛮生长阶段	多头管理，基本无序
1978—1989	各类社会组织放任发展阶段	缺少统一的制度框架和管理机构
1989—1998	社会组织迅速发展阶段	归口、双重管理形成阶段
1998—2013	社会组织快速发展阶段	双重、分类管理阶段

续表

时间/年	社会组织发展阶段	社会组织合法性管理机制及特征
2013—		后双重管理阶段（分类管理探索创新阶段）

资料来源：根据刘求实、王名（2010）；王名、孙伟林（2010，2011）；游祥斌、刘江（2014）及郁建兴等（2014）文献整理而成。

对于社会组织的合法性管理问题，王名和孙伟林认为目前主要有四种主张，即"取缔""限制""排斥"和"控制"。主张取缔的人认为对那些违法违规和不符合社会需要的社会组织应予以取缔；限制论者认为对社会组织应实行严格的限制入口管理，采取双重管理等高门槛的管理制度；排斥论者提出可以利用双重管理体制以及其他政治和行政手段有目的地建构起将社会组织边缘化的排斥体系；控制论学者则认为应通过行政化、业务监管、资源管控和分类管理等措施控制社会组织的行为。作为以上话语体系的综合，还有学者提出"规范体系""统一立法""分类监管"和"发展为本"等观点。针对这些不同的主张，我国目前有三种社会组织管理战略：发展型战略、控制型战略和规范型战略，这些战略相互作用，共同推动着我国社会组织管理体制的发展（王名、孙伟林，2011）。

社会组织合法性管理机制讨论之外的另一大讨论主要围绕社会组织的监督和评估机制。陈宁指出，社会组织公信力是指社会和公众对社会组织的认可度、信任度和满意度，该界定含有两层意思：首先，社会组织公信力是一种认知评价体系，包括对社会组织的合法性、宗旨、诚信、能力、效率等方面的认可、信任和满意程度；其次，社会组织公信力的评价主体是社会和公众，包括政府机构、大众媒体、捐赠方、服务对象、第三方机构等多方主体。但是对于目前的社会监督评估机制，姚锐敏（2013）认为，首先，社会组织利益相关者的监督缺位；其次，媒体监督的缺位与过度现象并存；最后，社会组织民间评估机制不完善，因此提出社会组织如果本身透明度和公开性不足，加之外部监督机制失灵，社会组织发生不良和腐败行为的概率就会大大增加。而社会评估是一个提高社会可见度、提高社会组织公信力、加强政府监管的综合性机制，不仅可以发挥监管作用，通过评估，社会组织也可以提升自身的能力。此外，评估为政府制定与社会组织相关的政策措施等提供了重要的参考依据。

从1989—2007年，我国政府虽然对于社会组织的入口管理越来越严格，但对其外部监管机制却相对缺乏，监管的形式也相对单一，主要停留在突击性集中清理整顿或运动式执法，缺少平时的经常性监管（陈宁，2012）。2007年，民政部颁布《民政部关于推进民间组织评估工作的指导意见》和《全国性民间组织评估实施办法》，在民政部一级陆续启动了基金会、涉外基金会、民办非企业单位、全国性行业类、学术类、联合类、职业类和公益类社团八类社会组织的评估工作，并且在评估体系中纳入了社会评价的内容，如公益性社会团体评估指标中的社会评价指标就包含了这样的内容：1）内部评价，即会员、理事（常务理事）的评价和工作人员的评价；2）公众评价，即捐赠人评价、受益人评价、志愿者评价和新闻媒体评价；3）管理部门评价，即业务主管单位评价，登记管理机关评价和其他有关管理部门评价。2010年12月，民政部再次颁布《社会组织者评估管理办法》，该办法于2011年3月1日起施行，对社会组织评估委员会和评估复核委员会的组建原则、成员构成、评估程序及方法予以了规定。

在实际操作中，陶传进（2012）指出，社会组织评估需要解决的问题包括：第一，评估者本身的专业性问题。第二，评估的公正性问题。陶传进认为如果缺少公正性，那么评估结果就会缺乏社会公信力。第三，需要收集可信度高且详尽的信息，但是这往往是最需要保证但难度却最大的部分。此外，评估机构本身的规范和自律也很重要，因为很难想象一个自身就缺乏规范和自律的机构如何去评估和监测其他社会组织的公信力。陶传进建议，如果被评估组织能够提前建立一个信息展示的平台，将有助于社会公众和评估机构进入这个平台，也可以提升被评估机构本身的透明度，加大公众对它的信任。对于社会组织中的中坚力量——基金会，为保证其运作过程的公益性，不让公益资金中途流失，以及解决基金会与捐款人之间信息不对称的问题，则需要更为复杂的信息获取以及更为专业化的解读机制。陶传进（2012）认为评估机构位于基金会与捐款人中间，起着服务的作用。而评估的意义则在于通过评估实践，社会选择机制才能存活，整个公益领域才能像营利领域一样通过"看不见的手"运作起来，这样政府才可以退出，社会也可以放心与信任。但是目前的社会组织评估，王名认为还只是社会组织的自选动作，社会组织参与评估的积极性并不高。因此有必要推进第三方评估机构来提供专门的评估和服务。不过第三方评估也需要有法律保障,如果缺少有效的法律保障,第三方组织的评估就会缺少权威性,评估结果也会因此缺乏社会公信力。

不过,目前的第三方评估总体能力不足,主要表现为投入的资源有限、专业的团队有限、评估指标设计有待完善、评估过程中可选用的有效方式也有限等,这些不足使得第三方评估的能力建设同样重要,同样需要问责和监督。与此同时,一个独立的监管委员会也有必要配套设立。按照王名的设想,这个管委会应该是官民合作的,有政府、专家学者、社会公众和社会组织的参加,代表社会对第三方评估机构进行监管问责(郑超,2014)。

表 10　　　　　　　　社会组织的自律与他律

管理机制	个体自律机制 (微观)	行业自律机制 (中观)	政府监督 (宏观)	社会监督 (宏观)
基本要素	1. 有无章程,或者有章程,是否真正遵循章程 2. 有无法人或法人地位 3. 内部运行机制 　a. 决策机制; 　b. 奖惩机制; 　c. 财务机制; 　d. 选举机制。	同一领域非营利组织结合成团体,联合制定共同遵守的行为和道德标准,实施互相监督;设立专门的监督团体,或聘请信誉高的审计机构,以独立的第三方角色评估和审视非营利组织的运作和组织规范	税收政策:税收政策是一个重要的监控杠杆。一方面,减免税优惠让更多的企业和个人捐资非营利组织;另一方面,免税资格的审批成为政府干预非营利组织的重要手段,"非营利组织是税收政策的产物"	公众、捐款人和大众媒体的监督
存在问题	1. 管理人观念落后;专业知识工作人员少,缺培训 2. 缺少组织战略规划 3. 理事会摆设,职位是"荣誉头衔",和执行层关系错位 4. 财务不透明 5. 内部制约机制不健全		政府监督有疏漏,审查过于宏观 外部监督整体很弱	

续表

管理机制	个体自律机制（微观）	行业自律机制（中观）	政府监督（宏观）	社会监督（宏观）
解决途径	1. 内部：加强从业人员的培养和培训，改进管理水平和专业水准；实行决策和执行分离，实现董事会下的总经理负责制 2. 外部：政府，加强社会组织的能力建设，包括实施奖惩制度；社会，通过社会化过程完善内部机制 3. 社会组织自律与政府以及社会的互律和他律形成良性互动			
案例	中国扶贫基金会，青基会			

资料来源：郑振宇：《社会组织的个体自律机制建设探讨》，《学会》2011年第101期；樊瑾：《非营利性组织的自律与他律》，《社会学》2006年第1期。

除了以上有关社会组织他律机制的讨论，通过自律机制建设社会组织公信力的讨论同样不乏其人其文。根据郑振宇（2011）的分类，社会组织的自律机制不仅包括个体自律机制，也包括行业自律机制。社会组织的个体自律机制主要指社会组织建立以章程为主的内部管理制度、健全会员大会、理事会、监事会等制度、完善民主决策、财务、重大事项报告和信息公开等制度，形成自我管理、自我发展、自我约束的内部管理机制。自律的内容主要包含社会组织的章程、法人地位问题和内部运行机制。社会组织个体自律机制与政府管理、行业自律共同构成宏观、中观和微观三个层次的管理体制。但是目前社会组织的自律机制相对欠缺或有待进一步完善，这些问题表现在各个方面，解决途径根据学者们的建议，也基本是内外兼顾，对内指的是社会组织需要在微观层面，主要是社会组织内部进行改革，对外则主要体现在政府层面和社会范围内对社会组织进行规约、管理和监督（表10）。例如，王名认为社会组织的自律关键在于进行能力建设，能力建设应从四个方面展开：第一，通过培训、学习和交流，建立专业人才队伍，提高参与公共服务的专业服务能力；第二，提高公开透明的自我约束能力，以提升社会信任和公信力；第三，提高对社会责任和民生诉求的社会支持能力，尤其是在培育公民意识，提高公民素质，培养公共秩序，倡导合作精神，提升社会资本，社会组织具有不可替代的优越性；第四，提高适应社会治理的创新发展能力（王名，2014b）。

从对以上国内文献的梳理，可以看出国内学界对社会组织公信力的讨论目前还主要集中于对社会组织的合法性管理之上。虽然也有学者提出了社会组织的自律和他律机制，如社会评价和第三方评估等，但对这些机制的讨论目前还大都停留在概念层面，很少结合社会组织的现状，即社会组织生存与发展的现实来讨论公信力问题。因此，本书旨在通过对部分扶贫社会组织的实地调研，通过多维度公信力分析，揭示目前我国社会组织的公信力状况，讨论其公信力机制的合理性及弊端，并以此为基础，探索建设我国社会组织公信力的途径。

第三章 扶贫社会组织社会公信力现状

为了解社会公众对扶贫社会组织公信力的认知程度,本书采用问卷调查的形式,对回收的 560 份有效问卷进行了分析。本章从样本公众与扶贫社会组织的互动现状入手,并以此为背景,分析了样本公众整体及不同背景人群对扶贫社会组织公信力的综合评价,以及在管理公信力、财务公信力和专业公信力各维度的分项认知评价。最后,样本主体在自己的认知基础上,提出了对未来扶贫社会组织公信力建设的期望。

第一节 样本公众与扶贫社会组织的互动现状

公众对扶贫社会组织公信力的认知和评价信息,常常来源于其对扶贫社会组织的主动关注、被动关注等一系列互动行为来实现,这些互动行为不仅影响公众对扶贫社会组织公信力现状的客观评价,也会从侧面反映出扶贫社会组织公信力建设应着重加强的维度。

一 关注扶贫社会组织发展的意愿

被调查对象工作岗位与扶贫的相关性越强(表 11),越会有意或无意关注到与扶贫社会组织相关的信息。样本数据显示,被调查的群体 77.4% 的工作岗位与扶贫不相关,有些相关或紧密相关的比例为 22.6%。

表 11 问卷调查对象工作岗位与扶贫的相关程度 (N = 558)

相关程度	样本量	百分比(%)	累计百分比(%)
紧密相关	17	3.1	3.1
有些相关	109	19.5	22.6
不相关	432	77.4	100.0

在关注扶贫社会组织发展的意愿（表12）上，被调查对象比较关注或非常关注的占比为33.6%；不太关注或不关注的占比为29.8%；一般关注的人群占比为36.6%。

表12　问卷调查对象对扶贫社会组织的关注程度（N=560）

关注程度	样本量	百分比（%）	累计百分比（%）
非常关注	28	5.0	5.0
比较关注	160	28.6	33.6
一般	205	36.6	70.2
不太关注	116	20.7	90.9
不关注	51	9.1	100.0

表13显示，当被调查人员的工作岗位与扶贫相关时，会在一定程度上影响其对扶贫社会组织的关注程度，两个指标的斯皮尔曼相关系数为0.367，即在置信度（双侧）为0.01时，相关性是显著的。但是，结果也显示，尽管目前样本公众超七成的人群从事与扶贫无关的岗位，但是约七成的人群仍对扶贫社会组织的发展保持较多或一般的关注。可见，在日常生活中，绝大多数样本公众都对扶贫社会组织的发展给予了一定的关注，这些关注能够帮助其对目前扶贫社会组织公信力的发展做出相对客观的评价。

表13　问卷调查对象工作岗位对扶贫社会组织关注程度的影响（N=558）

关注程度	紧密相关（%）	有些相关（%）	不相关（%）
非常关注	17.6	14.7	2.1
比较关注	60.0	51.4	22.0
一般	17.6	22.9	40.5
不太关注	11.8	8.2	24.3
不关注	0.0	2.8	11.1
样本量合计	(17)	(109)	(432)

二　对扶贫社会组织信息的了解情况

调查结果显示（表14），样本公众对与扶贫社会组织相关的信息整体了解比较少。37.0%的公众表示对扶贫社会组织只有一般的了解，44.8%的公众表示对扶贫社会组织有比较少或几乎没有任何程度的了解，仅有18.2%的公众表示有非常多或比较多的了解。

表14　问卷调查对象日常接触的与扶贫社会组织有关的信息量（N=559）

选项	样本量	百分比（%）	累计百分比（%）
非常多	14	2.5	2.5
比较多	88	15.7	18.2
一般	207	37.0	55.2
比较少	190	34.0	89.2
几乎没有	60	10.8	100.0

在具体信息的了解渠道上（表15），调查对象表示，电视广播占比最多，样本量为399个，比例达到71.5%；其次为网络手机，占比为64.2%；再次为报纸书刊，占比为42.1%；通过专业的官方网站、家人朋友的口口相传，或真实的工作互动等渠道获取信息的方式占比均为20%左右。

表15　问卷调查对象日常接触扶贫社会组织信息的渠道（N=558）

渠道类型	样本量	百分比（%）
网络手机	358	64.2
官方网站	114	20.4
电视广播	399	71.5
报纸书刊	235	42.1
专业年报	18	3.2
户外广告	138	24.7
家人朋友	143	25.6
工作互动	94	16.8
其他	10	1.8

备注："其他"包括（1）没有接触过；（2）单位或学校组织的活动，如衣物捐赠、支教等；（3）自己参与扶贫社会组织的互动等途径。

在信息获取的主要渠道上（表16），网络手机和电视广播为两个最主要的渠道，占比分别达到40.8%和33.3%，合计占比为74.1%；其次为工作互动，报纸书刊和官方网站等，占比分别为6.9%、6.7%和4.6%。

表16　问卷调查对象日常接触扶贫社会组织信息的主要渠道（N=480）

渠道类型	样本量	百分比（%）
网络手机	196	40.8
官方网站	22	4.6
电视广播	160	33.3
报纸书刊	32	6.7
专业年报	1	0.2
户外广告	13	2.7
家人朋友	18	3.8
工作互动	33	6.9
其他	5	1.0

备注："其他"包括（1）没有接触过；（2）公司、学校组织的活动；（3）自身活动参与等。

可见，大多数人对扶贫社会组织相关信息的获取量整体偏少，获取的渠道仍主要依赖现代传媒（电视广播和网络手机等）的主动传播；同时，数据也显示，对公众而言，有一部分人已经开始将扶贫社会组织公信力作为一个搜寻品，通过专业信息的收集来形成对其公信力水平的判断。

三　参与扶贫社会组织的行为

参与扶贫社会组织的活动，与扶贫社会组织形成良好的互动，是促进公众了解扶贫社会组织的一个重要途径，有利于扶贫社会组织公信力的形成及有效传播，也能最大程度地激励公众成为未来扶贫社会组织发展的潜在捐赠者或者支持者。公众与扶贫社会组织之间的互动行为越多，其反映出的扶贫社会组织公信力水平相对越准确和客观。调查样本数据显示（表17），6.8%的样本公众受到过扶贫社会组织的资助；52.6%的样本公众是扶贫社会组织的捐赠方；58.1%参与过扶贫社会组织组织的一些公益活动。

表17　　　　　问卷调查对象参与扶贫社会组织活动的情况

具体活动	样本量	百分比（%）
受到过资助（N=560）	38	6.8
参与捐赠过（N=557）	293	52.6
参与过公益活动（N=556）	323	58.1

在参与捐赠的机构或组织的选择上，170个回答中有15个（8.8%）表示是经过工作单位捐赠的，而对于具体捐赠机构或组织的名称却并不知晓；111个（65.3%）回答是捐赠给地方红十字会、慈善会、妇联、残联、工会、共青团、科协和民政系统等具备一定事业单位或政府背景的机构或组织；24个（14.1%）表示是通过壹基金、腾讯公益、希望工程、中国扶贫基金会、中国青少年发展基金会等具有较大影响力的社会组织进行捐赠；20个（11.8%）是捐赠给日常能够接触到或有所互动的扶贫团体，如大学生扶贫社团、街头不定期组织的义务捐献活动以及街头定期的捐助站等。

在选择捐助对象方面，问卷调查对象考虑的标准分别如表18所示，45.1%选择名声比较好，即有公信力的机构或组织进行捐赠；25.9%会选择有政府背景的；22.2%是跟着其他人的选择进行选择；仅有6.8%的会选择自己了解比较多的扶贫社会组织。同时，不少调查对象也表示，如果救助目标明确，项目内容合理，确实能给贫困人口带来帮助，或有被资助对象的详细资料，能够直接帮助到受助者时，提供捐赠的可能性更大。

表18　　　问卷调查对象选择扶贫社会组织捐赠的指标（N=559）

考虑指标	样本量	百分比（%）
其他人选哪个就选哪个	124	22.2
名声好	252	45.1
有政府背景的	145	25.9
自己了解比较多的	38	6.8

在参与扶贫社会组织公益活动的内容上，问卷调查对象涉及的活动主要包含四个方面，具体如表19所示。捐钱捐物是问卷调查对象与扶贫社

会组织进行互动的最主要的形式,所占比例达89.1%。在捐钱捐物的用途上,59.2%捐赠给了特定的项目,如给贫困生的助学金、给贫困地区修建学校、给贫困山区的孩子捐书捐物、为西南地区修路、捐助给"与孤儿共度春节"活动、向聋哑儿童捐赠书籍、为低保人群买米买面、为县城农民工捐献衣物等;19.4%是在特殊事件,如地震、洪灾发生后,进行捐赠的;10.4%是对特定机构进行捐赠,如红十字会、妇联等。除了捐钱捐物外,有10.9%的调查对象表示还会通过做志愿者等形式直接参与扶贫社会组织组织的抗灾救灾活动。

表19　问卷调查对象参加扶贫社会组织公益活动的类型（N=211）

活动类型	样本量	百分比（%）
活动参与/志愿者	23	10.9
捐赠给特定机构	22	10.4
捐赠给特定项目	125	59.2
特殊灾害事件捐赠	41	19.4

综上所述,调查数据显示,过半数的样本公众与扶贫社会组织有直接或间接的互动,公众互动对象的选择较多倾向于名声较好,有较高社会公信力的组织;多数被调查公众对扶贫表现出一定的、工作之外的额外关注,但整体上接触的与扶贫社会组织相关的信息量偏少。被调研公众了解扶贫社会组织信息的渠道较多,主要依赖网络手机和电视广播的主动传播。有少部分调查对象开始将扶贫社会组织公信力作为一种搜寻品,进行专业信息的收集、验证和评论,甚至后续行为的选择与参与;也有少部分调查对象开始逐渐摆脱传统的捐钱捐物的方式,开始以志愿者的身份越来越多地参与到扶贫社会组织的发展实践当中。最后,调研数据也从侧面反映出目前扶贫社会组织公信力的提升主要依赖社会组织通过网络手机和电视的主动宣传,整体信息的公开范围和传播渠道仍较为狭窄;在接受传统的由工作单位组织的大众捐赠时,对捐赠方的主动反馈机制较少,导致部分捐赠群体根本不知道真正的捐赠组织方的名称。

第二节 扶贫社会组织公信力的社会认知评价

扶贫社会组织公信力是扶贫社会组织在管理、财务和专业公信力多个维度上的综合体现。调研组在获得被调研对象对扶贫社会组织的关注和了解渠道等基础上,进一步分析了其对扶贫社会组织多种维度公信力的认知与评价,并借此来展现目前扶贫社会组织的社会公信力状况。

一 整体认知与评价

1. 对扶贫社会组织整体的了解

调查数据显示(表20),问卷调查对象对扶贫社会组织的了解程度较低,非常了解和比较了解的人群所占的比例仅为10.6%,不太了解和完全不了解的占46.9%,有3.7%的被调查公众表示对此说不清楚,38.8%表示仅限于一般性了解。

表20 问卷调查对象对扶贫社会组织的了解程度 (N=559)

了解程度	样本量	百分比(%)	累计百分比(%)
非常了解	7	1.3	1.3
比较了解	52	9.3	10.6
一般	217	38.8	49.4
不太了解	219	39.2	88.6
完全不了解	43	7.7	96.3
说不清楚	21	3.7	100.0

2. 对扶贫社会组织实践的认知

问卷调查对象在日常与扶贫社会组织的互动中,对不同扶贫社会组织公信力建设中好的表现和坏的表现都有自己的认知和评价标准。调查数据显示(表21),68.0%的问卷调查对象认为款项来去向都透明的扶贫社会组织公信力较强;其次,54.7%认为由政府或事业单位发起创立的扶贫社会组织公信力较强;42.2%认为未出现过慈善丑闻的扶贫社会组织公信力较强;39.5%认为专业化水平高的公信力较强;22.5%认为名气大的公信力更强;22.4%认为有固定办公地点的公信力较强;在"其他"选项,也有被调研公众指出,有信仰和与公众或捐赠方有较多互动的扶贫社会组织更具公信力。

可见,对于诞生于各种背景的众多社会组织,被调研公众表示更愿意信任和支持那些款项来去向都比较透明的以及由政府或事业单位发起的社会组织;对于未出现过慈善丑闻以及专业化水平较高的社会组织,公众也表示相比其他社会组织,他们会有更多的信任;虽然也有少部分公众表示倾向于信任名气大的和有固定办公地点的社会组织,但与其他因素相比,这些因素显然并不是最重要的。

表 21   问卷调查对象认可的扶贫社会组织公信力较强的表现（N=559）

具体表现	样本量	百分比（%）
名气大	126	22.5
未出现过慈善丑闻	236	42.2
政府或事业范围发起	306	54.7
款项来去向透明	380	68.0
有固定办公地点	125	22.4
专业化水平高	221	39.5
其他	9	1.6

备注:"其他"包括(1)和公众互动较多的;(2)有信仰的;(3)组织捐赠者去捐赠地区。

对于公众认可度不高的扶贫社会组织,调查数据显示(表22),85.7%的公众认为公信力最不足的做法是透明度不高;43.5%认为是没有体现民意;35.6%认为是专业化水平不高;少数(9.1%)认为是名气不够大;3.4%的"其他"选择认为最多的是出现丑闻、负面信息较多的扶贫社会组织,其次还有内部腐败、从业人员善心不足、扶贫模式单一等。

表 22   问卷调查对象认为公信力不足的做法（N=559）

具体表现	样本量	百分比（%）
名气不够大	51	9.1
透明度不高	479	85.7

续表

具体表现	样本量	百分比（%）
没有体现民意	243	43.5
专业化水平不高	199	35.6
其他	19	3.4

备注："其他"包括（1）不关注；（2）从业人员善心不足；（3）内部腐败；（4）出现丑闻，负面新闻多（10个样本）；（5）宣传侧重点不明确；（6）扶贫模式单一。

因此，在对扶贫社会组织的实践认知上，财务公信力中的资金透明度被认为是判断扶贫社会组织公信力好坏的最重要因素，其次为扶贫社会组织发起机构的背景和是否存在社会负面评价信息，再次为从业人员的专业水平高低以及服务内容等。同时，少部分群体会关注扶贫社会组织的名气、办公地点的存在，以及与捐赠主体之间的多元互动等。

3. 对扶贫社会组织整体的评价

在上述的对扶贫社会组织整体的了解程度、评价维度和实践认知上，问卷调查对象对扶贫社会组织的整体认可与满意程度如表23和表24所示。对扶贫社会组织活动、行为、工作等的完全认可和比较认可的比例为33.8%，非常满意和比较满意的比例为26.5%；不太认可和完全不认可的比例为17.6%，不太满意和非常不满意的比例为24.3%；另外，48.6%认为是一般认可或说不清楚，49.2%认为是一般满意或说不清楚。可见，在正向和负向的评价中，问卷调查对象较多偏向于正向评价，但约半数的人群处于一般或说不清楚的中立评价。

表23　问卷调查对象对扶贫社会组织活动和行为的认可程度（N=557）

认可程度	样本量	百分比（%）	累计百分比（%）
完全认可	20	3.6	3.6
比较认可	168	30.2	33.8
一般	199	35.7	69.5
不太认可	89	16.0	85.5
完全不认可	9	1.6	87.1
说不清楚	72	12.9	100.0

表 24　问卷调查对象对扶贫社会组织工作的满意度　(N=557)

满意程度	样本量	百分比（%）	累计百分比（%）
非常满意	4	0.7	0.7
比较满意	144	25.8	26.5
一般	205	36.8	63.3
不太满意	124	22.3	85.6
非常不满意	11	2.0	87.6
说不清楚	69	12.4	100.0

调查数据显示（表25），问卷调查对象对扶贫社会组织的整体认可度为3.21，介于一般和不太认可之间；对扶贫社会组织的整体满意度为3.36，介于一般和不太满意之间。就了解程度与认可程度或满意程度的相关性而言，问卷调查对象对扶贫社会组织的了解程度越高，认可度和满意度均值均越小，这说明认可程度和满意度越偏向正向维度，即认可程度和满意程度也越高。比较同等了解程度的认可度均值和满意度均值，可见认可度均值要小于满意度均值，这说明：在同等了解程度上，样本群体对扶贫社会组织的认可度要高于满意度，即认可社会组织的相关行为，但对其行为的表现仍有一定不满意的空间存在。从各个层级的均值差距来看，随着了解层级的降低，均值的差距呈现增大的趋势，这说明：每减少一个层级的了解程度，问卷调查对象对扶贫社会组织的认可满意程度在加速降低。

表 25　问卷调查对象对扶贫社会组织认可满意度与了解程度的相关性分析　(N=557)

了解程度	认可度均值	均值差距	满意度均值	均值差距
非常了解	1.86	—	2.43	—
比较了解	2.40	0.55	2.62	0.19
一般	2.75	0.34	2.95	0.34
不太了解	3.51	0.77	3.61	0.66
完全不了解	4.26	0.74	4.40	0.78

续表

了解程度	认可度均值	均值差距	满意度均值	均值差距
说不清楚	5.05	0.79	4.95	0.56
合计	3.21	—	3.36	—

备注：认可度与满意度数值界定为 1 = 完全认可/完全满意；2 = 比较认可/比较满意；3 = 一般；4 = 不太认可/不太满意；5 = 完全不认可/非常不满意；6 = 说不清楚。

在不满意的原因上，调查结果显示（表26），76.3%的比例认为是经费不透明；56.4%的比例认为是外部监督机制缺乏；40.3%认为是内部管理机制不完善；30.9%认为是针对性不强，工作效率低；23.3%认为是从业人员专业性不强；1.7%认为是"其他"原因，如传播不广泛，捐赠方和受助方信息不对称等。可见，问卷调查对象对扶贫社会组织不满意的原因首要在于财务公信力中的资金透明度不够；其次是管理公信力的制度缺乏和工作绩效低；再次是专业公信力的工作人员专业性不强。

表26　问卷调查对象对扶贫社会组织不满意的原因分布（N=236）

不满意的原因	样本量	百分比（%）
内部管理机制不完善	95	40.3
从业人员专业性不强	55	23.3
外部监督机制缺乏	133	56.4
针对性不强，工作效率低	73	30.9
经费不透明	180	76.3
其他	4	1.7

备注："其他"包括（1）传播不广，宣传不够；（2）捐赠方和受捐方信息不对称；（3）数量少，知名度小。

综合上述调查结果，在扶贫社会组织整体公信力建设方面，问卷调查对象在对扶贫社会组织了解程度相对偏低的基础上，认为目前扶贫社会组织整体的公信力处在"一般"的境地，在极端评价当中，"认可"的评价要稍微高于"不认可"的评价，不满意的原因主要在于财务公信力中的资金不够透明。同时，研究结果也显示，当问卷调查对象对扶贫社会组织增多一份了解时,其对扶贫社会组织的认可度和满意度也随之提升,这一点说明,增加与公众的沟通交流互动,是有助于扶贫社会组织整体公信力的提升的。

二 管理公信力认知与评价

在管理公信力上,调查问卷主要从扶贫社会组织的价值观和理念设立、组织管理模式和组织绩效三个层面进行考查,具体分析结果如下。

1. 对扶贫社会组织理念的评价

在管理理念和做法上,调查结果显示(表27),问卷调查对象31.9%表示非常赞同或比较赞同;8.2%表示不太赞同或完全不赞同;36.8%是一般赞同;23.1%表示说不清楚。可见,被调研公众对扶贫社会组织的理念整体上更偏向于赞同,但要注意的是仍有较大部分采取了中立的态度,或说不清楚,这一定程度上受被调查者与扶贫社会组织缺乏互动机会和缺少信息了解渠道等因素的影响。

表27 问卷调查对象对扶贫社会组织理念与做法的认同程度 (N=559)

赞同程度	样本量	百分比(%)	累计百分比(%)
非常赞同	25	4.5	4.5
比较赞同	153	27.4	31.9
一般赞同	206	36.8	68.7
不太赞同	38	6.8	75.5
完全不赞同	8	1.4	76.9
说不清楚	129	23.1	100.0

2. 对扶贫社会组织管理模式的认知

在管理模式认知上,调查数据显示(表28),问卷调查对象对扶贫社会组织管理模式非常了解或比较了解的比例达到5.2%;不太了解或完全不了解的比例为62.9%;同时有25.4%认为一般了解;6.5%认为说不清楚。可见,被调研公众对扶贫社会组织的管理模式整体上更偏向于不太了解的层级。

表 28　　问卷调查对象对扶贫社会组织管理模式的了解程度（N=558）

了解程度	样本量	百分比（%）	累计百分比（%）
非常了解	7	1.3	1.3
比较了解	22	3.9	5.2
一般	142	25.4	30.6
不太了解	251	45.0	75.6
完全不了解	100	17.9	93.5
说不清楚	36	6.5	100.0

3. 对扶贫社会组织绩效的评价

在工作的效果上，调查结果显示（表29），25.6%的问卷调查对象认为扶贫社会组织对贫困人群的影响比较大或非常大；36.6%认为有比较小的影响或几乎没有影响；37.8%认为影响一般。可见，被调研公众对扶贫社会组织的管理绩效评价不是太理想，即对受助者的影响较小，或者持续性不够。

表 29　　扶贫社会组织对贫困人群的影响评价（N=558）

影响评价	样本量	百分比（%）	累计百分比（%）
非常大	23	4.1	4.1
比较大	120	21.5	25.6
一般	211	37.8	63.4
比较小	170	30.5	93.9
几乎没有影响	34	6.1	100.0

对具体的工作活动评价，调查数据显示（表30），31.2%的问卷调查对象认为扶贫社会组织的扶贫活动比较好或非常好；13.4%认为不太好或非常不好；同时有37.9%认为一般；17.5%认为说不清楚。可见，被调查公众对扶贫社会组织的活动整体评价偏于正向，同时仍有大量的中立评价或说不清楚的评价。

表 30　问卷调查对象对扶贫社会组织扶贫活动的评价（N=560）

评价程度	样本量	百分比（%）	累计百分比（%）
很好	19	3.4	3.4
比较好	156	27.8	31.2
一般	212	37.9	69.1
不太好	70	12.5	81.6
非常不好	5	0.9	82.5
说不清楚	98	17.5	100.0

在评价原因（表31）上，正向评价更多是因为有与扶贫社会组织之间的互动或对扶贫社会组织比较关注，较为认同扶贫社会组织对穷人的关注和理念的倡导，以及在管理上规范化程度较高，对贫困人群的需求有所满足；负向评价更多体现为专业性低，丑闻太多，对受助对象的瞄准性和持续性不够等；中性评价更多是因为缺少与扶贫社会组织直接或间接的互动。

表 31　问卷调查对象对扶贫社会组织扶贫活动评价的理由（N=82）

评价	评价理由	样本量	百分比（%）
正向评价	一定程度上满足了贫困人口的需求，对其有所帮助	28	58.3
	有必要对贫困人群救助，与人为善，扶持弱者，体现人文关怀	10	20.8
	公众参与高，社会反响好，内容多样化，规范化程度提升	10	20.8
	合计	48	58.5
中性评价	不了解具体活动，很少接收相关信息	5	50.0
	没有参与体验过	2	20.0
	良莠不齐	3	30.0
	合计	10	12.2
负向评价	专业性低	4	16.7
	瞄准性持续性不强	12	50.0
	捐助者不知款项去向	1	4.2
	弄虚作假、流于形式的丑闻太多	7	29.2
	合计	24	29.3

综合上述调查结果,在扶贫社会组织管理公信力上,问卷调查对象对扶贫社会组织的价值观和理念整体偏向赞同的评价,但大多对其管理模式不太了解;在活动选择上整体偏向正向评价,认为比较好或非常好,但由于其活动的瞄准性、持续性欠佳和流于形式的丑闻,被调研公众认为其绩效影响整体上欠佳。

三 财务公信力认知与评价

在财务公信力上,问卷就被调查对象对扶贫社会组织公开信息的维度及方式和途径的认知、对财务相关信息的关注,以及财务公开透明度和真实度的评价等方面进行了考察,结果如下。

1. 对扶贫社会组织财务公开的认知

调查数据显示(表32),95.3%的被调查对象认为扶贫社会组织应该公开财务信息。在公开的财务信息维度上(表33);92.1%的问卷调查对象认为扶贫社会组织应该公开资金去向;75.3%认为应该公开资金的使用效率;65%认为应该公开资金的来源;另外有3.1%认为应该公开"其他"信息。

表32 问卷调查对象对扶贫社会组织财务信息是否应该公开的评价(N=300)

是否应该公开	样本量	百分比(%)
应该	286	95.3
不应该	14	4.7

表33 问卷调查对象认为扶贫社会组织应该公开的财务信息维度(N=555)

公开的财务信息维度	样本量	百分比(%)
资金来源	361	65.0
资金去向	511	92.1
资金使用效率	418	75.3
其他	17	3.1

在扶贫社会组织财务应该公开的方式和途径上(表34),75.7%的问卷调查对象认为应该在民政部门网站设立透明窗;70.5%认为应该在扶贫

社会组织官网设透明窗;63%认为应该在扶贫社会组织微信微博上定期发布。同时,5.5%认为应该在其他途径上公布相关的财务信息(表35),主要体现在传统媒体渠道的发布、专业或监管部门对信息的核实发布,以及信息发布后的沟通互动渠道等。

表34 问卷调查对象认为扶贫社会组织财务应该公开的方式和途径(N=559)

公开途径	样本量	百分比(%)
官网设透明窗	394	70.5
民政部门网站设透明窗	423	75.7
微信微博定期发布	352	63.0
其他	31	5.5

表35 问卷调查对象建议扶贫社会组织财务公开的其他方式和途径(N=31)

途径类型	样本量	百分比(%)
报刊电视多媒体	17	54.8
监督机构定期发布	4	12.9
公开审计结果	4	12.9
公众参与互动的窗口	5	16.1
专业扶贫网站	1	3.2

备注:公众参与互动的窗口建议途径体现为捐助者可自主查询,受捐者可反馈,有专门的疑问解决窗口等。

2. 对扶贫社会组织财务信息的了解

在对扶贫社会组织财务信息的了解程度上,调查数据显示(表36):54.6%的问卷调查对象对扶贫社会组织的财务信息并不了解;6.8%非常了解;38.6%比较了解。对了解的人群来讲,在了解的渠道上(表37);53%是从网络报刊等社交媒体上了解的相关信息;29.9%是通过官网了解的;11.1%是通过民政部门年检信息和公报等渠道了解的;另外有6%是通过同事朋友相互交流传递的信息了解的。可见,被调查对象对扶贫社会组织财务信息有一定的了解度,主要依赖的渠道是网络报刊等社交媒体,也有较大一部分人群通过比较正式和专业的渠道来了解的相关信息。

表36　问卷调查对象对扶贫社会组织财务状况的了解程度（N=559）

了解程度	样本量	百分比（%）	累计百分比（%）
非常了解	38	6.8	6.8
比较了解	216	38.6	45.4
不了解	305	54.6	100.0

表37　问卷调查对象对扶贫社会组织财务状况信息的了解渠道（N=234）

渠道类型	样本量	百分比（%）
官网	70	29.9
网络、报刊等社会媒体	124	53.0
民政部门年检信息和公报等	26	11.1
同事朋友等	14	6.0

3. 对扶贫社会组织财务公开的评价

在扶贫社会组织财务公开透明度的评价上，问卷从财务公开的透明度和公开的真实度两方面展开调查。在财务公开透明度的评价上，调查结果显示（表38），10.8%认为扶贫社会组织公开的透明度非常高或比较高；44%认为公开的透明度比较低或非常低；另外有45.2%认为一般。

表38　问卷调查对象对扶贫社会组织财务公开透明度的评价（N=557）

透明度程度	样本量	百分比（%）	累计百分比（%）
非常高	4	0.7	0.7
比较高	56	10.1	10.8
一般	252	45.2	56.0
比较低	172	30.9	86.9
非常低	73	13.1	100.0

在财务公开的真实度评价上，调查结果显示（表39），17.5%认为非常真实或比较真实；24.7%认为不太真实或完全不真实；其他57.8%的大多数对公开的真实度表示"不清楚"。在真实度评价的理由上（表40），认为"较为真实"的评价依据是大部分来自经验和感觉，少部分是从现

在没有丑闻与过去相比有进步的角度进行评价；认为"不太真实"的调查对象大多依据现实生活中较多的扶贫社会组织丑闻，少部分是依据扶贫社会组织公开财务信息的不全面和缺少监督渠道等因素进行判定，同时提出建议，建议扶贫社会组织公开具体的收支凭证等。

表39　问卷调查对象对扶贫社会组织财务公开真实度的评价（N=559）

真实度程度	样本量	百分比（%）	累计百分比（%）
非常真实	7	1.2	1.2
比较真实	91	16.3	17.5
不清楚	323	57.8	75.3
不太真实	113	20.2	95.5
完全不真实	25	4.5	100.0

表40　问卷调查对象评价扶贫社会组织财务公开真实度的原因（N=91）

评价	评价的理由	样本量	百分比（%）
正向评价	根据经验，感觉应该可信	18	66.7
	公众监督使然	3	11.1
	与过去相比，有所进步	3	11.1
	没有出现丑闻	2	7.4
	信任	1	3.7
	合计	27	29.7
不清楚	不曾关注或不了解	23	63.9
	众说纷纭，缺少信任，真实性难以验证	7	19.4
	信息公开不够及时细致	4	11.1
	缺少了解核实的渠道	2	5.6
	合计	36	39.5
负向评价	丑闻太多	13	46.4
	信息不全面	7	25.0
	信息缺少有效监督渠道，说服力不强	6	21.4
	感觉	2	7.1
	合计	28	30.8

综上调查结果，在财务公信力方面，问卷调查对象认为扶贫社会组织应该进行财务信息的公开，最首要的是在监督部门的透明窗上公布资金的使用去向；一半以上被调查公众表示对扶贫社会组织的财务公开信息比较关注，但整体认为透明度和真实度均较低，另有约半数的被调查对象给出的是中立的评价，理由是受制于了解的信息较少，或缺少辨别核实这些信息是否足够透明或真实的渠道，对众说纷纭的信息无从验证。同时，研究也显示，部分人群正在采用专业的渠道来关注扶贫社会组织财务公信力的状况。

四 专业公信力认知与评价

在专业公信力上，问卷主要从被调查公众对扶贫社会组织从业人员本身素质的专业性评价、对扶贫社会组织服务内容的专业性认知，以及服务结果的专业性评价三个方面展开，具体分析结果如下。

1. 对工作人员专业性的评价

在对扶贫社会组织从业人员专业性的认知期望上，调查结果如表41所示，89.8%的问卷调查对象认为扶贫社会组织从业人员应该了解市场或贫困人口的需求；87.1%认为应具备从事相关专业的教育或培训背景（如扶贫、社会工作等）；81.4%认为应该有较高的办事效率，"其他"选项对扶贫社会组织从业人员的素质进行了圈定，认为责任感、爱心、修养和诚信的品质同样重要。

表41 问卷调查对象对扶贫社会组织专业人员素质的期望（N=559）

期待的特征	样本量	百分比（%）
应具备与从事专业相关的教育或培训背景（如扶贫、社会工作等）	487	87.1
了解市场或贫困人口的需求	502	89.8
办事效率高	455	81.4
其他	26	4.7

备注："其他"包括（1）责任感和使命感；（2）有善心和爱心；（3）自身修养高；（4）诚信。

依据此专业标准，问卷调查对象对现在扶贫社会组织从业人员专业性进行的评价结果如表42所示,33.7%认为非常专业或比较专业;29.3%认为不太专业或完全外行;37%则是说不清楚;表示不了解具体情况。

表42　问卷调查对象对扶贫社会组织从业人员专业性的认知评价(N=560)

专业程度	样本量	百分比(%)	累计百分比(%)
非常专业	17	3.0	3.0
比较专业	172	30.7	33.7
不太专业	138	24.6	58.3
不专业,完全外行	26	4.7	63.0
说不清楚,不了解	207	37.0	100.0

2. 对服务内容专业性的认知

在扶贫社会组织的服务内容上,问卷调查对象对扶贫社会组织服务内容的期望如表43所示,83%认为应该以扶持救助为主,反映贫困人口的需求,即受助方的需求;17.7%认为应该与社会组织的专长一致,体现"专业的人干专业的事",16.3%认为应该与市场接轨,反映市场需求,即整体捐赠者的需求;15.6%认为应该以政府或资源供给者的要求为主。

表43　问卷调查对象对扶贫社会组织服务内容的期望(N=558)

期待内容	样本量	百分比(%)
与市场接轨,反映市场需求	91	16.3
以扶持救助为主,反映贫困人口需求	463	83.0
与社会组织专长一致	99	17.7
以政府或资源供给者要求为主	87	15.6
其他	2	0.4

在选择受助群体采用的标准上(表44),46.3%的问卷调查对象认为扶贫社会组织应该有自己的一套选择体系和标准;37.9%认为应该以低保或贫困线界定的人群为准;28.6%认为应该以有需要人群的申请或求助为准;12.3%认为应该以公众或媒体披露的救助人群为准;8%认为应该以资源供给方的要求为准。"其他"选项,则较多关注相关数据的准确真实性,以及现实需求的多元情境性。

表44 问卷调查对象认为扶贫社会组织选择受助群体应该采用的标准（N=560）

标准	样本量	百分比（%）
有自己的一套选择体系和标准	259	46.3
以低保或贫困线界定的人群为准	212	37.9
以公众或媒体披露的救助人群为准	69	12.3
以资源供给方的要求为准	45	8.0
以有需要人群的申请或求助为准	160	28.6
其他	5	0.9

备注："其他"包括（1）加强核实；（2）在某类群体中界定范围；（3）客观标准与受助人群的主观需要相结合；（4）综合考虑不同地区的情况，建立行业统一标准，切勿一刀切；（5）减少媒体炒作。

3. 对服务结果专业性的评价

依据上述认知评价，问卷调查对象对目前扶贫社会组织服务结果的专业性评价如表45和表46所示。数据显示，50.7%的被调研对象对于扶贫社会组织活动是否满足了贫困人群的需求表示不了解；38.4%认为是贫困人群所需；10.9%则认为不是贫困人群所需，存在目标偏离的状况。在受助方瞄准程度上，86.2%认为部分精准，部分是偏离目标人群的；7.7%认为是非常精准，是帮助了真正有需要的人群的；同时也有6.1%的人群认为是严重脱离目标人群的。

表45 问卷调查对象对扶贫社会组织活动与贫困人群的需求评价（N=560）

选项	样本量	百分比（%）
是贫困人群所需	215	38.4
不是贫困人群所需	61	10.9
不了解	284	50.7

表46 问卷调查对象对扶贫社会组织受助方瞄准程度的评价（N=556）

瞄准程度	样本量	百分比（%）	累计百分比（%）
非常精准，帮扶了真正有需要的人	43	7.7	7.7

续表

瞄准程度	样本量	百分比（%）	累计百分比（%）
部分精准，有些偏离目标人群	479	86.2	93.9
严重偏离目标人群	34	6.1	100.0

综上调查结果，在专业公信力方面，被调查公众认为"对扶贫对象的了解"是扶贫社会组织专业性程度的首要指标，根据扶贫社会组织从业人员的专业背景以及是否了解贫困人群的需求，被调查公众认为目前扶贫社会组织工作人员相对比较专业；在服务内容是否反映贫困人群需求的专业性评价方面，认为目前扶贫社会组织服务内容有较大程度的专业性，但也认为仍然存在一定程度的偏离。同时，也有较大数量的问卷调查对象对扶贫社会组织从业人员的专业性以及服务内容的专业性表示不太了解；少部分调查对象也表示应该关注扶贫社会组织从业人员的深层素质，如爱心、善心、责任感等，服务内容的选择应该兼顾地方差异性和多元性，并在此基础上提出针对性的方略和服务。

五 多维公信力的比较分析

扶贫社会组织的公信力体现在多个维度，上文据此逻辑进行了分析。在此小节中，各个维度共同关注的问题或方面将被放在同一个层面作比较分析，具体分析如下文。

1. 各维度关注点比较

调查数据显示（表47），在扶贫社会组织的多维度评价上，68.2%的问卷调查对象会关注资金是否有效使用；64.6%会关注资金来去向是否透明；52.1%会关注项目对贫困人群的瞄准范围和程度；19.7%会关注从业人员是否具备专业素质。在"其他"选项中，少部分调查对象会关注扶贫社会组织的内部管理。可见，较多的调查对象会首要从扶贫社会组织管理公信力中的绩效评估、财务公信力中的资金透明度、和专业公信力中的服务内容等方面对扶贫社会组织的整体公信力进行评价，而对专业公信力中的从业人员、管理公信力中的制度建设等方面则较少关注。

第三章 扶贫社会组织社会公信力现状 63

表 47 问卷调查对象对扶贫社会组织关注的方面（N=557，多选）

关注的维度	样本量	百分比（%）
资金来去向是否透明	360	64.6
对贫困人群的瞄准范围和程度	290	52.1
从业人员是否具备专业素质	110	19.7
资金是否被有效使用	380	68.2
其他	11	2.0

备注："其他"包括（1）不关注；（2）内部管理；（3）扶贫工作效果。

问卷同时就公众对扶贫社会组织的整体公信力了解程度、管理公信力了解程度，以及财务公信力的了解程度进行了进一步调查，均值分析结果如表48所示，其中"标准化均值"的计算方法是用均值除以指标层级数，然后乘以10来放大比较，相当于将各个指标的层级数进行10个层级的划分，越接近1表示了解程度越高，越接近10表示了解程度越低。标准化均值数据结果显示，问卷调查对象对扶贫社会组织公信力各个维度的了解程度均偏低，其中对整体公信力了解程度相对较高，对财务公信力的了解度最低，而对管理公信力不清楚的比例相对最大。

表 48 问卷调查对象对扶贫社会组织多维度公信力的关注了解程度

公信力维度	均值	标准化均值	有效评价样本量	不清楚比例（%）	不清楚样本量	合计样本量
整体公信力	3.44	6.88	538	3.70	21	559
管理公信力	3.80	7.60	522	6.50	36	558
财务公信力	2.48	8.27	559	0	0	559

备注：均值是扣除"不清楚"人群的样本，计算平均其他调查样本的关注了解值。前两个指标的评价分为五个层级，1为非常了解；5为完全不了解。第三个指标的评价为三个层级，1为非常关注；2为比较关注；3为不关注。

2. 多维公信力的水平比较

本小节是将上述三个维度公信力的评价与整体公信力的评价指标综合在一起，通过计算平均值，来展示问卷调查对象对扶贫社会组织公信力的整体认知和分项评价。选取的指标及均值情况如表49所示。数据显示，被调查公众对专业公信力相对不了解的比例最大，其次为财务公信力的真实性，再次为管理公信力，最后为整体公信力的评价。

表49 问卷调查对象对扶贫社会组织公信力的多维评价比较

维度	评价指标	均值	有效评价样本量	不清楚比例（%）	不清楚样本量	合计样本量
整体公信力	整体认可度	2.79	485	12.9	72	557
	整体满意度	2.99	488	12.4	69	557
管理公信力	理念认同度	2.65	430	23.1	129	559
	活动认可度	2.75	462	17.5	98	560
	活动影响度	3.13	558	0	0	558
财务公信力	财务透明度	3.46	557	0	0	557
	财务真实度	2.66	236	57.8	323	559
专业公信力	人员专业性	2.49	353	37.0	207	560
	需求满足度	1.22	276	50.7	284	560
	对象瞄准度	1.98	556	0	0	556

备注：均值是扣除"不清楚"人群的样本，计算其他评价人群的平均评价值。前六个指标的评价分为五个层级，1为完全认可，非常满意，完全赞同；5为完全不认可，非常不满意，完全不赞同。第七个指标和第八个指标的评价为四个层级，1为非常真实、非常专业；4为完全不真实、完全外行。第九个指标分为两个层级，1是认可；2是不认可。第十个指标分为三个层级，1是非常精准；2是部分精准；3是严重偏离。

基于上述每个指标的层级数存在差异，表50将指标进行了标准放大化处理，具体做法是将每个指标的均值除以该指标的层级数，然后乘以10来放大，结果值越小，说明公信力程度越大。针对每个维度公信力有多个指标的情况，研究将涉及指标的数值进行了汇总平均，结果如表50所示，即为该维度公信力的评价现状。目前被调查公众对扶贫社会组织公信力的评价为10个等级，各维度公信力评价均位于5—6个层级中，因此更偏向于说明公信力不强。

表 50　　问卷调查对象对扶贫社会组织公信力的多维评价指标标准化

维度	评价指标	均值	标准化	平均值
整体公信力	整体认可度	2.79	5.58	5.78
	整体满意度	2.99	5.98	
管理公信力	理念认同度	2.65	5.30	5.69
	活动认可度	2.75	5.50	
	活动影响度	3.13	6.26	
财务公信力	财务透明度	3.46	6.92	6.79
	财务真实度	2.66	6.65	
专业公信力	人员专业性	2.49	6.23	6.31
	需求满足度	1.22	6.10	
	对象瞄准度	1.98	6.60	

备注：标准化和平均值的公信力分值是从 1 到 10，其中 1 为公信力最好的评价；10 为公信力最差的评价。

3. 多维公信力了解与评价比较

综合上述分析，在对扶贫社会组织公信力的了解和评价方面，问卷调查对象整体呈现两种行为取向。

第一种是调查数据显示，问卷调查对象在对扶贫社会组织公信力的关注、了解和评价上，存在一定数量的"不清楚"比例，这说明有较大一部分被调研公众对扶贫社会组织的公信力信息或活动知之甚少或几乎不了解，同时对部分信息的真实性判断也存有疑虑；另外一个层面也可能说明这部分被调查公众对扶贫社会组织的公信力状况并没有关注兴趣。

第二种是对于关注、了解和评价了扶贫社会组织公信力现状的大部分样本，数据显示的结果是，问卷调查对象自我评估认为对扶贫社会组织的整体公信力了解程度较低，且认为目前扶贫社会组织的公信力发展水平较低。在关注维度比较上，问卷调查对象所呈现出的结果如表51所示。

表 51　　问卷调查对象对扶贫社会组织公信力的排序比较

比较指标	第一排序	第二排序	第三排序	第四排序
关注程度	管理公信力	财务公信力	专业公信力	—

续表

比较指标	第一排序	第二排序	第三排序	第四排序
了解程度	整体公信力	管理公信力	财务公信力	—
发展水平	管理公信力	整体公信力	专业公信力	财务公信力

表51显示，就目前公众对扶贫社会组织公信力各维度的关注水平而言，被调查公众对财务公信力更为关注。但是由于扶贫社会组织提供的有关此方面的信息不够全面、公众对扶贫社会组织所公布的财务信息的解读能力较差等原因，公众对扶贫社会组织财务信息的真实度表示质疑，认为对其的了解程度并不高，而且受频繁发现的公益丑闻的影响，因此在扶贫社会组织的多维公信力水平评价上给予了该维度最低的评价。其次，问卷调查对象对扶贫社会组织的专业公信力水平关注度最低。虽然公众对扶贫社会组织的专业公信力评价稍高于财务公信力，但相对于管理公信力和整体公信力而言，这一评价仍然较低。在所有公信力维度上，受到较高关注并评价较好的是管理公信力。在各个维度的具体评价指标上，问卷调查对象对扶贫社会组织的理念认同度最高，而对财务公信力中的财务透明度认可度最低。

基于本节五个不同角度的比较分析，可见目前被调研公众对扶贫社会组织的认知、了解和评价程度均较低，即扶贫社会组织的多维公信力发展水平较低。在对公信力维度具体指标的评价上，被调查公众对扶贫社会组织所倡导的价值观理念及其所开展的活动等给予了相对较大程度的关注和认同，但对财务公信力的认可和信任程度较低；同时，对专业公信力有所关注，但关注程度是所有公信力维度中最低的。在对公信力的了解程度评价上，调查显示信息的有效沟通传播是一个非常重要的影响因素；且少部分人群已经开始用专业的眼光和渠道来了解并审视扶贫社会组织的公信力状况。

第三节 公众对扶贫社会组织公信力发展的期望

在调查公众对扶贫社会组织公信力认知及评价的基础上，问卷还就公众对提升扶贫社会组织公信力水平应着重解决的问题，重点提升的渠道，以及具体改进的方法等进行了调查，以反映公众对扶贫社会组织公信力发展的期望。

一 公信力建设应解决的问题

就如何建设扶贫社会组织公信力的问题，问卷调查了影响扶贫社会组织公信力水平的因素，数据显示（表52），问卷调查对象首先认为是外部监督机制不健全和相关法律不健全导致的，比例分别达到72.8%和71%；其次认为是扶贫社会组织内部有效的管理机制尚未形成以及提供给外部的信息缺少真实性等因素导致，所占比例分别达63%和63.5%；接着是工作人员素质不高导致扶贫社会组织公信力较差，占比为54.7%；随后是与政府的关系没有处理好和自身没有注重公信力建设，导致公信力较差，所占比例分别为34%和38.6%。

表52　　　　　影响扶贫社会组织公信力的因素（N=559）

影响因素	样本量	百分比（%）
工作人员素质	306	54.7
相关法律不健全	397	71.0
外部监督机制不健全	407	72.8
有效的内部管理机制	352	63.0
与政府的关系	190	34.0
信息的真实性	355	63.5
社会组织是否注重公信力建设	216	38.6
其他	28	5.0

备注："其他"包括（1）不相关；（2）监督不到位等。

在面临的最突出问题上（表53），66.0%的问卷调查对象认为是扶贫社会组织对外公布信息时选择避重就轻，该公开透明的信息内容没有公开，导致透明度不高；20.8%认为是扶贫社会组织的内部管理比较混乱，没有形成相应的规范化的管理制度；10.9%认为是从业人员的业务不精，从事相关工作的效率较低。"其他"选项所展现的问题一是从业人员的深层素质，如思想觉悟或纯洁性不高等；二是管理服务的对象没有瞄准，活动效益不高；三是公信力机制不完善，监督不足，财务透明度不够等。

表53 问卷调查对象认为扶贫社会组织面临的最突出问题（N=558）

问题表现	样本量	百分比（%）
内部管理混乱	116	20.8
从业人员业务不精，效率低	61	10.9
对外公布信息避重就轻，透明度不高	368	66.0
其他	13	2.3

备注："其他"包括（1）不清楚；（2）使命感有待提高；（3）没有使贫困人口极大受益，没有有效用到真正贫困的人身上，目标人群定位不准，对贫困的评价失真；（4）监督不足；（5）财务状况不透明。

调查数据显示（表54），被调研公众认为导致问题出现的原因比较分散，首先是扶贫社会组织行政化色彩太浓，占比为31.4%；其次是相关法律法规欠缺或不完善，占比达到22.6%；再次为缺乏有效的内部管理制度，占比为20.0%；最后为外部监督无力，对失范行为的惩罚力度不够，以及从业人员素质太低，占比分别为16.5%和8.4%。"其他"选项也提到了开展的活动与实际需要脱轨，缺乏行业标准等因素。

表54 问卷调查对象认为扶贫社会组织出现问题的原因（N=558）

原因	样本量	百分比（%）
扶贫类社会组织行政化色彩太浓	175	31.4
从业人员素质较低	47	8.4
缺乏有效的内部管理制度	112	20.0
相关法律法规欠缺或不完善	126	22.6
外部监督无力，对失范行为惩罚力度不够	92	16.5
其他	6	1.1

备注："其他"包括（1）不清楚；（2）与实际脱轨；（3）缺乏行业标准。

二 提升公信力的关键因素

要提升扶贫社会组织的公信力，调查数据显示（表55），49%的问卷调查对象认为需要建立一套诚信制度；20.8%认为要有一套完善的评估机制；16.6%认为机构及其开展的活动要有合法性；剩下少部分人群提到机构的从业人员要有使命感，要有效率和透明度。可见，提升扶贫社会组织的社会公信力，首先，要求扶贫社会组织要有内在的诚信机制；其次，应该有比较完善的外部监督评估机制，促进其工作内容、工作效率以及合法性的外部呈现。

表55　　　　扶贫社会组织提升公信力的关键因素（N=559）

关键要素	样本量	百分比（%）
合法性	93	16.6
诚信机制	274	49.0
使命感	53	9.5
效率	15	2.7
完善的评估机制	116	20.8
其他	8	1.4

备注："其他"包括（1）不懂；（2）公开透明机制，款项公开，透明度；（3）后期追踪。

三　促进相关主体的角色定位

在扶贫社会组织公信力建设中，促进相关主体的角色定位，共同提升扶贫社会组织的公信力非常重要。首先，扶贫社会组织作为公信力建设的本体，问卷调查对象对其在公信力建设中的作用地位认同度如表56所示，93.7%是赞同或比较赞同其主体地位的，即认同扶贫社会组织应该在其公信力提升建设过程中作为第一责任人，承担的具体角色如表57所示。问卷调查对象认为扶贫社会组织应首先加强内部管理和外部监督机制的建设（79.3%）；其次为提高工作人员的素质，提升服务质量和引进第三方评估，来增强其专业公信力（分别为60.7%、58%和55.9%）；最后为加强宣传，提高社会知名度，增强与国内外优秀同行机构进行交流合作（分别为49.6%、41.3%）。

表56　　　　问卷调查对象对扶贫社会组织公信力建设中
社会组织作用的认同度（N=558）

认同度	样本量	百分比（%）	累计百分比（%）
赞同	378	67.7	67.7
比较赞同	145	26.0	93.7
无所谓	28	5.0	98.7
不太赞同	6	1.1	99.8
完全不赞同	1	0.2	100.0

表57　　　　问卷调查对象认为促进扶贫社会组织公信力建设的
社会组织角色（N=560）

承担的角色	样本量	百分比（%）
加强宣传，提高社会知名度	278	49.6
提高服务质量	325	58.0
提高工作人员素质	340	60.7
与国内外优秀同行机构交流合作	231	41.3
加强内部管理和外部监督机制的建设	444	79.3
增强第三方评估	313	55.9
其他	12	2.1

备注："其他"包括（1）增加公众参与度，财务透明；（2）增加公众参与监督；（3）对贫困者的选择更精准一些；（4）提高项目的针对性。

在政府角色上（表58），64%的问卷调查对象认为在扶贫社会组织公信力建设中，政府应该完善有关社会组织的立法；25.2%认为政府应该承担更多的监督管理责任，10.4%认为政府应该在大众参与认可的基础上购买公共服务，来促进社会组织加强自身公信力的建设。可见，在公众看来，法律规定对扶贫社会组织公信力建设至关重要，也是政府应承担的主要责任。

表58　问卷调查对象认为促进扶贫社会组织公信力建设的政府角色（N=559）

政府角色	样本量	百分比（%）
完善立法	358	64.0

续表

政府角色	样本量	百分比（%）
承担更多的监督管理责任	141	25.2
在大众参与认可的基础上购买公共服务	58	10.4
其他	2	0.4

在第三方评估上（表59），81.2%问卷调查对象对第三方评估的必要性持肯定态度，即认为第三方评估是扶贫社会组织公信力建设的必要环节。但是，也有12.9%表示对此不太清楚。

表59　问卷调查对象对第三方评估必要性的认识（N=558）

必要性	样本量	百分比（%）
很有必要	453	81.2
没有必要	33	5.9
不清楚	72	12.9

四　提升公信力的管理途径

在提升扶贫社会组织公信力的管理途径上（表60），问卷调查对象认同度最高的为增加公众参与监督，占比达到88.6%；其次为加强内部管理，完善法律规定，增加失范行为曝光率（占比分别为79.5%、74.5%和71.4%）；最后为促进行业自律，占比为68.8%。

表60　问卷调查对象认为有助于提高扶贫社会组织公信力的管理途径（N=560）

加强途径	样本量	百分比（%）
加强内部管理	445	79.5
增加失范行为曝光率	400	71.4
增加公众参与监督	496	88.6
促进行业自律	385	68.8
完善法律相关规定	417	74.5

在公众参与监督的途径上（表61），80%的被调查对象认为扶贫社会

组织应该建立与公众信息交流互动的平台,主动接受公众的监督;其次为定期发布财务和项目执行情况报告,以及独立的第三方评估报告(占比分别为 59.4% 和 56%),以促进社会对其的监督。

表 61　问卷调查对象认为扶贫社会组织公信力提升的社会监督途径（N=559）

社会监督途径	样本量	百分比（%）
社会组织定期发布财务及项目执行情况报告	332	59.4
社会组织应建立与公众信息交流互动的平台,主动接受公众的监督	447	80.0
独立第三方机构的评估报告	313	56.0
其他	6	1.1

扶贫社会组织应该在哪些维度或方面改进以提升整体公信力?调查数据显示(表62),85%认为应该增加社会组织的信息透明度;其次为增强公民参与监督的责任、规范社会组织内部的管理,占比分别为 79.6% 和 78.4%;再次为社会组织行业自律,政府监管责任和法律法规建设等,占比分别为 73.6%,70.2% 和 70.4%。

表 62　问卷调查对象认为目前扶贫社会组织公信力建设应该加强改进的方面（N=560）

加强改进的途径	样本量	百分比（%）
规范社会组织内部管理	439	78.4
增强公民参与监督的责任	446	79.6
加强社会组织行业自律	412	73.6
增加社会组织的信息透明度	476	85.0
政府承担更多的监督管理责任	393	70.2
完善相关法律法规	394	70.4
其他	34	6.1

备注:"其他"包括(1)建立扶贫类社会组织从业人员资格认定制度;(2)完善有关培训工作机制。

对于开放式问题"其他建议对策"方面,560 份有效问卷中有 226 份给出了自己的建议，具体如表63所示。问卷调查对象针对管理公信力提出了最多的建议，占比为31.9%，集中在内部自律和外部他律上，强调制度设立本身的重要性，以及不同主体执行制度行动力的重要性；其次为专业公信力和社会公信力；最少的为财务公信力，占比18.6%。可见，财务公信力提升的措施是最简单最直白的，但却是最难做到的。

表63 问卷调查对象对加强扶贫社会组织建设的开放性建议（N=226）

维度	样本量	百分比（%）	具 体 建 议
财务公信力	42	18.6	信息透明：具体全面、客观真实、实时跟进、多渠道公开（网络、传统媒体、户外广告、公众账号、公众信息交流平台等）。
专业公信力	56	24.8	员工技能：提高从业人员综合素质，包括诚信和善心；多开展职业培训活动，加强团队的品德修养考核； 项目设计：深入调研，驻扎基层，了解贫困人口的真正需求；瞄准贫困人群，贫者扶，不贫者不扶；在了解受捐地区文化民俗的基础上合理沟通，制定适合贫困人群需求的、平等的扶贫方案； 活动内容：多干实事，有针对性，提高专业性，推广相应服务；适当延长项目周期，并对受助对象持续关注；根据自己的特长开展活动，不盲目跟风；将社会需求与自身能力结合起来选择项目。
管理公信力	72	31.9	内部自律：借鉴国外成熟经验，探索中国模式；加强自我管理约束，减少内部腐败，提高执行能力；完善内部体制建设（先立规矩），提升资金效率，社会组织架构重建； 外部制度：完善立法；加大对违规操作的惩罚力度；完善监管体制，建立群众参与监督的机制，提高公众监督能力，推动行业规范的建立与执行；建立独立的、全面有效的监督评估体系； 外部他律：公众舆论监督，政府指导监督到位，加强扶贫组织间的监督；接受第三方机构监督，警惕中国式腐败；接受捐助方的声明。

续表

维度	样本量	百分比（%）	具体建议
社会公信力	56	24.8	主动宣传：让大众了解扶贫，更多地了解到社会扶贫组织，加大宣传力度和组织领导；多在用户多的平台上公开信息，扩大宣传范围，获得民众支持，提高知名度；适当提高活动的曝光度，提高公众对扶贫组织的认同； 直接互动：发展志愿者，以社区为平台，根据志愿者专长，就近参与；为捐赠者创造更多的机会接触帮扶对象，或了解资金的去向；加强与政府、企业、其他扶贫类组织、学校、大众传媒等的合作；提高公众对项目的参与度，加强与公众的直接联系互动；建立被帮助对象的反馈机制，定期回访受助人员，注重保护贫困人员的隐私和尊严；多在信息公开平台上与公众互动，促进线上线下互动。

综合上述分析，问卷调查对象认为扶贫社会组织公信力的建设首先要解决的应该是管理公信力的问题；其次是财务公信力的问题；最后为专业公信力的问题。根本的途径是扶贫社会组织应该有内在的诚信，应该有相应的专业机制促进效率的展现，并使其合法性外部凸显。在主体责任承担中，问卷调查对象认为，扶贫社会组织应该在公信力建设中承担第一责任人的角色，工作重点首先是建立制度；其次为提升专业素质；最后为增强与同行间的合作，并宣传拓展知名度。政府应承担的首要责任是完善与扶贫社会组织相关的法律制度；第三方评估机构应该承担起相应的监管和评估职能。针对各个维度公信力的提升问题，被调查公众也给出了相应的提升路径，如财务公信力应注重有效信息透明度的提升；专业公信力应注重从业员工的技能、素质，项目设计的科学合理，以及活动内容的专业持续；管理公信力应注重内外制度建设、执行力以及多方有效监督评估的问题；社会公信力应注重主动的宣传和多元直接有效的互动等。

第四节　结论与反思

本章节基于对560份有效问卷的分析，论述了被调研公众样本对扶贫社会组织多维公信力的关注、了解和评价,基本结论如下。

1. 扶贫社会组织社会公信力整体偏弱

问卷通过对扶贫社会组织整体公信力、管理公信力、财务公信力和专业公信力四个维度的指标设计,来分析社会大众对扶贫社会组织公信力的关注、了解和评价。数据结果显示,当指标被分为10个层级,且数值越小表明公信力越强或了解程度越高时,被调研公众对扶贫社会组织公信力强弱的评价中,最小值为5.30,最大值为6.92,均偏向于较低或较弱的层级。可见,被调研公众对扶贫社会组织多个维度的公信力评价级别均较低,显示出扶贫社会组织的社会公信力发展水平整体偏弱。

2. 扶贫社会组织价值观、理念与活动的社会公信力相对较高

在具体的公信力评价维度上,被调查公众对扶贫社会组织的价值观和管理理念,以及开展的活动等给予了相对较大程度的关注和认同,公信力标准化均值为5.30和5.50,均小于其他维度公信力的相关指标值,显示出样本公众对扶贫社会组织价值观、理念和开展的活动认可度相对较高,即社会公信力相对较高。

3. 扶贫社会组织财务与绩效的社会公信力相对较低

在具体的公信力维度评价上,在财务公信力方面,问卷调查对象对扶贫社会组织的财务公开有近半数的关注比例,但最终对扶贫社会组织财务公开的透明度和真实度标准化均值仅为6.92和6.65,在公信力维度评价上为最高值,即社会公信力最低。在绩效评价方面,68.2%的问卷调查对象表示会关注"资金是否有效使用",远高于对其他维度的关注比例,但是在实际的绩效评价上,即扶贫社会组织的影响程度指标评价上,标准化均值为6.26,远高于管理公信力的其他两个指标值;同时,74.4%的被调研公众不认为扶贫社会组织能给贫困人群带来比较大或非常大的影响,即组织活动开展的效果不是太理想,相应的投入绩效较低,社会公信力偏低。因此,被调查公众对扶贫社会组织财务公信力的透明度和管理公信力的绩效管理等两方面评价均较低,社会公信力较弱。

4. 对扶贫社会组织员工及其服务专业性的关注滞后

在对目前扶贫社会组织各维度公信力的关注水平上,仅有19.7%的问卷调查对象表示对"从业人员是否具备专业素质"比较关注,这一数值远低于对其他维度的关注;50.7%对于扶贫社会组织所开展的活动是否

满足了贫困人群的需求表示不了解。可见，问卷调查对象对扶贫社会组织员工及其服务的专业性关注较少，相对其他维度的公信力，关注较为滞后。

5. 有效信息缺乏制约扶贫社会组织社会公信力提升

公众在对扶贫社会组织公信力的多维度指标认知和评价上，"说不清楚""不了解"等选项均占据了一定的比例，有些指标甚至超过了50%，主要原因在于样本群体整体上接触的与扶贫社会组织相关的信息量偏少，了解的渠道主要依赖网络手机和电视广播的主动传播，说明目前扶贫社会组织整体上信息的公开范围和传播渠道仍较为狭窄。同时，在同一公信力维度，在对不同指标的前后对比中，被调查公众因受制于信息了解得较少，或缺少辨别的能力和核实的渠道，因而对众说纷纭的信息无从验证，进而导致对相关公信力的评价较低，表现最为突出的是对财务公信力的关注与评价差异，即被调查公众对财务公信力给予了较大程度的关注，但是由于信息内容了解得不够全面、财务信息的解读能力较差，以及对真实度存在一定质疑，因而被调查公众认为对扶贫社会组织财务公信力的了解程度并不高，且受频繁爆发的丑闻的影响，导致其对该维度公信力的评价最低。

6. 持续多元的互动有利于扶贫社会组织社会公信力提升

研究显示，当问卷调查对象对扶贫社会组织增多一份了解时，其对扶贫社会组织的认可度和满意度也随之提升，而现存信息的真实有效性又受到多数被调研对象的质疑，且部分直接参与捐赠的问卷调查对象甚至不知道其捐赠组织的名称。调查也显示，对扶贫社会组织正向评价比较多的原因是因为与扶贫社会组织的互动或关注比较多，比较认同扶贫社会组织对穷人的关注及相关理念的倡导，且在互动的基础上认为扶贫社会组织管理规范化程度较高，对贫困人群的需求也有所满足。因此，要促进扶贫社会组织社会公信力的提升，注重主动的宣传和与相关人群多元直接有效的互动，是有助于扶贫社会组织整体公信力的提升的。在具体路径上，首先，应该建立相应的沟通平台和合理的制度机制，促进扶贫社会组织合法性的外部凸显；其次，应促进多元主体间直接的互动交流反馈，注重有来有往，保持多元持续的互动性交流；最后，增强公众参与能力的培训，让多元主体之间的互动更为有效。

7. 公众关注和参与扶贫社会组织的专业能力在凸显

问卷中部分指标选项所占的比例相对较低，但是仍然占据了一定比例，说明目前扶贫社会组织社会公信力比较好的发展趋势，具体表现在：（1）公众关注和参与扶贫社会组织的意愿和行为在增强，如过半数的样本公众与扶贫社会组织有直接或间接的互动，多数人对扶贫表现出一定的、工作之外的额外关注；少部分调查对象也逐渐摆脱传统的捐钱捐物的方式参与扶贫社会组织的发展，开始以志愿者的身份越来越多地参与到扶贫社会组织的发展实践中；（2）公众对扶贫社会组织公信力关注和了解的程度在增加，专业性在增强，如少部分调查对象已经开始用专业的眼光和渠道来了解、审视扶贫社会组织公信力的发展，将扶贫社会组织公信力作为一种搜寻品，进行专业信息的收集、验证和评论，甚至后续行为的选择与参与；部分样本建议扶贫社会组织的服务内容选择应该避免"一刀切"，应兼顾地方多元实践背景。

第四章 扶贫社会组织自身公信力建设现状

公信力是社会组织得以生存的基础,社会组织为了生存,须主动进行负责的行为。在公信力研究框架中,"责任"是一个主体主动承担的,是一种自觉的追求,具体包括两方面内容:一是社会组织作为问责对象,拥有对其决策、行为、行为结果,向问责主体进行说明、解释、辩护的责任;二是要对自己的行为负责任,并接受问责主体给予的奖励和惩罚(Jordanet et al.,2006)。

本章通过对国内扶贫社会组织实践案例的机构访谈,相关网页信息的收集与分析,来阐述目前我国扶贫社会组织公信力建设的机制,包括扶贫社会组织主动采取的负责任行为,也包括扶贫社会组织在外界主体的要求下所进行的公信力建设行为。在具体的公信力机制研究上,课题组一方面通过实地的机构访谈,来获知扶贫社会组织的经验做法;另一方面也通过官网、微信、微博、总结报告、财务报告、杂志期刊、电视新闻等现代传播媒介获知其对相关信息是否公开,并对其公开的程度进行分析评判。

第一节 管理公信力建设现状

管理公信力重点强调对社会组织的产出及过程的问责,具体体现在对扶贫社会组织组织结构设置的合理性、制度建设的完备性和绩效管理的水平性等几个维度进行评估。

一 组织结构

扶贫社会组织的组织结构,一定程度上会影响社会公众对扶贫社会组织管理公信力的评价,其组织结构具体体现在三个方面:一是该组织与其他组织的衍生与依附关系；二是该组织本身的独立性程度；三是该组织治理结构设置的合理性。下文将从扶贫社会组织本身的经验做法及其相关信息的披露程度等方面来探讨扶贫社会组织的组织结构与机构公信力机制之间的相关性。

1. 组织间关系

从扶贫社会组织产生的背景来看，案例调研显示，部分扶贫社会组织或存在多个名称，或与其他组织存在镶嵌关系。实地显示主要有三种关系，产生于三种情境：（1）在发展实践背景中，基于组织权限的不同，出于现实筹资的需要或缺少基层执行单位来了解服务对象的需求，先后申请了不同类型或不同层级水平的社会组织，如基金会 WMC 和社会团体 WMX 拥有一个共同的 logo，是于汶川地震灾害背景中成立的同一个组织，但基于发展方向的不同，注册成立了不同类型的社会组织；民办非企业 JTF 是由基金会 ZGF 一个子项目转型发展成的社会企业，后成为基金会 ZGF 直属的、在基层注册的分支结构。（2）某组织在发展过程中形成了某个特色鲜明的项目，于是将此项目独立管理，成为总机构中一个独立核算运营的分支机构，如基金会 DLF 原属于基金会 CFP 的一个独立分支机构，后来因发展需要，其主要负责团队于是另外申请成立了一个扶贫性质的社会组织。（3）捐赠资金管理成本零负担的限制，导致政府成为扶贫社会组织管理成本的承担者，由此衍生多种组织关系，也使得扶贫社会组织行政色彩或官办色彩浓厚，如基金会 QFP 和社会团体 QXH 注册成立的最初几年，都是一个班子两块牌子，后来分开管理、独立办公；CCS 组织类型为社会团体，但是其管理办公室却属于事业编制，享受政府的财政工作预算。

在社会组织设立分支机构上，我国是有相关法律规定可依循的。1998 年发布的《民办非企业单位登记管理暂行条例》第十三条规定"民办非企业单位不得设立分支机构"；1998 年发布的《社会团体登记管理条例》第十九条规定"社会团体的分支机构、代表机构是社会团体的组成部分，不具有法人资格"，"社会团体的分支机构不得再设立分支机构"，"社会团体不得设立地域性的分支机构"；2004 年公布的《基金会管理条例》第十二条规定"基金会分支机构、基金会代表机构依据基金会的授权开展活动，不具有法人资格"。可见，相关条例对社会组织是否可以设置分支机构，以及是否具备法人资格进行了规定约束，但对分支机构的类型却没有详细规定。

社会组织利用分支机构的设立，或新组织的建立，使不同组织之间形成了多样的嵌入型关系。组织间的相互嵌入，一方面使得各个扶贫社会组织能较好地借助较高一级组织的公信力背景，提升自我的公信力；另一方面也容易混淆视听，让社会大众对该社会组织的性质无从判断和信赖。此外，当组织间的关系未很好理顺或各自的权限任务未很好界定时，也容易引发组织绩效的提升，如访谈中某组织提道"扶贫办下辖5个协会，相互之间争夺资源，关系好才给捐，捐钱是看面子；资源不整合，存在重复救助的问题，渠道不一样，整合比较少，财力较为分散，导致资源浪费严重"。因此，当组织间的关系未能很好地梳理和协调时，会对扶贫社会组织的管理公信力产生负面的影响。在上述所提到的11个扶贫社会组织中，仅有ZGF和CFP在官网上对其分支机构关系进行了详细的注释说明，而其他组织则没有将相关信息公开，在一定程度上影响了这些组织的管理公信力水平。

2. 组织独立性

财务独立程度会对扶贫社会组织选择执行何种项目以及自主决策活动内容产生影响。深度访谈的26个案例中，有5个基金会和1个社会团体公示了年度审计报告，不过其中1个基金会只是公布了年度捐赠收入的来源结构情况，却没有公布业务活动表；而其中1家进行财务公示的社会团体则不仅公布了收入来源情况，也公布了捐赠收入来源结构。

表64 基金会案例ZGF历年收入来源情况

年度	收入（百万元）			所占百分比（%）			合计（百万元）
	捐赠收入	投资收益	其他收入	捐赠收入	投资收益	其他收入	
2011	239.46	27.64	5.32	87.90	10.15	1.95	272.42
2012	273.05	22.22	7.72	90.12	7.33	2.55	302.99
2013	524.62	22.94	5.96	94.78	4.14	1.08	553.52
2014	613.22	29.08	9.3	94.11	4.46	1.43	651.6
2015	490.34	44.26	10.12	90.02	8.13	1.86	544.72
年均	428.14	29.23	7.68	92.06	6.28	1.65	465.05

数据来源：根据官方网站年度《审计报告》业务活动表数据整理所得，数据以百万计，保留两位小数。

公示审计报告业务活动表的4个基金会和1个社会团体历年收入来源

情况如表 64、表 65、表 66、表 67 和表 68 所示。从各个机构的平均值来看，捐赠收入所占比例最低的为私募基金会 YCQ，为 89.59%，其他机构均高于 90%，可见，捐赠收入为调研扶贫社会组织的最主要收入来源。在政府补助资金上，基金会 YCQ 仅 2011 年获得政府补助 10 万元；基金会 QFP 和 DFP 则获得了较多的政府补助，近三年分别累计达到 330 万元和 560 万元。在投资收益项目上，公募基金会 ZGF 所占比例为 6.28%，私募基金会 YCQ 所占比例为 10.03%，地方基金会 DFP 为 0.11%，地方基金会 QFP 和社会团体 SDF 则没有此类项目的收入来源。社会团体 SDF 相对于基金会来说，多了一项会费收入，占比为 1.78%。

表 65　　　　　　基金会案例 YCQ 历年收入来源情况

年度	收入（百万元）				所占百分比（%）				合计（百万元）
	捐赠收入	政府补助	投资收益	其他收入	捐赠收入	政府补助	投资收益	其他收入	
2008	51.14	0	0	0.31	99.40	0.00	0.00	0.60	51.45
2009	30.45	0	31.31	0.14	49.19	0.00	50.58	0.23	61.90
2010	79.16	0	8.34	0.13	90.33	0.00	9.52	0.15	87.63
2011	40.12	0.10	-12.35	0.27	142.57	0.36	-43.89	0.96	28.14
2012	21.43	0	0.51	0.09	97.28	0.00	2.32	0.41	22.03
2013	36.08	0	1.52	0.34	95.10	0.00	4.01	0.90	37.94
2014	52.00	0	8.92	0.04	85.30	0.00	14.63	0.07	60.96
2015	42.75	0	1.29	0.07	96.92	0.00	2.92	0.16	44.11
年均	44.14	0.01	4.94	0.17	89.59	0.03	10.03	0.35	44.14

数据来源：根据官方网站年度《审计报告》业务活动表数据整理所得，数据以百万计，保留两位小数。

表 66　　　　　　基金会案例 QFP 历年收入来源情况

年度	收入（百万元）				所占百分比（%）				合计（百万元）
	捐赠收入	政府补助	投资收益	其他收入	捐赠收入	政府补助	投资收益	其他收入	
2013	18.36	0.60	0	0.10	96.33	3.15	0.00	0.52	19.06

续表

年度	收入（百万元）				所占百分比（%）				合计（百万元）
	捐赠收入	政府补助	投资收益	其他收入	捐赠收入	政府补助	投资收益	其他收入	
2014	41.21	1.10	0	0.59	96.06	2.56	0.00	1.38	42.90
2015	152.49	1.60	0	0.41	98.70	1.04	0.00	0.27	154.5
年均	70.69	1.10	0.00	0.37	97.97	1.52	0.00	0.51	72.15

数据来源：根据官方网站年度《审计报告》业务活动表数据整理所得，数据以百万计，保留两位小数。

表67　　　　基金会案例DFP历年收入来源情况

年度	收入（百万元）				所占百分比（%）				合计（百万元）
	捐赠收入	政府补助	投资收益	其他收入	捐赠收入	政府补助	投资收益	其他收入	
2013	526.99	0	0.06	9.8	98.16	0.00	0.01	1.83	536.85
2014	438.43	1.2	1.24	6.95	97.90	0.27	0.28	1.55	447.82
2015	248.62	4.4	0.05	8.28	95.13	1.68	0.02	3.17	261.35
年均	404.68	1.87	0.45	8.34	97.43	0.45	0.11	2.01	415.34

数据来源：根据官方网站年度《审计报告》业务活动表数据整理所得，数据以百万计，保留两位小数。

表68　　　　社会团体案例SDF历年收入来源情况

年度	收入（百万元）				所占百分比（%）				合计（百万元）
	捐赠收入	会费收入	投资收益	其他收入	捐赠收入	会费收入	投资收益	其他收入	
2013	3.561	0.115	0	0.001	96.85	3.13	0.00	0.03	3.677
2014	3.088	0.006	0	0.036	98.66	0.19	0.00	1.15	3.13
2015	0.198	0.005	0	0.074	71.48	1.81	0.00	26.71	0.277
年均	2.28	0.04	0.00	0.04	96.71	1.78	0.00	1.57	2.36

数据来源：根据官方网站年度《审计报告》业务活动表数据整理所得，数据以百万计，保留两位小数。

从捐赠收入历年变化情况来看（如表 69 所示），社会团体 SDF 所涉资金量远低于基金会，位于北京的基金会 ZGF 和广东的基金会 DFP 捐赠收入来源相对较大，且资金年际间存在较大波动幅度，而北京的私募基金会 YCQ 相对收入绝对值波动幅度不是太大。从年际间的变化幅度来看，5 个机构的年际变化幅度均较大。

表 69　　　　案例组织历年捐赠收入情况及变动情况

年度	捐赠收入（百万元）					捐赠收入变动比例（%）				
	ZGF	YCQ	QFP	DFP	SDF	ZGF	YCQ	QFP	DFP	SDF
2008	—	51.45	—	—	—					
2009	—	61.90	—	—	—		20.31			
2010	—	87.63	—	—	—		41.57			
2011	272.42	28.14	—	—	—		—67.89			
2012	302.99	22.03	—	—	—	11.22	—21.71			
2013	553.52	37.94	19.06	536.85	3.68	82.69	72.22			
2014	651.60	60.96	42.90	447.82	3.13	17.72	60.67	125.08	—16.58	—14.95
2015	544.72	44.11	154.50	261.35	0.28	—16.40	—27.64	260.14	—41.64	—91.05
年均	465.05	49.27	72.15	415.34	2.36	—	—	—	—	—

数据来源：根据官方网站年度《审计报告》业务活动表数据整理所得，数据以百万计，保留两位小数。

从捐赠收入的来源结构看（如表 70 和表 71 所示），基金会 CFP 的捐赠资金 94.14% 来自境内；5.86% 来自境外，且获得来自组织性捐赠的比例平均达到 88.79%；社会团体 SDF 的捐赠均来自境内，且获得来自组织性捐赠的比例平均达到 95.74%。而对国际机构 GJH 来说，75% 捐赠来自境外非组织性捐赠，即个人捐赠，剩余 25% 来自大型企业的一次性捐赠。

表 70　　　　基金会案例 CFP 历年捐赠收入来源结构情况

年度	捐赠收入（百万元）				所占百分比（%）				合计（百万元）
	境内收入		境外收入		境内收入		境外收入		
	自然人捐赠	组织捐赠	自然人捐赠	组织捐赠	自然人捐赠	组织捐赠	自然人捐赠	组织捐赠	
2013	7.07	79.46	0	5.89	7.65	85.98	0.00	6.37	92.42

续表

年度	捐赠收入（百万元）				所占百分比（%）				合计（百万元）
	境内收入		境外收入		境内收入		境外收入		
	自然人捐赠	组织捐赠	自然人捐赠	组织捐赠	自然人捐赠	组织捐赠	自然人捐赠	组织捐赠	
2014	2.84	45.91	0.38	4.26	5.32	85.99	0.71	7.98	53.39
2015	14.29	56.77	0	2.32	19.47	77.36	0.00	3.16	73.38
年均	8.07	60.71	0.13	4.16	11.04	83.10	0.17	5.69	73.06

数据来源：根据官方网站年度《审计报告》业务活动表数据整理所得，数据以百万计，保留两位小数。

表71　　社会团体案例 SDF 捐赠收入来源结构情况

年度	捐赠收入合计（百万元）	捐赠收入（百万元）		所占百分比（%）	
		境内自然人	境内组织	境内自然人	境内组织
2013	3.561	0.061	3.500	1.71	98.29
2014	3.088	0.222	2.866	7.19	1.09
年均	3.325	0.142	3.183	4.26	95.74

数据来源：根据官方网站年度《审计报告》业务活动表数据整理所得，数据以百万计，保留两位小数。

综合上述分析，案例扶贫社会组织的资金来源主要是捐赠收入，且主要来自市场化的组织捐赠，因此具有一定的财务独立性，能为扶贫社会组织的发展提供较好的公信力基础。但是从资金的历年纵向变化来看，由于存在年际间较大幅度的波动，其活动的可持续性会在一定程度上受到影响。

3. 组织治理结构

在治理结构上，12家扶贫社会组织在其官网上公布了内部治理结构，1家在访谈中获取了其治理结构信息，占到总访谈机构案例的50%。表72显示，公布有治理结构的扶贫社会组织说明其内部确实存在有效的治理；同时，不同的治理结构也体现了各个机构在管理专业性方面的差异,一定程度上展示了不同机构不同的管理需求。

第一,从基本的部门设置来看,13家机构均设立了相应的理事会、秘书处,且秘书处都附设了办公室和项目部。可见,这些部门是确保扶贫社会组织合法正常工作的必备组织机构。案例基金会ZGF在治理结构上,以实行企业化经营和管理为目标,建构了比较专业的领导团队——作为最高决策层的理事会和会长会议;基金会的日常管理由会长负责制转为在理事会和会长会议领导下的秘书长负责制;基金会日常经营的管理执行团队由秘书处负责,即秘书处成员作为"懂得公益慈善领域经营与管理操作技术的专业管理者",在秘书处领导下具体开展日常管理工作;这样两个领导团队的建构,不仅在管理权限、管理职能和管理作用上界限分明,互动良好,而且在各自的领域能够以不断提升的专业品质服务于组织的使命。

第二,13家机构在监事、人力资源部和财务部等部门设定上呈现出一定的差异性,其中有5家机构设立了监事会或监事,6家设立了财务部,1家设立了人力资源部。这些机构所设立的部门中,数人力资源部设置数量最少,大多数机构是由秘书长直接承担或办公室人员负责相应人力资源的选拔和管理工作,这一情况从侧面说明扶贫社会组织人力资源发展的专业性程度还较弱,导致相应的治理结构设置不完善。

第三,比较基金会与社会团体发现,8家基金会有4家设置有监事,5家设置有财务部;而5家社会团体中,仅有1家公布有监事会名单,在这同一家同时还设有财务部。相对来说,基金会收入涉及资金额度远大于社会团体,设置相应的治理结构对于有效管理和使用资金非常重要,因此,治理结构设立的完备程度一定程度上反映了该组织管理公信力的发育情况。

第四,在特色部门设置上,社会团体注重对会员部的设置,整体表现出对募捐部、法务部、倡导宣传部和研究部的青睐。这些部门的设置体现出扶贫社会组织对相关领域管理重要性的认知,也说明部分扶贫社会组织管理专业性程度正在增强,产业链的专业治理结构正在逐渐形成。

表 7-2　　访谈案例机构组织治理结构信息

类型	简称	理事会	监事	秘书处	管理	人力资源	财务	项目	特色部门
基金会	ZGF	有	2人	有	行政事务部	人力资源部	计划财务部	新长城项目部；紧急救援项目部；项目合作部；小额信贷部；母婴平安部；养老项目小组；电商扶贫项目部；国际发展部	移动互联网部；资源发展部；品牌传播部；信息技术部；监测研究部；公众互动部；研究员
基金会	YCQ	有	无	有	综合办公室	无	财务/风控/资产管理	政府事务及资源开发；志愿者支持中心；新公益大学；社会合作	传播/倡导；国际及研发；顾问委员会
基金会	QFP	有	监事会4人	有	办公室	无	无	项目部	无
基金会	SSH	有	1人	有	办公室	无	财务	项目管理	无
基金会	CFP	有	无	有	办公室	无	无	项目办；产业部；志工部；互联网+扶贫工作部	募集部；市州分会及联络处
基金会	WMC	有	无	有	办公室	无	财务部	项目部；培训部	基金管理部；法务部；总部；办事处；
基金会	DFP	有	监事会3人	有	综合部	无	财务部	对外联络部	无
基金会	TXC	有	无	有	办公室	无	无	经济部	无

续表

类型	简称	理事会	监事	秘书处	管理	人力资源	财务	项目	特色部门
社会团体	XCS	有	监事会3人	会长办公室	办公室	无	财务部	项目部	会员代表大会；宣传部；组联部；募捐委
	CFK	有	无	有	综合行政部	无	无	项目规划部；事业发展部	宣传信息部；法律事务部
	DFK	有	无	有	办公室	无	无	开发部；培训部；	联络部；会员部；研究部；扶贫艺术团；法律顾问
	SDF	有	无	有	综合部	无	无	项目部	会员部；研究室
	CCS	有	无	有	办公室	无	无	项目部	宣传部；劝募部

备注：组织治理结构无法获得的机构组织有（1）基金会 XFP，DLF；（2）社会团体 LQJ、QXH、LZC、DQC、SXX 和 WMX；（3）民办非企业 WLY、SXB、JTF；（4）国际机构 GJH、XMN 等 13 家组织。

二 制度建设

1. 机构信息披露

26 家访谈案例中，有 20 家具有向公众进行信息披露的渠道（除去基金会 TXC，民办非企业 LZC、DQC、ZHN、WLY 和 SXX），其公示使命、章程和制度的情况如表 73 所示。数据显示，对于机构的使命和价值，所有访谈机构均会在其公众沟通平台上进行公示，以让公众清楚地了解其价值观、使命和理念。相对于其他类型组织，国际机构建立的公示渠道更为完善。

在机构章程和管理制度上，国际机构 GJH 和 XMN 的信息披露量较少，9 家基金会有 7 家公示了章程，6 家公示了相关的管理制度；8 家社会团体中有 4 家公示了章程，2 家公示了管理制度；1 家民办非企业公示了章程，但没有公示管理制度。在信息公示的渠道上，所有机构都选择了在其官网上进行公示。可见，各类扶贫社会组织对章程和管理制度的信息披露不如对使命价值披露的完全，且对机构章程的公示优先于对管理制度的公示。

表 73　　　　　　扶贫社会组织案例机构基本信息披露情况

类型	案例	使命价值	使命公示渠道	章程	制度公布	章程及制度公示渠道
基金会	ZGF	是	官网、微博、微信公众号	是	是	官网
	YCQ	是	官网、微博、微信公众号	是	是	官网
	QFP	是	官网	是	是	官网
	SSH	是	官网	是	是	官网
	XFP	是	官网	是	否	官网
	CFP	是	官网	否	否	无
	DLF	是	官网	是	是	官网
	WMC	是	官网	否	否	无
	DFP	是	官网、微信公众号	是	否	无
社会团体	LQJ	是	官网	否	否	无
	QXH	是	官网、微博、微信公众号	否	否	无
	XCS	是	官网、微信公众号	是	是	官网
	CFK	是	官网	是	否	官网
	DFK	是	官网、微博	是	否	官网
	SDF	是	官网、微信公众号	否	否	无
	CCS	是	官网	是	是	官网
	WMX	是	微博	否	否	无
民办非企业	SXB	是	官网、微博、微信公众号	是	否	官网
国际机构	GJH	是	官网、微博、微信公众号	否	否	无
	XMN	是	官网、微博、微信公众号	否	否	无

在具体管理制度的公示上，表 73 显示，对管理制度有所公示的组织（8 家）占到有信息披露渠道组织（20 家）的 35%；表 74 显示，公布有项目管理制度的组织数量最多，达到 6 家；其次为人力制度；再次为财务制度、信息披露制度和志愿者管理制度；最少的为筹资制度和档案管理制度，"其他制度"强调对定向捐赠资金、重大事项和社会组织拓展功能的

证书制度和资产制度的规定。可见，随着扶贫社会组织组织的专业化发展，在加强自身制度建设方面存在加强和多维发展的趋势，说明这些组织在加强相关专业化发展的同时，也愈加强调有制度约束的机构公信力建设。同时，信息披露制度的建立，也显示出扶贫社会组织对加强与社会公众的沟通互动也在走向专业化。

从不同的社会组织类型来看，案例国际机构并没有公示自己的各项制度，案例社会团体更注重对信息披露制度的公示，而案例基金会更强调对人力制度和项目制度的公示，其次为财务制度和志愿者管理制度。可见，对扶贫社会组织来说，基金会的公信力制度建设幅度和维度要远高于社会团体和国际机构。

表 74　　　扶贫社会组织案例机构制度公示现状

类型	案例	财务制度	人力制度	筹资制度	项目制度	档案管理制度	信息披露制度	志愿者管理制度	其他制度
基金会	ZGF	有	有	有	有	无	无	无	无
	YCQ	有	有	无	有	无	有	无	专项基金管理办法
	QFP	有	有	无	有	无	无	有	鸣谢试行办法；证书及印章管理制度；资产管理制度
	SSH	有	有	无	有	无	无	有	重大事项报告制度
	DLF	无	无	无	无	无	无	无	无
	DFP	无	无	无	无	无	无	无	定向捐赠资金管理办法
社会团体	XCS	无	无	无	无	无	有	无	无
	CCS	无	无	无	有	无	有	无	无
合计		4	5	1	6	2	4	4	

备注：基金会 YCQ 公示的人力制度包括绩效考核、绩效管理、薪酬管理三个制度。

2. 制度建设内容

在具体的制度建设内容上，公众平台公示和实践案例访谈发现，案例扶贫社会组织有不同的阐释，体现出其加强公信力建设的主观能动性呈现出差异。

首先，从社会组织使命和价值来看，案例扶贫社会组织呈现出三个层面的发展愿景：一是重视社会公信力的建立，如 ZGF 强调"视捐赠人、志愿者和一切爱心人士为解决社会问题的伙伴，不断改革创新，以期构建最值得信任、最值得期待、最值得尊敬的国际公益平台"，SSH 强调"维护捐赠人和受益人的合法权益，吸纳社会力量参与扶贫事业"；二是确立服务对象和服务目标，如 QFP 确立是"帮助贫困地区和贫困人口摆脱贫困"，WMC 和 DFP 强调对特殊群体和弱势群体的扶助，DFP 强调促进贫困地区的经济开发和可持续发展，XFP 是"促进贫困地区的经济开发和文化、教育、卫生等事业的发展"，GJH 强调"支持儿童实现更美好的未来"；三是强调扶持的手段和解决问题的渠道，如 YCQ 强调"建设跨界合作的新公益服务网络和平台"，XFP 强调"为一切关怀、支持和热心于扶贫事业的海内外各级政府、组织、团体和个人提供良好的服务；接受国内外热心支持扶贫事业的组织和个人提供的现金、实物及技术援助；增强与国内外民间组织和人士的友好合作；采取多种措施，滚动发展扶贫基金"，WLY 强调为贫困人群提供创业服务，ZHN 强调贫困地区产业发展中的金融扶持。通过简短的语言阐述扶贫社会组织组织建设的使命和价值，有助于提升社会组织管理理念的公信力。

其次，在章程设立上，对于已经公示章程的 7 个基金会，4 个社会团体和 1 个民办非企业，选择基金会 ZGF、社会团体 DFK 和民办非企业 SXB 作为典型案例，分析其章程如表 75 所示，可以发现，各种类型章程结构相似，涉及社会组织成立的基础和正常运行所须的相关规定，成文的章程规定显示出社会组织一定的管理公信力。

对比不同类型章程的差异，社会团体增加了对"会员"类型、入会会员的条件、会员入会的程序、会员的权利、会员的义务，社会组织对会员提供的服务，以及退会和取消会籍的程序等方面进行了章程规定；民办非企业增加了对举办者、开办资金和法定代表人及不能担任法定代表人的情形等进行了独立的章程说明和规定，但相比其他两种类型，其章程对负责人产生和罢免程序的规定不够详尽。

表 75　　　　　　扶贫社会组织典型案例章程结构对比

组织类型	基金会	社会团体	民办非企业
案例简称	ZGF	DFK	SXB
第一章	总则	总则	总则
第二章	业务范围	业务范围	举办者、开办资金和业务范围
第三章	组织机构、负责人	会员	组织管理制度
第四章	财产的管理和使用	组织机构和负责人产生、罢免	法定代表人
第五章	终止和剩余财产处理	资产管理、使用原则	资产管理、使用原则及劳动用工制度
第六章	章程修改	章程的修改程序	章程的修改
第七章	附则	终止程序及终止后财产处理	终止和终止后资产处理
第八章	—	附则	附则

最后，在社会组织制度上，各类制度涉及的内容规定如表76所示。在回看各个社会组织的制度设计原则上，都将获得高公信力作为一个重要的目标；这些制度内容对扶贫社会组织日常相关活动的规范运行提供了很好的约束基础，体现了一定的专业化水准，如基金会ZGF在财务制度愿景上提出，"将机构的年度工作计划财务化，以及全员参与、由下而上的全环节的预算管理等方式进行财务预算管理制度改革，强化财务管理职能"。同时，在进行不同制度设计时，部分扶贫社会组织也充分注意不同的制度内容保证与社会组织整体发展目标及章程的一致性，如在项目制度上，制度要求明确受益人及捐助人的方式及标准，原则和机制设计上要保证与社会组织的一致性。

表 76　　　　　　扶贫社会组织典型案例制度公示的内容

制度类型	典型案例	制度内容
财务制度	ZGF	机构设置与职能，预算、货币资金、实物资产管理，资产保值增值，收入、费用管理，财务核算与分析，内部会计控制与财务监督，财务信息披露；

续表

制度类型	典型案例	制度内容
人力制度	YCQ	绩效考核制度：基本原则、步骤、评分标准，考核结果运用，绩效反馈和申诉机制； 考勤管理制度：总则，请假基本规定，假期管理规定，加班审批及调休制度； 薪酬管理制度：基本原则，工资结构及核定，工资的计算及支付，福利及奖励；
筹资制度	ZGF	接受的捐赠类别，筹资对象，筹资原则，筹资方式，筹资底线准则，资金用途沟通；
项目制度	CCS	立项程序，救助类、定向捐赠类、非定向捐赠类、专项基金类项目分类立项方案； 项目实施，项目资金专向管理，跟踪监督，信息公布，项目评估，档案管理；
档案管理制度	QFP	文书、会计、项目和其他档案的归档范围；档案的立卷要求；档案的保管期限、保管、移交、销毁等
信息披露制度	SSH	信息管理机构与职责；信息披露原则、内容（基本信息、募捐活动、项目实施情况、日常动态等）和频率（定期、及时、重大活动披露）；信息披露时间、形式与审批；
志愿者管理制度	XCS	组建方式，宗旨，任务，原则，申报和审批程序，志愿者标识，志愿者义务、权利，晋升机制；管理机构的职责；志愿服务经费来源；

3. 制度实践推进

案例扶贫社会组织除了在制度建设规范与对外信息披露方面做出了较大的努力，同时也在实践中不断积累组织运行的经验和规则，从自律的层面，提升组织内部运行的规范性。

第一，在接受捐赠的物资上，部分扶贫社会组织表现出自己主动选择的原则。社会团体 CCS 表示其对捐赠的项目要求很严格，在接受捐赠物资方面比较严谨，凡是不符合慈善总会的原则都委婉拒绝如食品、奶粉等，因为存在食品的安全性，或运输中出问题，都没法保证不出问题，基本不接受，也不想给受助方带来第二次灾害。

第二，在项目决策机制上，不同的项目有不同的决策机制。基金会

QFP募款主要靠理事，对于非定向捐赠基金，捐款少，无法直接独立项目运营的，积少成多后再独立开展项目；5万元以下的支出可由基金负责人自行办理，20万以上的支出，必须在年初制订计划，理事会会议通过才能执行。基金会DFP重大的项目决策都经过理事会，集体研究决策，同时与捐赠方签订《捐赠协议书》，严格执行，单独核算。社会团体DFK确定重大决策在理事会，执行层在秘书处。

第三，在项目执行上，不同扶贫社会组织都在依据自身业务活动的特殊性，进行基本的制度化规范约束，形成了一些自律性的做法。社会团体XCS每个项目建立项目库，从立项、确定项目，调研评估，监督，检查，评估验收（八个环节），确保项目公开公正阳光，准确无误，不出问题。社会团体QXH所有资金的募集和使用都是开发协会成员亲力亲为，注重项目的实际操作，确保过程的合法性，减少寻租行为和偷工减料、冒名顶替的现象发生。基金会WMC在项目执行时，会联系受赠方，物资通过组织内部的志愿者系统亲自参与发放，发放要签字按手印；同时建立了一个物资可追溯的云计算平台，包括爱心储存、透明体系、诚信体系等。

第四，在财务支出上，不同扶贫社会组织形成了不同的财务支出制度要求。社会团体LQJ在项目合同管理上，要求每一笔钱都有合同，使用用途明白，有反馈意见，以书面文件汇报。基金会QFP规定所有政府资金的支出都必须向理事汇报，采购1万元以上物资，要求询价采购或以招标的形式采购。基金会QFP在资金支出上，制度均有明确的规定，资金经过扶贫基金会下放到县，除非注明收取管理费用，一般不收费用；而且一般都全部拨付，少量跨年度使用；且每一笔拨款都会附上捐赠协议或拨款函，拿不到捐赠协议，一律不拨款，每一笔钱都要汇报。国际机构GJH中国总部财务制度是在成熟的组织财务管理规定基础上进行调整修改的，同时有一个内部风险管理系统，通过利用参与式方法进行内部局部控制，会汇总到全球总部对风险管理系统进行检测。

第五，在日常管理制度上，社会团体DFK注重建立基本的工作规范，在访谈中机构负责人认为虽然机构人不多，但是每个岗位的职责，谁去监督，组织都有制度规定；协会的内部治理，主席团的会议，理事会的决策，秘书处的执行，都有有序的分工；建立协会领导出席活动报告制度，顾问委员会队伍，志愿者队伍，固定协会的队伍；认为规则建立好，才有民主的决策和规范的运作，品牌就是传播力，有自己的公益理念；自律才能有自强的组织文化。基金会 QFP 确定自己的原则，非常重视合作机构的合法性：一般情况下，不敢与草根机构合作，怕出事；仅有一次中小学教育培训，因为没有足够的人力物力做该事情，就承包给其他机构培训；另有一个文化局批复的放电影的项目，原来要跟广告公司和电影公司合作，后来因涉及版权，改为与有放映资质的电影协会合作。

第六，在内外监督上，注重多种形式的制度建设。为了保证深层次监督的实施，基金会 CFP 通过对捐赠人及时系统的报告反馈促进捐赠方监督，通过网站公示促进社会大众监督，通过从捐赠方中具有一定社会威望及道德品质的人中选出监事，促进专业方监督。

整体来讲，扶贫社会组织在机构管理上都进行了较为全面的使命价值设定、章程颁布和多维度的制度设计，覆盖其日常运行的方方面面，这些工作原则和制度的设立，使得组织运行活动有据可依，从形式上保证了扶贫社会组织管理制度的规范性；同时，其充分利用现代媒体与社会大众的沟通渠道，进行信息公示，体现扶贫社会组织在管理理念和制度建设方面的公信力。同时，对比不同的扶贫社会组织类型，呈现出较大的差异。从自律的层面，不同扶贫社会组织均根据自身的情况和管理者的经验制定了相应的规章制度和具体处理事情的做法，来体现社会组织活动的合法性。但在这种选择的背后，可以看出管理仍然较为内部化，且不同机构之间的合作较少，独立的应用系统开发较为缺乏，风险的系统管理相对较弱。

三 管理绩效

管理绩效，是扶贫社会组织管理公信力的一个重要体现维度。用最少的钱，干最多的事，服务更广泛的社会群体，或以尽可能快的速度、尽可能低的成本达到项目设定的目标，便可充分体现出扶贫社会组织的管理绩效。

1. *历年收支情况*

扶贫社会组织财务的总收入和总支出变化情况，能从侧面反映出其管理公信力的发展和社会认可情况。图 2 展示了基金会 ZGF 的 2005 年到 2015 年的财务总收入与总支出的发展情况，数据呈现出递增的趋势，不断增加的捐赠收入和增加的支出活动，显示出其从事的活动和管理情况得到了越来越多社会大众的支持，侧面反映出运营管理能力的增强。

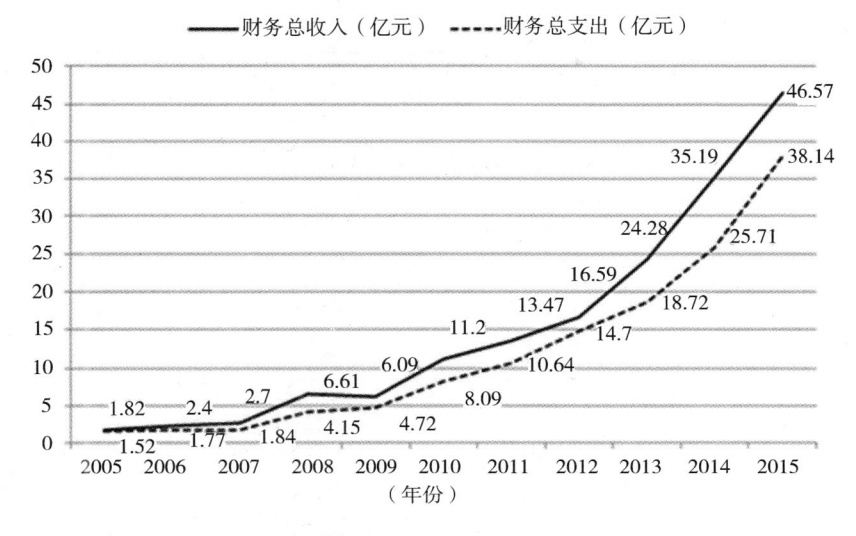

图 2　扶贫社会组织典型案例 ZGF 历年财务总收入与总支出情况

（数据来源：根据 ZGF 官网审计报告数据整理得出。）

其他几个有数据支撑的机构支出总额情况如表 77 所示。从各个基金会历年发展变化来看，仅有基金会 QFP 在 2013 年到 2015 年期间一直呈现支出费用递增的趋势，其他 3 家基金会和 1 家社会团体在历年发展中呈现出或增加或减少的趋势，具有较强的波动性，表现出受外界大环境的影响比较大。比较社会团体与基金会，SDF 的财务支出总额明显小于基金会。

表 77　　　　扶贫社会组织典型案例历年财务总支出情况

案例简称	年　度	财务总支出（百万元）	年变化率（%）
基金会 YCQ	2008	26.03	—
	2009	18.79	-27.81
	2010	30.84	64.13
	2011	37.86	22.76
	2012	30.01	-20.73
	2013	34.33	14.40
	2014	50.45	46.96
	2015	41.37	-18.00

续表

案例简称	年度	财务总支出(百万元)	年变化率（%）
基金会 QFP	2013	15.80	—
	2014	34.70	119.62
	2015	53.61	54.50
基金会 CFP	2013	30.23	—
	2014	45.58	50.78
	2015	38.17	-16.26
基金会 DFP	2012	453.96	—
	2013	502.81	10.76
	2014	421.88	-16.10
	2015	320.34	-24.07
社会团体 SDF	2013	0.55	—
	2014	3.05	454.55
	2015	2.15	-29.51

2. 受益人口发展

管理公信力中管理绩效的外在展现，表现为受益人数的增加。扶贫社会组织管理绩效的一个重要体现是受益人口数量的变化。从各个扶贫社会组织官方公示数据来看，较多从项目内容及各个项目的拨付资金等方面进行公示，但是对机构整体的受益人群数量进行统计公布的组织数量极少，在访谈调查的 26 个案例组织中，仅有 1 个案例（基金会 ZGF）对受益人口进行了整体的公示。

基金会 ZGF 历年受益人口数量如图 3 所示。整体来看，基金会 ZGF 的受益人口呈现增加趋势，仅在 2011 年有一个较大幅度的波动，服务数量的增加，显示扶贫社会组织服务范围有一个较大幅度的增长，也从侧面显示出扶贫社会组织具有一定的管理公信力。对受益人群生活的改变幅度，基金会 ZGF 则没有进行整体的状况统计和描述。

对于其他 25 家机构来讲，其均没有从机构整体的角度，统计相关的数据，只是依据具体的项目，来统计公示项目的活动及对受益人群的干预影响结果，具体如案例 SXB 项目评估报告所述："通过执行本项目，对××村的贫困状况有了全面了解，完成贫困农户摸底调查报告一份；通过培训，使 100 名贫困农妇掌握了养殖草鸡的知识；并选举产生了养鸡互助小组和 2 名鸡病防治员；为 100 户养鸡户购买鸡苗，每户发放鸡苗 100 只；互助小组帮助养殖户销售成鸡并回收了鸡苗成本；用回收的鸡苗成本建立养殖基金，建立了基金管理制度和运作章程，建立了传导机制，使项目可持续开展，帮助更多农户脱贫。"

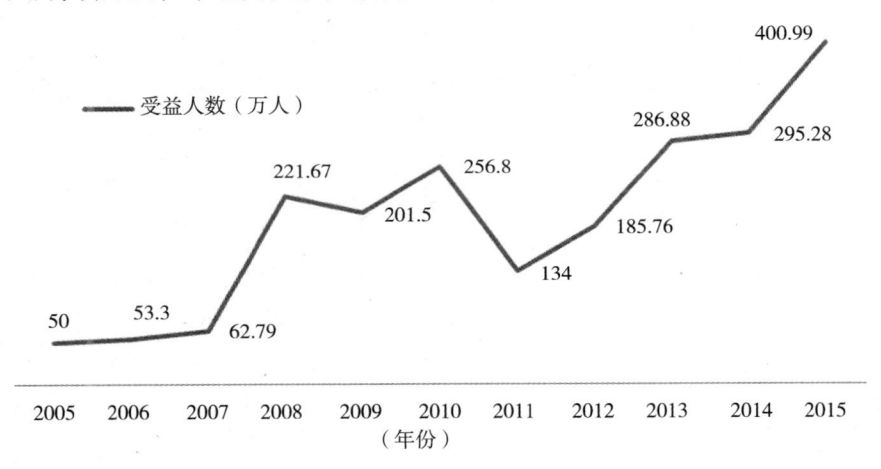

图 3　扶贫社会组织典型案例 ZGF 历年受益人口发展情况

（数据来源：根据 ZGF 官网审计报告数据整理得出。）

3. 财务支出结构

从财务支出结构来看，根据各个机构官方网站公示的审计报告中的业务活动表，整理出相应的支出结构，如表 78 所示。在具体的支出类型上，所有的机构均有管理费用一栏的支出；在业务活动成本支出上，基金会都有较大程度的支出，而社会团体则没有此项支出；在筹资费用上，基金会 DFP 一直没有筹资费用的支出，而基金会 YCQ 在 2008—2013 年有一定的筹资费用，而 2014—2015 年则没有该项的支出。从机构财务支出结构可见，扶贫基金会主要是资金的募集与使用，扶贫社会团体主要在于扶贫项目的倡导，筹资大部分机构都有所涉及，但是运作起来专业性和持续性欠佳。

表 78　　　　　　　　扶贫社会组织案例组织历年支出结构

案例	年度	支出名目（百万元）				所占百分比（%）			
		业务活动成本	管理费用	筹资费用	其他费用	业务活动成本	管理费用	筹资费用	其他费用
基金会 ZGF	2011	262.43	20.95	0.18	0.24	92.47	7.38	0.06	0.08
	2012	292.15	17.37	0.01	0.04	94.37	5.61	0.00	0.01
	2013	322.42	11.25	0.69	0.08	96.61	3.37	0.21	0.02
	2014	410.00	18.595	0.001	0.005	95.66	4.34	0.00	0.00
	2015	394.06	21.08	-0.08	0.01	94.94	5.08	-0.02	0.00
基金会 YCQ	2008	24.442	1.457	0.132	-0.005	93.91	5.60	0.51	-0.02
	2009	9.69	0.92	0.35	7.83	51.57	4.90	1.86	41.67
	2010	27.65	0.91	0.17	2.11	89.66	2.95	0.55	6.84
	2011	32.94	4.67	0.24	0.01	87.00	12.33	0.63	0.03
	2012	28.91	0.91	0.10	0.09	96.33	3.03	0.33	0.30
	2013	32.70	1.54	0.08	0.01	95.25	4.49	0.23	0.03
	2014	50.56	-0.11	0	0	100.22	-0.22	0.00	0.00
	2015	40.40	0.97	0	0	97.66	2.34	0.00	0.00
基金会 QFP	2013	15.496	0.305	0.001	0	98.06	1.93	0.01	0.00
	2014	34.359	0.343	0.001	0	99.01	0.99	0.00	0.00
	2015	53.274	0.336	0.002	0	99.37	0.63	0.00	0.00
基金会 CFP	2013	27.19	1.46	1.14	0.44	89.94	4.83	3.77	1.46
	2014	42.08	1.71	1.59	0.20	92.32	3.75	3.49	0.44
	2015	35.700	1.523	0.948	0.002	93.52	3.99	2.48	0.01
基金会 DFP	2012	453.07	0.89	0	0	99.80	0.20	0.00	0.00
	2013	500.87	1.94	0	0	99.61	0.39	0.00	0.00
	2014	418.96	2.92	0	0	99.31	0.69	0.00	0.00
	2015	317.59	2.75	0	0	99.14	0.86	0.00	0.00
社会团体 SDF	2013	0	0.553	0.001	0	0.00	99.82	0.18	0.00
	2014	0	3.045	0.0002	0	0.00	99.99	0.01	0.00
	2015	0	2.1466	0.0001	0	0.00	100.00	0.00	0.00

在管理费用结构上，部分案例在审计报告公示中有所涉及，具体如表79所示。管理费用具体涉及员工工资和福利，以及行政办公经费等。数据显示，员工工资福利在基金会YCQ和DFP支出比例上均有增加的趋势，行政办公经费则呈现减少的趋势；在支出额度上，基金会YCQ在员工工资福利支出上，2009年有所减少，2010年又有所上涨，行政办公经费则一直在降低，基金会DFP员工工资福利在增加，而行政办公费用则先稍有增加，后有所降低。可见，行政办公经费的降低，显示相应的管理绩效在增加；而员工工资福利的上升，则显示管理成员的专业化程度可能正在提升。

表79　　　　扶贫社会组织典型案例管理费用支出结果

案例	年度	项目支出（百万元）		支出比例（%）	
		员工工资福利	行政办公	员工工资福利	行政办公
YCQ	2008	0.85	0.61	58.22	41.78
	2009	0.60	0.32	65.22	34.78
	2010	0.76	0.15	83.52	16.48
DFP	2013	0.11	0.20	35.48	64.52
	2014	0.12	0.22	35.29	64.71
	2015	0.18	0.16	52.94	47.06

4. 服务成本效率

扶贫社会组织的管理绩效更主要是通过服务成本效率来体现的，基于研究数据的可获取性，研究主要采取人均服务支出和每单元非业务活动成本费用（包括管理费用、筹资费用和其他费用等类别）所产生的业务活动成本值来分析说明案例扶贫社会组织的管理绩效。

首先，在人均服务支出指标上，依赖于社会组织整体的"管理费用"产生的服务支出和"受益人数"两项指标。依据"受益人口发展"章节的分析可见，只有基金会ZGF有受益人数的统计和公示，具体指标计算结果如表80所示。数据显示，ZGF人均服务支出2011年为15.63元/人，2012—2013年较大幅度地降低为3.92元/人，到2014年增加为6.30元/人，主要源于机构在概念上有新的扶贫项目和扶贫地域涉足，2015年又再度降为 5.26 元/人。可见，ZGF 在长期发展中，整体机构的服务成本效率是逐年提升的，具有较强的管理绩效公信力。

表80　扶贫社会组织典型案例基金会 ZGF 历年服务成本效率分析

年度	受益人数 （万人）	服务支出 （管理费用/百万元）	人均服务支出 （元/人）
2011	134	20.95	15.63
2012	185.76	17.37	9.35
2013	286.88	11.25	3.92
2014	295.28	18.60	6.3
2015	400.99	21.08	5.26

数据来源：机构 ZGF 官方网站年度报告数据整理所得。

表81 和表82 显示，民办非企业 SXB 和国际机构 XMN 尽管在某年会面临一定的服务成本上升的趋势，但是在接下来的年份里均会面临一定程度的降低，显示出管理绩效公信力的提升。对比案例 ZGF、SXB 和 XMN 三家组织，在 2012 年服务成本效率最高的为基金会 ZGF，其次为国际机构 XMN，最低的为民办非企业 SXB；而到了 2015 年，服务成本效率最高的为民办非企业 SXB；其次为基金会 ZGF；最低的为国际机构 XMN。

表81　扶贫社会组织典型案例民办非企业 SXB 历年服务成本效率分析

年度	受益人数（人）	服务支出 （管理费用/元）	人均服务支出 （元/人）
2012	400	7943	19.86
2013	2682	52245	19.48
2014	780	10000	12.82
2015	5701	15028	2.64

数据来源：根据机构官方网站年度报告、审计报告及访谈数据整理所得。

备注：2012 年受益人数体现为能力培训项目 400 人；2013 年受益人数体现为能力培训项目 459 人，生计发展项目 741 户（按户均 3 口人计算约 2223 人），合计 2782 人；2014 年受益人数体现为能力培训项目 180 人，社区服务项目 600 人；2015 年受益人数体现为能力培训项目 194 人，社区服务项目 5507 人。

表82　扶贫社会组织典型案例国际机构 XMN 历年服务成本效率分析

年度	受益人数（人）	服务支出（管理费用/元）	人均服务支出（元/人）
2011	115976	1840547.17	15.87
2012	125026	1502327.98	12.02
2013	—	1385815.12	
2014	132254	2790477.42	21.10
2015	135370	2729320.21	20.16

数据来源：机构官方网站年度报告数据整理所得。受益人数在报告中是以受惠农户数和受培训人数统计的，此表数据受益人数＝报告受惠农户数×3+受培训人数。

其次，从业务活动支出成本与非业务活动支出成本之值比较来看，如表83所示，值越高，表明管理的绩效越高，即支出了较低的管理费用、筹资费用和其他费用，产生了较高的业务活动支出。数据显示，基金会DFP绩效最高；其次为QFP；再次为YCQ和ZGF；最后为CFP。从各个机构历年变化来看，QFP、CFP基本是逐年增加的，而DFP则是逐年递减；YCQ的波动幅度最大，基本呈现递增的趋势；ZGF在2013年前呈现递增，之后呈现递减的趋势。数值的变化可能受制于捐赠可获取总额度的影响，也可受到业务活动拓展成本的影响。无论怎样，该指标仍能从侧面反映出扶贫社会组织的某种管理绩效，可能会影响到公信力的达成。整体来看DFP管理绩效的公信力最高，但整体上呈现递减的趋势，而QFP的管理绩效公信力正在日益改善，有超过DFP的趋势。

表83　扶贫社会组织典型基金会案例每单位非业务活动成本费用所产生的业务活动成本

年份	YCQ	ZGF	DFP	QFP	CFP
2008	15.43	—	—	—	—
2009	1.06	—	—	—	—
2010	8.67	—	—	—	—
2011	6.70	12.28	—	—	—
2012	26.28	16.77	509.07	—	—

续表

年份	YCQ	ZGF	DFP	QFP	CFP
2013	20.06	26.82	258.18	50.64	8.94
2014	-459.64	22.04	143.48	99.88	12.02
2015	41.65	18.76	115.49	157.62	14.44

数据来源：各机构官方网站年度报告数据整理所得。

表84展示了国际机构XMN和民办非企业SXB两家机构每单位非业务活动成本支出所产生的业务活动成本金额，XMN整体呈现增加的趋势，但增加的幅度相对较小，展现出管理绩效提升的趋势；而SXB则变动幅度较大，可能与其历年从事的项目类型有关。比较表83和表84，国际机构XMN的数值整体偏低，与基金会YCQ在2010年和2011年的数值相差不大，显示其在业务活动支出差不多时承担了较高的管理费用和筹资费用等，这与国际机构较多捐赠资金来自个人密切相关；而民办非企业SXB和基金会DFP则相对承担了较低的管理和筹资费用，主要原因在于SXB较多资金来自项目申请，而DFP所在地区经济发展水平较高，筹资相对容易。因此，扶贫社会组织从事的项目类型以及筹资的渠道和难易程度，会影响到各个组织管理的绩效。

表84　扶贫社会组织典型案例每单位非业务活动成本费用所产生的业务活动成本

年份	国际机构 XMN	民办非企业 SXB
2011	7.69	—
2012	10.29	133.29
2013	8.43	22.84
2014	8.72	195.61
2015	9.62	131.15

数据来源：各机构官方网站年度报告数据整理所得。

同时，也有部分案例扶贫社会组织通过专业化的第三方评估，来显示其管理绩效，如基金会YCQ在2008年报告中有北京某咨询有限责任公司对其组织抗震救灾工作进行了效果评估，媒体的报告和专家的观点也是其展示管理绩效公信力的实践做法。

综合上述扶贫社会组织在组织结构、制度建设和管理绩效本身上的做法，以及官网公示资料的分析，可见，部分扶贫社会组织已经开始通过部门机构的设置、专业制度的颁布和财务报告的公示来提升自己的管理公信力。在具体的管理公信力做法方面，目前存在三个方面的趋势。

第一，积极的管理公信力的做法主要是通过部门的设置和制度的细化颁布，显示扶贫社会组织期待通过健全的制度设计和专业的机构分工来展现其管理的规范性；通过多渠道宣传使命价值，显示其管理理念的公信力；通过财务报告的连续公布，显示扶贫社会组织期待通过资金的透明化来加强其管理公信力；同时，也在项目的实践操作中，扶贫社会组织也通过自律方式，增强决策的科学合理性，确保每笔业务有迹可循。

第二，消极的管理公信力体现在部分关键的信息未得到统计分析，并予以公示，如部分扶贫社会组织基于情境的不同，有自身的组织成长路径，曾存在多个组织身份和名称，与其他组织存在不同程度的衍生和依附关系，这些信息较少在其官网上进行有效的公示；同时，在管理绩效上，扶贫社会组织仅限于财务审计报告的公示，但是对报告所反映的管理绩效核算的相关指标统计分析得不够，使大众对其深层的绩效关注无法得到满足，一定程度上会影响社会大众对其管理公信力的评判。

第三，不同的扶贫社会组织在管理公信力的做法上存在较大程度的差异，具体表现在组织部门设置的差异、相关制度设计的差异，以及披露信息的渠道、内容和有效性等方面，如有的扶贫社会组织只设置了基本的办公室和项目部，有的则形成了具体的多元的特色项目部，甚至筹资部、监测研究部、公众互动部；有的扶贫社会组织只颁布了组织的章程，有的则制定了细化的筹资制度、人力制度、档案管理制度和信息披露制度；有的只在官网上公布了其组织的使命价值和单纯的财务审计报告，有的则在官网、微博、微信公众号等多个渠道上公布了其组织的价值使命和评估的活动成果。整体来看，对不同类型的扶贫社会组织来讲，基金会的组织结构、制度建设和财务公示相对其他类型来讲，最为健全；社会团体其次；民办非企业基于其行为的微观性和利益群体的针对性，对现代媒体利用宣传较少；而国际社会组织管理公示的信息也极少。

第二节 财务公信力建设现状

财务公信力体现为社会大众对扶贫社会组织财务信息的了解与认可程度。从扶贫社会组织自身来讲，其能否完整全面地公开相应的财务报表，是否有相应的机构对财务可靠程度进行审核，是财务公信力的一个重要体现。在本节中，研究依据与扶贫社会组织的访谈结果，以及公开的与财务相关的信息，来对目前扶贫社会组织财务公信力建设现状进行探讨，具体从财务透明度和财务可靠度两个角度进行分析。

一 财务透明度

财务透明度，主要体现在披露的财务信息内容完整度上，披露的渠道所面临的对象覆盖范围上，以及披露的频率和时间选择上。在实地调研的 26 个扶贫社会组织中，不同案例对与财务相关的信息采取了分类分对象的公示或报告，具体分析如下。

1. 强制性信息披露

强制性披露信息是指现有的法律条例，规定社会组织应该披露的财务信息。依据社会组织类型的不同，强制性信息披露要求也呈现出差异，牵涉到的法律条文如表 85 所示。相关法律条文显示，基金会、社会团体、民办非企业都应当采取适当的方式，向社会公布一定的财务信息，包括接受和使用捐赠的信息情况，具体是以在年度终了的后 4 个月对外提供包括"资产负债表，业务活动表和现金流量表"三张报表的年度财务会计报告，为法律强制性规定披露的信息。

表 85　　　　社会组织财务信息披露相关法律条文

法律名称	施行日期	适用组织	具体条文
民办非企业单位登记管理暂行条例	1998 年 10 月 25 日	民办非企业	·民办非企业单位应当向业务主管单位报告接受、使用捐赠、资助的有关情况，并应当将有关情况以适当方式向社会公布。

续表

法律名称	施行日期	适用组织	具体条文
社会团体登记管理条例	1998年10月25日	社会团体	·社会团体应当向业务主管单位报告接受、使用捐赠、资助的有关情况，并应当将有关情况以适当方式向社会公布。
基金会管理条例	2004年6月1日	基金会	·年度工作报告应当包括：财务会计报告、注册会计师审计报告，开展募捐、接受捐赠、提供资助等活动的情况以及人员和机构的变动情况等。 ·基金会、境外基金会代表机构应当在通过登记管理机关的年度检查后，将年度工作报告在登记管理机关指定的媒体上公布，接受社会公众的查询、监督。
民间非营利组织会计制度	2005年1月1日	社会团体、基金会、民办非企业单位	·财务会计报告中的会计报表至少应当包括以下三张报表：资产负债表，业务活动表，现金流量表。 ·民间非营利组织的年度财务会计报告至少应当于年度终了后4个月内对外提供。
民办非企业单位年度检查办法	2005年4月7日	民办非企业	·民办非企业单位接受年检时，应当提交财务会计报告； ·民办非企业单位于每年3月31日前向业务主管单位报送年检材料，经业务主管单位出具初审意见后，于5月31日前报送登记管理机关； ·登记管理机关在年检期间，可以根据情况，要求民办非企业单位提交注册会计师审计报告、其他补充说明材料及有关文件； ·登记管理机关可以要求有关人员说明情况，必要时进行实地检查； ·登记管理机关作出年检结论，发布年检结论公告

续表

法律名称	施行日期	适用组织	具体条文
基金会信息公布办法	2006年1月12日	基金会	·信息公布义务人应当向社会公布基金会、境外基金会代表机构的年度工作报告。
慈善法	2016年9月1日	基金会、社会团体	·慈善组织应当每年向社会公开其年度工作报告和财务会计报告。具有公开募捐资格的慈善组织的财务会计报告须经审计。

从上述法律规定来看，对基金会来讲，财务相关的强制信息披露要求最多，体现在公布信息的渠道选择和互动交流上、公布信息的对象上和公布财务报告的审核上，即应该在登记管理机关制定的媒体上公布；应当向社会公布，并接受社会公众的查询、监督等；具有公募资格的财务会计报告必须经过审计等。而对社会团体和民办非企业来讲，相对要求较松，只要求在指定的时间内，以适当的方式，对外提供即可。

具体从实践来看，对于基金会来讲，10家案例中有5家在官网上公示了机构财务相关的报告，其中3家公示了包括"资产负债表，业务活动表和现金流量表"三张报表完整的机构年度财务审计报告，1家公示了包括资产负债表和业务活动表的摘要，1家仅公示了业务活动表，且均在时间上呈现出按年公示的较强的连续性。

对11家社会团体来讲，仅有1家公示了完整的财务审计报告。在实地访谈中，其他没有在网站公示的社会团体表示，组织每年年终都会对内部的支出账目和捐赠账目进行规范审计，审计之后组织才能获得相应的所得税抵扣资格，从财政厅获取免税发票；没有在官网上公示，部分组织是觉得整体资金量不大，认为没有必要进行公示。同时，另外也有一些组织，主要是针对特定群体进行公示，如在村一级的社会团体LZC，每年都会在年底召开股东大会，向股东汇报资金运作情况及财务账目收支情况，实现公开透明；另一个村级社会团体DQC财务账目也仅限于在村内部公示；社会团体CFK则是将捐赠资金写成简报进行公示。

调研的3家民办非企业中有1家公示了相关的财务审计报告，其将每年的年度报告和审计报告披露出来，是一种主动的负责行为，意在供资助方和社会方检验，以及业务主管部门监管，提升自我的公信力；没有公示的 2 家机构每年也有相应的审计机构审计,主要是监控资金的获取和使用,不涉及财务公开。调研的 2 家具有国际机构背景的社会组织均在其官网上公示了机构相关的财务审计报告,此外还以年报、简报的形式推送给对其机构感兴趣的群体,如筹资机构、捐赠方等。

综上所述,调研的扶贫社会组织在法定的强制信息的财务透明度行为上,主要涉及年度财务审计报告的透明化,呈现出两种公信力建设现状:一种是为了提升自我的公信力水平,直接主动地进行财务审计报告对公众的公示透明,且在公示时间上,呈现出极强的连续性;另一种是在外界制度的强制要求下,进行常规的、监管型的财务审计,而相关信息仅对有限对象公开。在强制性信息披露的渠道上,官网仍是大多数扶贫社会组织的首要选择;部分社会组织拓展了信息披露的渠道,如进行简报推介等;少部分社会团体基于服务对象的小范围性,采取召开会议的方式进行信息公示。相比于不同的社会组织类型,具有国际背景的社会组织基本财务信息披露相对完善系统;基金会强制性信息披露要求程度最高,透明度呈现出两极分化的局面,或系统彻底,或对公众不公开;社会团体在信息是否对公众公示,采用的信息披露渠道等方面呈现出较大的自主选择性;对公信力要求较高的民办非企业,基本财务信息披露较为彻底和主动,而要求较低的则只在完成基本的财务审计,在财务透明度公信力建设方面负责行为较差。

2. 选择性信息披露

选择性信息是指法律强制规定以外的,与财务相关的信息,即年度审计报告之外的财务披露信息。案例扶贫社会组织选择性披露的财务信息有三种:第一种是分类别统计的财务收支结构信息;第二种是分项目统计的财务收支总体信息;第三种是以捐赠方或受助方为单位的财务收支动态信息。这三种财务信息的披露载体体现为四种形式:一是专门的详细的年度财务报告;二是附有赠款总额和拨出项目总额的项目报告;三是在官网动态的日常接受捐赠和项目支出信息透明窗;四是面对面的或区域范围内的张贴公示等。

首先,在年度财务报告披露多元的财务信息时,主要体现在基金会类型上,采用的做法有两种:一种做法是公布完整的年检报告,其中涉及的选择性披露的财务信息栏目有接受捐赠收入情况,募捐情况,大笔捐赠收入情况,公益资助支出情况,重大公益项目收支明细表,重大公益项目大额支付对象，投资收益情况，以及本年度业务活动情况报告等，如基金会 DFP 和 QFP 采取的是此种形式，来增加财务信息的披露；另一种做法是扶贫社会组织自己编制具有机构特色的单独的年度财务报告，进行多元的财务信息披露，如基金会 ZGF 形成了自己专门的财务报告模板，具体包括的内容有年度收支总表，捐赠收入（包括项目统计接受捐赠额，捐赠钱物比例，机构和个人捐赠占比，月接受捐赠额，前 10 位捐赠者），项目支出（包括资助项目支出，月统计支出，年度重大公益项目收支，大额支付对象）和管理费用的支出（包括人员费用，差旅费，房屋水电物业费，固定资产折旧，聘请中介及劳务费，其他费用，日常办公费，印刷制作费，资产减值损失等）。

其次，项目报告对财务信息的披露，主要表现为该项目接受捐赠的资金总额和项目支出总额数据的附带公示。从调研结果来看，目前发展比较成熟的扶贫社会组织对自身特色品牌的项目已经实施了单独部门的设置和管理，且部分项目部都会根据项目进展情况进行季度或年度的项目总结报告，会在其中对与之相关的财务数据进行报告，具体体现有基金会 ZGF 案例。

再次，在动态财务信息透明窗上，扶贫社会组织会将日常接受捐赠和受助的单位或个人动态公示，或按月统计，一月一公开。做得比较好的机构如基金会 DFP、社会团体 CCS 和社会团体 SDF，其均将接受捐赠的信息在官网透明窗上进行动态循环公示，甚至数额比较小的个人捐赠资金也进行公示，且在行为发生的时间上呈现较强的连续性；同时，对重大节日（如国家扶贫日或地区扶贫济困日）募捐的收入情况进行及时的公示。另一家基金会 QFP 则是将接受捐赠日期、单位名称、金额、用途以及公益支出的日期、项目、内容和金额等财务信息进行月度统计汇总，并在官网透明窗上进行公示；同时，官网数据显示，公示的捐赠和支出信息在月度上呈现出极强的连续性，公示效果较好。公示效果不好的机构主要是在动态信息的更新时间上存在较大的断裂，且最新的捐赠信息距离现在已有两年之久，即动态捐赠和支出信息的更新不及时或不连续，导致机构财务透明度公信力不足。

最后，对于基层的社会团体，其对现代网络媒体的利用能力和受众群体对新媒体的使用能力都制约了其利用现代网络对相关信息的公示、阅读和理解，村级社会团体 LZC 主要通过每季度向上级主管单位提交经济收支情况，并在村庄显要位置公示该信息。

综上所述，在案例扶贫社会组织选择性财务信息的透明度上，少部分基金会和社会团体主要是通过独立全面专业的财务报告、附带有财务信息的项目报告，或官网的动态捐赠与支出信息透明窗等形式进行更为全面的财务信息透明化处理，以增强自身财务透明度的公信力建设。对于透明度不太高的社会组织来讲，主要体现在公示的财务内容不太完整，信息更新不及时或不连续，或仅面向特定的小范围群体进行公示。

二 财务可信度

财务可信度，指扶贫社会组织所公示的财务信息与真实情况的符合程度，一般体现为是否有专业的人群对社会组织的财务状况进行审核，或社会组织自身的财务报告，是否有专业化的制度来规范内部财务的运行。结合案例数据的分析，财务可靠度主要依据两种形式的保证：一是专业的审计机构对财务进行审计核实；二是组织内部规范的财务制度，保证财务的可靠运行。针对具体财务的专业核实或评估或自律措施，相关扶贫社会组织披露程度、披露渠道，以及与不同群体的互动程度，也会影响到利益相关群体对财务可靠度的信任程度。案例运行具体分析情况如下。

1. 外部监管与信息披露

健全的审计制度，是确保扶贫社会组织财务可靠度的一个重要衡量指标。表 85 的法律条文显示：具有公募资格的基金会和社会团体财务报告必须经审计；登记管理机关在年检期间，可以根据情况，要求民办非企业单位提交注册会计师审计报告、其他补充说明材料及有关文件。同时，《民办非企业单位登记管理暂行条例》和《社会团体登记管理条例》规定，资产来源属于国家资助或者社会捐赠、资助的，还应当接受审计机关的监督。实践当中，部分社会组织反映，超过 50 万元的项目要单独审计。

实地案例显示，针对年度财务报告，只要在官网公示的社会组织，都有进行专业的会计师事务所的审计报告。在财务报告中，除了有专业的会计师事务所的签章外，部分组织还有两个注册会计师的签章，如基金会 ZGF 和 DFP，来保证社会组织财务的可靠性和规范性。除了常规的年度的会计师事务所的审计外，部分组织也会面临民政厅、财政厅和审计厅的实地检查。基金会 WMC 在访谈中提到，组织的财务票据每年年检的时候要接受八个部门的年审，同时要将相应的财务数据送到指定的会计事务所规范认证，由此通过体制的建设来保证组织的财务公信力。

审计是保证扶贫社会组织财务可靠性的一个重要制度保障，然而高额的审计费也让不少扶贫社会组织出现怨言。如某基金会在访谈中提到，50 万元的项目要单独审计，每年组织用于审计的花费高达 3 万元，特别是当 50 万元的捐赠资金没有工作经费和审计费时，就要组织额外支付相关费用。面对这种情况，2015 年 1 月 1 日施行的《广州市社会组织管理办法》第三十一条规定，"社会组织换届或者更换法定代表人，应当提前 15 个工作日向其登记管理机关报送具有资质的会计师事务所出具的审计报告"；该办法第四十四条规定，"社会组织实行年度报告制度。社会组织应当于每年 3 月 31 日前提交年度报告书。除社会组织负责人换届或者更换法定代表人之外，年度报告不需提交财务审计报告。"在该制度指导下，社会团体 DFK 表示，现在组织年检手续简化，相关资料网上提交，2000 元就可完成所有的年检，极大减少了扶贫社会组织的时间和财务成本。该变革标志着国内社会组织对财务可靠度监管方式的变革。

对具有国际机构背景的社会组织来讲，其形成自己独特的财务审计体系。如对社会组织 GJH 来讲，根据资金的来源不同，外部的财务审计方式也有所差异：对于大型的赠款，会有专门的外部评估和审计；而对于小型的资金，会进行整体的审计，并形成工作报告，定期主动地向捐赠人汇报。对社会组织 XMN 来讲，其每半年会形成项目进展报告，每年会形成相应的财务报告，并聘请国际四大审计公司进行审计，来保证财务数据的可靠性，提升自我的财务公信力。

2. 自律措施与信息披露

社会组织为了提升自我的财务可靠度，除了外部专业的审计和监管外，自身也采取了较多的自律措施来促进财务公信力的建设。案例中的自律措施整体可以分为三类：一是内部审计和自查制度的建立；二是财务可追溯系统的建立；三是内部监测调整和外部沟通互动机制的建立。

第一，在内部审计和自查制度建设方面，国际机构 XMN 针对多地分散的项目实施单位，会要求专门的财务官员每年要到各地实地点进行财务状况的检查，保证整体的一致性和规范性。民办非企业 JTF 作为另一个社会组织的分支机构,总部每年会进行内检一次,配以适时的外部抽查;财务部门会经常派人下来督查,对机构进行检测。基金会 ZGF 每年都会对上一年完成的项目,进行一定比例的抽查回访,以验证财务数据的可靠性。

第二,财务流的清晰追溯和可以信赖,是财务可靠度的重要保证。社会团体 SDF 通过两种方式运作资金,即针对大的捐赠,让机构资金运作流程公开透明;针对小的资金捐赠,通过预先设计、项目募捐和项目总结汇报的方式进行财务信息的披露,让受众知道资金的去处,让项目资金具有可追溯性。基金会 DFP 建立了资金流主线的综合管理平台,实行分类的捐赠人管理、受益人管理模式,建立了多元信息公示的末梢监督系统,和专业捐赠人使用代码查询资金流去向的管理系统,使得捐赠资金从到账和使用的网络查询系统,保证资金可追溯。

第三,针对财务运行当中出现的新问题,部分扶贫社会组织保持清醒的关注,并在实践当中探索形成新的财务管理模式。基金会 ZGF 形成了独立的监测研究部和公众互动部,并公示投诉电话,进行信息与大众的沟通互动,专业性地处理公众对组织财务可靠度的疑虑,增强财务可靠度的建立。

基于上述内容的分析,案例研究结果显示,整体来看,目前扶贫社会组织在财务公信力建设方面做了大量的工作和机制创新,如财务的分类管理、财务系统的可追溯、自律行为的创新等,外部监管制度也较为完善。然而,落实在各个具体的社会组织实践行为上,却呈现出较大的差异:一方面,部分扶贫社会组织主动增加多维度财务公信力的透明度,通过统一形式的审计报告、具备机构特色的财务报告、附带财务信息的项目报告、官网捐赠支出信息的动态实时报告、针对特殊群体的简报等形式,确保扶贫社会组织财务信息尽可能地透明化,通过专业审计机构、政府监管机构、可追溯的软件信息系统、自律规范制度和多维主体互动途径的实施和审核,确保扶贫社会组织财务信息的可靠度;另一方面,部分扶贫社会组织只是被动地完成外界监管制度对其财务信息监管的基本要求,在具体信息透明化披露的时候,公示的财务内容不完整,信息更新不及时或不连续,或仅对特定对象进行信息披露,同时缺少有效的系统专业化的财务核实途径,增强目标群体对其财务信息的信任程度。深究财务公信力差异的原因,或存在于部分机构持续化运行的能力,或与扶贫社会组织所处的发展阶段密切相关,如处于初步探索的阶段、发展的瓶颈期等,都会影响到社会组织对公信力主动建设的行为。

第三节 专业公信力建设现状

专业公信力，体现在社会公众对社会组织用专业的人来从事专业的事情等方面，具有较大的认同和信任。对于扶贫社会组织来讲，其专业性主要体现在三个方面：从事扶贫社会组织工作的员工本身的专业性，募集资金和支出善款为特定对象提供服务内容的专业性，以及瞄准受助对象的专业性等。就扶贫社会组织主动进行专业公信力建设而言，具体体现在三个方面：一是目前该维度各个指标发展的状况；二是为了专业公信力建设而做出的努力；三是将相关信息对相关群体的披露程度。下文将分别从三个方面，对案例扶贫社会组织专业公信力的建设情况，进行逐一解读分析。

一 员工专业性

员工专业性，是扶贫社会组织专业公信力建设的首要基础条件。现任的领导和员工是否具备扶贫社会组织管理和项目执行所应具备的基本经历、素质和背景，扶贫社会组织在招聘人员时如何选择界定员工的专业背景和素质，以及扶贫社会组织是否将相应的信息以公开透明的方式进行信息披露等，都会影响该组织的专业公信力程度。

1. 员工队伍现状

实地访谈的扶贫社会组织工作活动开展和依赖的员工结构如表86所示。整体来看，各个扶贫社会组织的专职员工数量普遍不是太多，最多的为基金会ZGF，总部和分支机构专职人数合计600多人；其次为基金会CFP，总部和分会总数达63人；再次为私募基金会YCQ和两个国际机构，专职员工数量维持在40多人；最后为机构专职人员全部维持在20人以内，且大部分集中于10人以下。

在专职员工来源上，除了部分扶贫社会组织没有雇用辅助员工外，其他机构的辅助员工均来自社会招聘；对于核心岗位的员工来说，基本体现为四种来源类型：第一种是采用完全市场化的社会招聘方式，招募职业化的组织领导者；第二种是从现有政府和事业单位在编的适合开展扶贫社会组织活动的人员中，发展社会组织核心员工；第三种是在已经退休或离休的政府官员中寻找合适的人员来担任扶贫社会组织的核心领导；第四种对村级层面的社会组织来讲，主要采用村民选举的方式来任命合适的领导者。同时，表格也显示，部分扶贫社会组织核心员工存在事业编制，如基金会XFP，社会团体CCS，或由政府官员兼职，如社会团体SDF。

除了专职人员外，不同社会组织依据自身组织资源，拓展建立了包括会员、理事、志愿者等在内的多元人力资源供应渠道。在具体的功能承担上，案例组织中理事和会员较多体现为筹集资金的功能，如对基金会QFP来讲，为了便于筹集资金和项目管理，其采用集团扶贫的方式，将以机关事业单位、国企、民企等众多单位为基础，成立了18个扶贫集团，由权力大的机关成为牵头机关，对接区域范围内的18个扶贫县，同时将负责扶贫的联络员吸纳为基金会理事，以便充分发挥组织网络范围的人力资源潜力，也缓解了机构本身人力资源不足的现状；志愿者的功能则较多体现为项目活动的辅助开展和捐赠物资的配套服务上。

此外，对于自身因无充足人力资源执行项目或与实践对象缺乏密切互动联系的社会组织来说，其会通过搭建项目执行合作团队来促进项目的开展，由此也使得组织外的人力资源能充分为组织活动的开展服务。表86显示，主要的案例合作伙伴可以分为五种：一是建立自己县一级的分支机构，或协助引导地方建立县一级的同种类型和后续名称的地域性社会组织，以方便项目具体的开展，此类组织领导人员常常具有一定的政府工作背景；二是采用新型的项目运作模式，在社区和农户层面开发培育多元组织平台，并挑选社区协调员，来合作开展和执行项目，或与项目目标对象所在的成型化的组织建立合作伙伴关系，来弥补自身人力资源的匮乏，此类组织体现为具有国际机构工作背景的XMN和市场化运作的基金会DLF；三是充分利用现有的县乡政府职能部门，来协助开展活动，此类组织体现为领导者具有较强的政府人脉资源，其中社会团体类型体现得最为突出；四是通过公开的网络招募合作机构，或发展培训多元的志愿者群体，来外包或辅助其项目的执行，此类组织主要体现为核心领导的社会化选择或组织的市场化运作，且基金会类型体现最为突出；五是发挥和调动多元的组织体系，参与开展扶贫项目，以社会团体SDF表现最为突出，其在调动捐赠者捐赠的同时，将公益资金交由镇街统筹，由镇街牵头引导开展活动，培育社区工作组，同时充分发挥和调动当地与外地的社会组织辅助进行以人为本的心理和能力服务。对于民办非企业来讲，其较多位于基层，其项目活动的开展主要是依赖组织自身进行，体现员工的专业性和职业化，同时少部分会充分借助培育合格的志愿者来辅助开展工作，降低管理成本。

表86　　　扶贫社会组织案例组织拥有人力资源现状分析

类型	简称	员工数量与结构	核心员工来源	辅助员工来源	项目执行合作伙伴
基金会	ZGF	总部专职119人（24%为志愿者）；分支机构专职近500人，兼职1140人	社会招聘	社会招聘	招募合作机构依赖志愿者
	YCQ	专职40人	社会招聘	社会招聘	招募合作机构；依赖志愿者
	QFP	专职3人（理事长、秘书长和司机内勤），兼职7人，负责筹资理事18个	政府退休官员	社会招聘	省县乡政府职能部门
	SSH	专职5人（理事长、秘书长，会计，内部管理员，外部管理员）	事业编借调	社会招聘	无
	XFP	专职17人（5个编制，12个招聘）	事业编制	社会招聘	无
	CFP	总部专职18人，爱心志愿者固定20人，临时招募部分；分会专职45人	政府退休官员	社会招聘	建立10个分会7个联络处
	DLF	专职9人（最开始策划2人，工作人员有十几人，高峰期曾达到17人）	社会招聘	社会招聘	构建项目推广体系，与目标对象所在组织建立联系
	WMC	专职8人，兼职30多人100个志愿者微信群	社会招聘	社会招聘	高校青年学生社团
	DFP	专职10人	政府退休官员	社会招聘	县乡政府职能部门

第四章 扶贫社会组织自身公信力建设现状 115

续表

类型	简称	员工数量与结构	核心员工来源	辅助员工来源	项目执行合作伙伴
社会团体	LQJ	专职12人；单位会员91个，个人会员39个	政府退休官员	社会招聘	县乡政府职能部门
	QXH	专职8人，兼职2人；单位会员100个，个人会员27个	退伍转业安置政府退休官员	社会招聘	县乡政府职能部门
	LZC	专职6人，个人会员1342人	村民选举	无	无
	DQC	专职10人，个人会员235人	村民选举	无	无
	SXX	专职28人	政府退休官员	社会招聘	无
	XCS	专职17人；单位会员228个，个人会员536人；志愿队100支，志愿者1.5万多人	政府退休官员	社会招聘	县乡同类机构，乡镇政府，民政助理员，志愿者
	CFK	专职4人	政府退休官员	无	县乡同类机构
	DFK	专职5人	政府工作官员	社会招聘	依赖志愿者
	SDF	兼职5人，会员100多个	政府员工兼职	无	镇街牵头引导，发展社会组织作用，培育社区工作组
	CCS	专职13人	事业编制	社会招聘	县乡政府职能部门

续表

类型	简称	员工数量与结构	核心员工来源	辅助员工来源	项目执行合作伙伴
民办非企业	WLY	专职18人	社会招聘	社会招聘	无
民办非企业	SXB	专职6人（理事长，会计，行政，农村社区发展项目，能力建设项目，小额信贷），兼职4人，志愿者20人	社会招聘	社会招聘	无
民办非企业	JTF	专职12人（主任1名，业务和财务主管2名，信贷员9名）	政府员工兼职	社会招聘	无
国际机构	GJH	专职40多人	社会招聘	社会招聘	县乡政府职能部门
国际机构	XMN	专职40多人	社会招聘	社会招聘	社区和农户层面开发培育的多元组织平台和社区协调员

数据来源：实地机构访谈梳理整理。

员工专业性除了体现在专职员工数量的多少上，还体现专职员工的专业素质和整体的员工结构上。员工的专业素质，实地案例主要从核心员工的职业经历和深层的个性情怀两方面进行的探讨，案例组织核心领导的背景大体可以分为以下四种类型。

第一种是在扶贫社会组织的政策和社会环境背景中，依据自己的慈善情怀或家族慈善经历逐步成长起来的领导者。如私募基金会 YCQ 重要的一位女性创始人，拥有政府、企业、学校等跨界的工作经验和中西方文化熏陶，因为关注中国当下的社会问题，联合其他几位具有企业家背景的人员创办了该基金会。民办非企业 SXB 理事长原是地质勘探的工程技术人员，1986年大学毕业开始工作，1990年为打发业务时间在社会上做义工，后组织开办了一个文化传承班，因业务需要经常到农村考察走访，发现了村民更多的需求，开始尝试一些深入的义工服务；在多年的经验积累下，1999年离开地质勘探单位，与人合伙创办了一家社会组织，开始担任办公室主任、秘书长等,参与开展了机构在当地的多个项目,也与多个国际社会组织合作,提升了社会组织专业化工作的能力;后因与合伙人发展预想不一致,自己单独注册了民办非企业单位,发展培养了自己的团队,独立运作。

第二种是受到特殊的灾难事件转而从事慈善的,如基金会 WMC 领导人原是一名女性企业家,因受 2008 年汶川地震的影响,开始组织川商,从事慈善活动。基金会 CFP 在地震后招聘到了较多的本地员工,原因在于地震增加了其他职业员工对参与公益的兴趣,认同公益理念和具备较强的奉献精神。

第三种是村一级的社会团体,如 LZC,在村民选举的时候,LZC 会强调老干部、老党员的身份,是因为此类群体在村中享有较高的权威,其行为为村民所接受认可。

第四种是具备丰富的政府扶贫工作经验、一定的筹钱路径和强烈慈善情怀的政府官员,在退休后或在职时被引荐担任扶贫社会组织核心领导岗位的。如社会团体 CFK 的核心领导团队成员均是具有多年政府和基层工作经历,且出生地覆盖当地的四大贫困区域,部分有丰富的政府扶贫和社会扶贫工作经验;社会团体 LQJ 领导人员均是退休政府官员,有一定影响力和权威性,具备一定的筹钱能力、领导才干和敬业精神,且有扶贫办、政协、杂志、基建等单位的工作经历,多元背景有利于扶贫工作的分工合作,其在自我评价时提道"对从事的组织工作,有发自内心的热心;对退休干部来说,也是多年工作经验发挥作用,不与社会脱离";基金会 SSH 秘书长具有 20 多年参与扶贫项目工作的经验;基金会 DFP 在选择领导者时强调人员需精干、热爱慈善工作、乐于为穷人做善事;基金会 QFP 的理事长为女性,在谈到当时确认人选时,普遍认为"女性管钱规矩"。

员工结构案例如表 87 所示,展示的案例在外部招聘获得的人员年龄上普遍偏年轻,具有大专或本科学历,部分具有专业的社会工作资格证或社会工作专业毕业;而聘任的政府退休人员年龄则较大,如社会团体 LQJ 核心的员工普遍 70 岁左右;部分机构在人员结构上开始注重强调梯队建设,如社会团体 SXX,年轻人、中年人和老年人的比例分别为 1/3 左右,老员工普遍具有丰富的工作经验和领导才能,在与年轻人互动的时候,能起到传帮带的作用。同时也应看到,部分扶贫社会组织,如基金会 YCQ

和国际机构在人员梯队建设中已经具有一些拥有国外社会组织工作经验、较高学历背景和具有专业公益背景的员工,这些员工的存在显示部分扶贫社会组织已经具有较强的员工专业公信力。

表87　　　　　　　　案例扶贫社会组织员工结构一览表

类型	简称	员 工 结 构
基金会	YCQ	具有硕士学位的人员占员工总数的40%—50%,包括多名海归人员; 员工均有较强的公益背景
	SSH	外部招聘人员年轻化,2个30多岁,1个20多岁
	CFP	年轻都是招聘的,人员构成80%—90%都是大专以上学历
社会团体	LQJ	社会招聘2人(40岁左右),政府退休10人(均70岁左右)
	SXX	学社会公益的6个研究生,4个本科生; 年轻人,中年人,老年人三个1/3的员工(老中青传帮带)
	DFK	学历基本本科,或专升本;年龄"80后"到"60后"都有;女士多
	CCS	人员80%都有社工师
民办非企业	WLY	均为大专学历以上;专业包括计算机,管理,文秘等; 培训的老师多是从外面聘请,具有一定的政策资源和应用知识的人
	SXB	原有的职工考初级社会工作证,新招的是由社会工作专业学生
国际机构	XMN	领导团队:6人组成,5个研究生,3个国外,1个香港; 机构40多个员工中10年以上工龄的10名,大部分会英语; 从事项目的人员大部分具有相关的专业背景,学社会工作的3人

2. 员工管理措施

员工专业公信力建设除了在现有员工类型、数量和素质方面有体现外,还体现在扶贫社会组织系列员工管理措施上,如招募员工的要求、培训开发活动和激励管理机制上。

首先,在具体员工的获取培育上,不少扶贫社会组织表示,目前人才队伍的跟进,是最大的问题,顶尖人才留不住,或当公务员,或想发展企业，一般的员工又不能出活儿，导致扶贫社会组织员工基本处于两难的境地。因此，打造比公务员灵活、比企业有身份、走出去受人尊敬和信赖、有上升的通道、有合理的回报的社会组织人才管理模式和环境氛围，才是社会组织持久发展的必备基础。

研究通过对相关扶贫社会组织招聘信息的搜集整理，展示了相关案例组织对招聘员工的认知要求，具体如表 88 所示。数据显示，扶贫社会组织对员工学历背景普遍要求较低，仅有大专或本科即可，少数专业性强的岗位要求硕士，部分岗位甚至不要求学历；但是对工作经验要求相对较高，普遍要求有工作经验或具有工作经验者优先，个别甚至要求有丰富的实战经验和成功案例或与岗位相关的特殊经验。在知识上，除了要求有与岗位相关的专业知识外，不少扶贫社会组织还要求获得与岗位相关的职业资格证书，要求应聘者熟悉目前公益组织的工作环境、相关政策、运营的组织和具体的工作方法等。相对于学历、工作经验和知识储备上，案例扶贫社会组织对应聘者的能力和个性要求较多：在能力上，不仅要求应聘者具有基本的专业实践技能和实际操作水平，还要在学习、领导、与人沟通交流、组织协调、团结合作、中文和英语语言的应用等方面具有优秀的能力，对员工的独立工作能力和坚决执行能力也要求较高；在个性上，要求员工有相应的团队合作意识、服务意识和组织认可度，在深层素质上，要求员工坦诚正直、诚实守信、开朗自信、积极乐观，具有公益情怀，能适应有压力的工作和一定程度的下乡出差。综上可见，目前扶贫社会组织员工学历要求和知识背景相关较低，但要具备一定的工作经验、较强的社会化沟通处事能力、具有正向积极的个性特征和深层素质，这些要求与扶贫社会组织所从事的与捐赠人和资助人互动搭桥的专业化活动是密切相关的，也是保证扶贫社会组织相关活动获得较高社会公信力的人事前提。

比较四种类型的扶贫社会组织，国际机构对员工的招聘要求相对较高，部分甚至将其机构的理念反映在具体的招聘活动中，如国际机构 GJH 鼓励满足条件的女性应聘，体现一定的性别意识和性别敏感性。民办非企业因为工作在最基层，对员工的学历和知识背景要求最为宽松，但在基本的素质和能力要求上，与其他机构类型相比并没有太大差别。社会团体相对于基金会来说，对应聘员工的个性和能力要求最多。可见，基于组织不同的活动模式，在专业性员工招聘要求上，各种类型的扶贫社会组织要求

表 88 案例扶贫社会组织人力资源招聘信息中的任职要求

类型	简称	学历	工作经验	知识	能力	个性
基金会	ZGF	大部分本科,少部分专科或不作学历要求	要求有工作经验	·熟悉岗位专业知识和流程; ·部分有专业背景要求; ·部分有专业资格证优先	·判断决策能力,开拓创新能力 ·人际沟通、口头和文字表达能力 ·英语沟通读写能力,能独立工作	·为人坦诚,诚实守信 ·认同文化价值观,具备公益情怀和服务意识 ·良好团队合作意识,适应有压力的工作方式
基金会	YCQ	本科以上	有工作经验优先	·视野开阔	·过往经历体现出一定的领导能力 ·有较强沟通协调和团队合作能力 ·执行力强	·热爱公益,细心踏实,有强烈的责任感 ·热情主动,勤奋好学,工作生活积极乐观 ·能适应在基层长期工作
社会团体	DFK	本科或以上(能力特强或急需岗位可适当放宽)	具备相关岗位的工作经验	·业务熟练 ·具有匹配的担任相关职务、完成相关工作的知识储备 ·熟悉公益组织工作环境、方法及规定	·办事干练,具专业技能和实际操作水平、想干会干能干 ·具备强烈的干事创业学习精神 ·有较强的组织能力、协调能力和发现问题并解决问题的能力,正确、有效、坚决的执行能力	·热心扶贫公益事业,具有高度责任心使命感 ·性格外向,善于沟通表达 ·有较强的亲和力和感染力 ·品行端正,作风正派,规则意识强,诚信记录良 ·心理素质好,抗压能力强

续表

类型	简称	学历	工作经验	知识	能力	个性
民办非企业	WLY	大专及以上	无要求	·专业背景不太关注	·重视综合素质和综合能力	·有敬业精神，对组织认可
民办非企业	SXB	大专及以上学历	有工作经验优先	·熟悉相关知识和工作流程	·具备工作相关的能力 ·书面口头表达能力和与人沟通交流的能力，分析判断能力	·工作认真，性格开朗自信，正直，责任心强 ·有服务意识，认同社会工作价值理念 ·接受长期下乡要求
国际机构	GJH	一般本科，特别岗位硕士	有基本工作经验，特殊经验优先	·相关专业背景 ·了解相关政策与实践组织 ·具备基本知识和从业资格证	·中英文听说读写沟通能力 ·协作协调能力，团队合作能力 ·对相关领域感兴趣且有投入	·正直敬业，致力帮助农村贫困儿童及其家庭 ·能够并愿意经常在农村和其他地方出差 ·鼓励满足条件的女性应聘
国际机构	XMN	本科以上	丰富工作经验、实战和成功案例	·熟悉了解公益机构和发展项目的相关知识	·交流沟通组织能力，能现场宣传演讲 ·开发维护捐赠者关系能力 ·中英文读写能力；软件操作能力	·为人诚实正直 ·具有团队合作精神 ·能适应一定程度的国内外出差

从高到低的依次为：国际机构、社会团体、基金会、民办非企业。

其次，针对招募来的员工和在职的员工，不同扶贫社会组织采取了不同的培训开发活动，来增强员工的专业性。比较突出的经验做法是基金会 YCQ，注重机构文化的建设，重视员工对中国传统文化的传承，以人为本，强调先做人后做事；在员工日常开发活动中，形成了常规化的学习和分享研讨机制，组织员工开展早读活动，诵读国学经典，并分享对经典的理解和认识；在员工整体业务能力提升方面，通过每周一组织观看纪录片后交流心得，每周二下午茶时邀请社会组织伙伴进行项目分享和研讨，不定期邀请专家进行专业岗位和公益行业公共知识的讲座，鼓励员工参加各种培训和沙龙活动等形式和途径，提升员工对社会发展的认识和理念；同时针对中高层管理员工，提供跨国跨省的交流学习机会；针对入职适应期的新员工，建立资深员工指导初级员工的培训机制。从工作内容来讲，扶贫社会组织与实践的紧密接触，使其知识更新要与实践同步，也需要一个动态的员工共同进步的机制，如具有国际机构背景的 XMN，建立了一个扁平的战略管理团队和领导团队，采用民主参与的方式进行管理，当需要对项目的具体实践操作进行适应性的模式变更调整时，均是在团队进行充分讨论确定战略后，由不同层次的领导者进行分权的执行和决策。

相对于发展完善的扶贫社会组织来讲，不少案例组织处于发展的初期，在员工培养开发上体现出边干边学的管理倾向。如基金会 WMC 是在汶川地震发生后成立起来的社会组织，对员工的培训完全是在实践中总结扩散的：在灾区一线，针对不专业的志愿者，都在每天和每次活动前，在板房帐房中为其提供"如何照顾、如何安抚、物质如何配送"等方面的专业化培训；灾后面对不能适应的灾民，建立心灵家园，引进国际社工培训的理念和做法，建立专门的志愿人才培育体系，培养和孵化专业的志愿者人才队伍。社会团体 QXH 提到，在发展初期，管理体系很多人没有专业的知识背景，外行较多，但是能在发展的过程中跟同行学习交流，阅读实践，且有体系中的好人帮助点拨，专业化管理体系日渐形成。基金会 QFP 提到会在实践中经常组织理事和工作人员开展业务培训和对外交流，提高工作队伍业务水平，同时已经建立起了一支高素质、高水平的志愿者队伍，经常组织志愿者和爱心单位深入贫困地区乡镇和农村开展多种形式的扶贫活动。民办非企业 WLY 针对员工专业提升的目标，平时会定期开展员工培训，组织专家讲座，召开员工会议，强调纪律性，来保证员工队伍的专业性和稳定。

最后，在员工的个人潜能发挥上，案例扶贫社会组织采取了一系列的经济激励和管理创新来促进员工专业性的发展；如果缺少有效互动，则会使员工管理陷于瘫痪，无法提高工作效率。如基金会 ZGF 为提升员工的专业性和工作积极性，由初始的官办背景走向了独立的人事管理，与员工建立了全面合约化的人力资源管理制度，建立专业化的项目管理团队，推行全面责任管理与满负荷工作制；实行全员聘用合同制和岗位责任合同制；推行公平合理的激励制度；推行志愿者制度。基金会 QFP 为激励扶贫集团募集资金，会将其募集来的部分资金返给原单位作为工作经费，以此调动员工的积极性；社会团体 QXH 则在访谈中提到，由于大多数会员对组织存在误解，认为参与组织就是扶贫捐钱的，自身还未发展起来，就无法谈捐弱扶困，也导致会员会费三年只交了 2/3。社会团体 CFK 针对会员积极性不高的情况，积极创新工作机制，创建多群体参与的平台，调动相关群体的积极性，选了一个企业家熊某，每年拿出 2000 万元，存入机构的专账，每年用这笔钱的利息来捐赠扶贫，并让企业老板担任会长，原会长担任顾问，提升捐赠企业的积极性。

在员工薪酬支付上，实地调研的扶贫社会组织采取了多重的支付模式。依赖政府资金和基金会银行利息来支付管理费的基金会 QFP，人员工资支出结构为：兼职聘任 7 个志愿者，每月补贴 500 元左右；3 个正式职工每月 1600 元补贴，另 600 元饭费，200 元电话费；基金会 DFP 则是参照政府事业单位工作年限制定工资，依据工作年限选择公益二类支付工资。对主要领导成员来自政府退休官员的扶贫社会组织来讲，社会团体 LQJ 基于大部分退休领导有自己的退休工资，每人每月补贴 600 元，其他外聘的人员每月工资 3000 元；对由政府官员兼职的社会团体 SDF 来说，其兼职员工不领工资，主要考虑组织处于发展初期，减少人员开支和办公场地经费支出，同时由政府人员兼职，也是考虑政府监管的需要，当发展起来做大做强后才会进行员工的社会招聘与管理。对于员工主要来自社会招聘的扶贫社会组织来讲，其薪酬支付则具备较多的弹性，如社会团体 DFK 对员工的薪酬支付设立了详细的考核标准，设定了保底工作和绩效工资，对组织公益传播和项目创新有贡献的进行特殊激励；民办非企业

WLY 根据不同职位和工作任务进行考核,量化管理,员工工资包括基本工资和业务提成,月工资约 2500 元左右;民办非企业 SXB 员工刚入职 2500 元,试用期三个月,正式入职 3000 元,缴纳五险,吃自费住宿免费,在当地社会组织中工资算高的,另外年轻人写项目,自己负责招标中标的有额外业绩补贴,此外该机构也非常重视对员工的精神激励,在日常工作中会强调荣誉感,助人自助和道德层面的满足感。

3. 员工信息披露

员工信息的透明化处理,有助于社会大众对员工专业性的认知与评判。表 89 展现了现有的 26 个案例中 11 个扶贫社会组织对员工信息的披露情况,官网和年度报告是信息披露的主要渠道。案例数据显示,披露的员工身份大体分为三类:第一类是组织的核心代表人物,如组织法定代表人、会长、首席代表等;第二类是组织高层决策团队和监督团队的成员,如理事长、名誉会长、名誉主席、顾问、副会长、理事、监事、顾问委员会等;第三类是组织执行团队的负责人和核心员工,如组织秘书长、各个机构部门的主要负责人、关键联系人等。披露的员工信息包括四个层次:一是基本的姓名、职务和照片;二是承担的其他的社会职务;三是联系方式,包括电话和邮箱等;四是学习和工作简历。

表 89　　　　扶贫社会组织案例员工信息披露情况

类型	简称	官网信息	年度报告
基金会	ZGF	负责人姓名、照片、职务	会长(致辞);理事,监事,秘书处(秘书长、副秘书长、秘书长助理)姓名
	YCQ	理事长、理事姓名及其主要社会职务; 各个机构部门的负责人姓名、工作电话和工作邮箱	理事会成员的姓名、照片和主要社会职务
	QFP	名誉会长、名誉副会长、理事长、副理事长、秘书长、理事的姓名、工作单位或主要社会职务;监事会成员姓名	法定代表人姓名和固定联系电话

续表

类型	简称	官网信息	年度报告
社会团体	LQJ	会长姓名（致辞）	无
	XCS	终身名誉会长，名誉会长，顾问，荣誉会长，会长（照片），副会长，慈善专员，法律顾问，监事会主席和副主席，理事成员姓名	无
	CFK	秘书长、副秘书长、常务副秘书长、副会长、常务副会长姓名和现任职务	无
	DFK	名誉主席、荣誉主席、主席、理事长、副理事长、秘书长姓名及现任职务；员工聘任通知和新增会员通知	无
	SDF	理事会名单，秘书长姓名	联系人姓名、电话和邮箱
民办非企业	SXB	理事长，理事，监事（公示在章程中）姓名及现任其他职务	无
国际机构	GJH	关键联系人姓名、照片、职务、联系地址和固定电话	中国首席代表姓名（致辞）
	XMN	顾问委员会姓名、照片、担任职务和其他社会职务；理事长兼主任和副主任姓名、职务、照片、学习和工作经历简历	顾问委员会主席和中心主任姓名（寄语）

依据上文的信息披露程度，将表89披露情况进行整理，结果如表90所示。从揭示的员工身份来讲，国际机构GJH对核心理事会的成员信息披露较少，民办非企业SXB对组织执行团队人员身份披露较少；在员工信息上，11家机构中6家揭示了相应人员承担其他社会职务的情况，4家披露了相应人员的联系方式，仅有1家披露了相应人员的学习和工作简历。整体来看，员工信息披露程度最大的为国际机构XMN，最小的为社

会团体 LQJ。从类型来讲，员工身份披露齐全的首先为基金会；其次为社会团体；再次为国际机构；最后为民办非企业。员工信息披露充分的首先的为国际机构；其次为基金会；再次为社会团体；最后为民办非企业。

表 90　　　　扶贫社会组织员工信息披露渠道统计分析

类型	简称	披露渠道数	员工身份	员工信息	合计
基金会	ZGF	2	1 + 2 + 3	1	9
	YCQ	2	1 + 2 + 3	1 + 2 + 3	14
	QFP	2	1 + 2 + 3	1 + 2 + 3	14
社会团体	LQJ	1	1	1	3
	XCS	1	1 + 2 + 3	1	8
	CFK	1	1 + 2 + 3	1 + 2	10
	DFK	1	1 + 2 + 3	1 + 2	10
	SDF	2	1 + 2 + 3	1 + 3	12
民办非企业	SXB	1	1 + 2	1 + 2	7
国际机构	GJH	2	1 + 3	1 + 3	10
	XMN	2	1 + 2 + 3	1 + 2 + 4	15

除了表 89 和表 90 所显示的员工信息披露外，表 88 所反映的扶贫社会组织公开招聘信息的任职要求，和表 74 显示的建立的人力制度的披露，都反映了扶贫社会组织对员工专业性的外部沟通。此外，部分扶贫社会组织领导层的职业经历和从事的活动，会在零散的新闻报道中有所涉及，如私募基金会 YCQ 重要创始人之一的经历，可在多篇媒体报道中查阅到。尽管有如此多的信息披露，但整体来看，目前扶贫社会组织信息披露幅度最大的是社会组织核心负责人的信息，而对直接参与项目执行和决策的人员信息披露，及其专业化职业发展背景的披露，相对较少。

二　服务专业性

提供服务的内容设计的专业性，是扶贫社会组织专业公信力的一个重要体现维度。从扶贫社会组织的成立背景来看，尽管最早的社会组织成立于 1989 年，且有好几家扶贫社会组织成立于 1990 年代，但是官网公示的年度报告和财务报告，却最早是基金会 ZGF，始于 2005 年，其他均在 2008 年之后。可见，对案例扶贫社会组织来讲，在 2005 年之前，其较多处于发展探索的阶段，直到 2008 年之后才逐渐规范运营。服务的专业性，主要体现在服务内容选取的专业性、项目操作模式的专业性、资金筹集的专业性和与相关主体互动沟通的专业性等方面。

从各个组织官网公示的信息来看，其所从事的服务活动是所有组织网络新闻都有所涉及的维度，也是其工作的核心。本小节将通过各个案例扶贫社会组织网络与服务相关信息的收集与分析，结合与社会组织实地访谈的数据资料，对案例扶贫社会组织实践服务的专业性做法进行总结，并对相关做法进行专业点评，并反思其服务模式，是否回应了社会组织原先设定的使命和服务理念。

1. 服务内容的专业性

尽管所有的扶贫社会组织从事的都是与扶贫主题相关的活动，但是在具体的服务内容选择上，各个扶贫社会组织却根据自身组织发展的使命，设立了侧重维度和细化程度差异的服务领域和特色专业的服务项目。基于社会组织活动的多样性，（Charnovitz，2008）基本将社会组织分为两种类型：一是从事倡导活动的社会组织；二是执行活动的社会组织。在调研的扶贫社会组织案例中，存在两种服务内容组合方式：一种是同时从事倡导活动和执行活动的社会组织；另一种是单纯执行活动的扶贫社会组织。

倡导活动较多在基金会和社会团体类型的社会组织活动中有所涉及，而在调研的民办非企业和国际机构中则没有此类活动，主要是以执行项目为主要活动内容。整体来看，倡导活动表现最为突出的为基金会 YCQ 和 ZGF，其均将倡导作为社会组织日常活动开展非常重要的一个层面进行，YCQ 甚至将研发倡导作为基金会首要的一个服务模块，提出倡导三个公益扶贫理念，即"精神扶贫与物质扶贫共举，可持续性开发与综合治理贫困，让爱心接力成为永恒的慈善主题"；基金会 ZGF 则是在项目的基础上，形成了社会大众普遍参与和行动的"中国消除贫困奖评选表彰活动、捐一元·献爱心·送营养公益活动、善行100、善行者、公益同行、扶贫月捐"等品牌倡导型项目。

另外，基金会 QFP、社会团体 LQJ 和社会团体 DFK 也在其访谈中提到了其机构从事的部分扶贫理论研发及宣传工作。在倡导内容上，基金会

QFP会定期开展扶贫宣传工作；社会团体DFK则设立了专门从事扶贫研究的、民办非企业类型的分支机构，来进行扶贫的理论研究，并通过专刊的公开发行，进行理论与实践的倡导。社会团体LQJ则主要表现在对革命老区历史贡献的宣传，通过文化传承革命精神的传统教育和展现老区人生活的困难，引起社会关注和支援，反映老区人民诉求，争取政策倾斜；在倡导组织上，其充分利用社会团体内外部系统，建立宣传联络员制度，将宣传工作深入到基层，及时报道，同时将优秀作品向国家媒体推荐，以奖代酬，不断完善宣传队伍；在倡导媒介上，其充分利用区县报纸，与市委宣传部制定规划，增强日常宣传力度；在倡导活动上，其组织制订周密的媒体巡回宣传计划，每年一次，持续20多天，集中活动，逐县宣传，造声势，产生更大的社会影响，并将重要的内容印书发行，开展新闻扶贫工作。

扶贫社会组织在执行项目活动时，大体包括两个层面：一是有针对性地进行项目开发；二是推广复制自身品牌性项目或承担负责实施其他组织的品牌性项目，开展具体的多元的扶贫活动，如社会团体QXH在机构成立艰难起步的初期，主要通过产业扶贫开发来探索发展项目，具体表现为利用优势资源，挖掘潜力，利用协会带动，起到示范作用，如在贫困村庄，建苗圃基地、生态养鸡场、乡村旅游特色水果观光园等，推动种植新产品，动员培训农户，并借此打造整村扶贫示范村，产生协会带动型的公司＋合作社的产业扶贫开发模式，由此获取社会组织第一笔创收资金；随后，其利用该资金组织多次募捐活动，探讨适合组织的多种活动，2014年共完成33个项目，包括书画义卖活动、雨露工程捐赠活动、贫困村大学生村官创业活动、解决村民饮水问题、邮寄关爱留守儿童爱心包裹、关爱残疾人活动、为100多名六指儿童进行矫正手术、组织志愿者下乡服务活动，进行法律、医务宣传等。

在执行具体的扶贫项目干预时，不同案例扶贫社会组织选取了不同的干预维度，具体如表91所示，呈现出以下五种发展现状。

表91　　　　案例扶贫社会组织选取的服务领域一览表

案例	服务领域	简称	服务领域
ZGF	救灾、教育、生计、卫生健康	XCS	基础设施，教育

续表

案例	服务领域	简称	服务领域
YCQ	实验孵化，资助合作	DFK	农产品流通营销、贫困村老龄人群、健康、创业、基础设施，智力扶贫
QFP	抗震救灾、助学敬老、健康、科技旅游		
DLF	教育	SDF	扶贫村庄全方位干预（基础设施、健康平台搭建、就业平台搭建、能力建设、村庄教育）
WMC	灾区志愿服务者的培训孵化	CCS	助学，送温暖
DFP	孤儿及贫困残疾人群；贫困老师；健康	WLY	贫困群体的创业孵化
TXC	慈善助学，大病救助，救灾扶贫	SXB	贫困社区发展，贫困人群能力建设，教育
LQJ	发展沟通管理会员项目；监督政府项目	JTF	县一级贫困农户金融服务
QXH	生计、教育、基础设施、健康	GJH	教育，生计，儿童保护，健康
LZC	贫困村资金互助	XMN	能力培训，对接需求，养殖生计，社区合作

第一种是一直选择一个独特的服务领域进行项目的干预和设计，逐渐实现专业性和持续性，如基金会DLF将教育扶贫作为机构的使命和宗旨；基金会WMC将灾区志愿服务者专业化和日常化的培训孵化作为基金会的基本活动内容；民办非企业WLY针对贫困群体的创业难题进行多元辅助性的支持孵化；社会团体LZC将贫困村一级的资金互助作为组织的唯一服务领域；而民办非企业JTF则定位于县一级的金融服务，主张为中低收入农户发放小额贷款，并提供农业技术培训及农业信息咨询等服务，提高农村法律自强、自立和自我发展的能力，助力微型创业者实现梦想，改善妇女生产生活条件。

第二种是形成多类别的扶贫干预活动，在每个类别下面形成不同的品牌化、专业化的项目。基金会ZGF在组织服务内容的结构上，首先设立了四个独立的扶贫制定活动的服务领域，包括救灾扶贫、教育扶贫、生计扶贫和卫生健康扶贫；其次在每个扶贫服务领域下面又发展了相应专业化的项目，即在健康扶贫方面发展了母婴平安120行动项目、助明计划、营养加餐项目、爱心厨房项目等，在教育扶贫领域发展了爱心包裹项目、筑巢行动项目、新长城大学生自强项目等，在生计扶贫领域发展了小额信贷项目、溪桥工程、公益同行—社区发展计划、美丽乡村项目等；在救灾扶贫领域发展了紧急救援项目、减灾防灾活动、芦山灾后重建、鲁甸灾后重建、甘泉惠农项目、国际救援项目等。基金会YCQ则是依据项目不同孵化发展阶段时基金会所从事的活动，将服务领域定位为实验孵化和资助合作两个层面，在孵化平台上又体现为多个平台、沙龙、支持中心、峰会、高层论坛和公益学院等项目，在资助合作上体现为专项基金模式。

第三种是没有明确的特色的项目主导活动，扮演中间项目协调和孵化的角色，如社会团体LQJ在界定执行项目活动的服务领域时，强调首先是通过对捐赠方培训和实地考察，共同商量探讨确定合适的项目，具体的活动内容具有较强的动态性，并帮助会馆管理沟通协调其项目的进行；其次是承担部分政府项目的第三方监督评估工作。

第四种是有多种扶贫专业项目的形成，但是显得比较零散，持续性和品牌化能力不足，没有形成每年都持续开展的品牌化项目。在总结机构从事的活动内容中，基金会QFP在2014年开展的扶贫服务活动有配合扶贫集团开展对口帮扶活动、开展送温暖送关爱活动、开展扶贫敬老活动、开展文化扶贫科技扶贫活动、开展健康扶贫活动、开展多种形式的扶贫助学活动、开展抗震救灾工作、实施中央财政发展示范项目、实施乡村旅游示范村建设项目、实施沼气项目等；社会团体DFK则是开展了银发老人工程（在省贫困村范围内，为60岁以上老人统一购买新农险，60岁以上五保老人每人每年1200元，农村养老敬老院配备娱乐设施）、健康扶贫工程（为外来务工人员提供普惠式专家门诊、建立档案和配套跟进；贫困村卫生站配备医疗器械和设备；给贫困户配备跌打损伤等没有风险的常用药品；给确实患病无钱救助人筹集健康救助基金）、创业扶贫工程（引导农村青年创业，与贫困村创业致富工程结合起来）、农产品推广工程（协调贫困村推进产品品牌项目，设计后续的十大渠道帮助销售农产品）、亮灯工程（针对贫困村通公路但没有路灯的现状，引进太阳能亮灯工程）、推动产业扶贫工程（建立产业扶贫示范基地，为其办理贴息贷款）和智力扶贫项目（培训有劳动能力的贫困人群）。

第五种是以社区为基础和活动干预中心，通过多维活动的服务内容提供，来促进社区发展。如社会团体SDF以政府设立的贫困村为中心，动员多元社会主体，对村庄实施基础设施的建设干预、卫生健康平台的搭建、就业平台的搭建、村民留守老人儿童和服务的教育以及有就业能力人群的能力建设，来推动当地扶贫。国际机构XMN则是针对具体的贫困社区村民，先后提供了能力培训、社区合作组织建设和产业发展项目资助等多维服务内容。

此外，在服务内容的选择定位上，不同类型的扶贫社会组织存在较多的雷同，差异性不大，如在访谈中，社会团体QXH提到，在该社会组织同一个层级的有5个扶贫社会组织，在公益捐赠文化还没有形成，且捐赠资源缺乏的情况下，各个组织之间存在激烈的资源争夺，不少捐赠方是看关系好才捐，认为捐钱是看面子；而在受助方方面，因为缺乏统一主体的资源和信息整合，导致存在重复救助的问题，资源浪费较为严重，且财力使用比较分散，对贫困人群扶助效果不佳。民办非企业SXB提出在机构发展中，他们一方面期待与周围的其他民办非企业多交流，寻找合作的机会；另一方面又害怕为了同一个项目争夺而产生的恶性竞争，但就目前来讲，认为各个机构均有自己的筹资渠道，只要资源没有竞争，就不会有竞争。国际机构GJH在谈到机构定位时，提到国际机构在以前的角色扮演中，更多是资金、管理和技术的优势，合作更多用的是资金；而随着中国人人公益文化的兴起和社会经济的发展，资金的供给优势将越来越弱，需更好地利用内部有效控制和管理的流程，进行国际技术的本土化发展开发，支持本土社会组织的工作，将好的项目工作经验和技术推广应用在项目中；在项目区域选择时，会尽量避免服务内容相同的国际机构所工作的区域，以此来避开竞争。可见，服务内容的同质化和缺乏统一的协调，会导致社会组织资源存在横向的竞争关系和资源浪费严重的现象，而保持机构服务内容的独特性、专业性和服务区域的互补性，是避免竞争和提高不同类型扶贫社会组织生存空间的重要基础。

整体来看，在服务内容选择上，大多数扶贫社会组织仍较多注重应急救灾和对弱势群体的简单救助，体现为救济型扶贫，而对改变贫困人群脆弱的生计结构和预防返贫的措施活动开展均较少；少部分扶贫社会组织增强了对脆弱人群多维度的能力建设和资源辅助支持，体现出扶贫社会组织长期持续扶贫效果的积极努力和专业性程度的提升。

2. 项目运作的专业性

为了提升自身机构发展的专业公信力，在具体的项目执行层面，不同扶贫社会组织创新服务平台，形成了独特专业的项目模式和项目特色，体现在项目选择的专业化、项目模式的专业化、项目监督的专业化和筹资管理的专业化四个方面。

（1）项目选择的专业化

在扶贫项目设计方面，案例扶贫社会组织形成了不同的项目选择机制、项目运作模式和系统持续的扶贫思路来增强项目设计的专业性。项目选择机制主要有三种模式。

一是扶贫社会组织作为项目干预的主体，会主动进行项目干预前的调研，采用参与的方式与当地的贫困人群展开对其自身发展问题的探讨，或举办行业内专家的研讨会，对干预项目进行设计或选择，如基金会 WMC 认为因为信息和资源的不合理配置，做桥梁的社会组织要了解实践发展的真实需求，前期要进行实地调研，其在志愿队伍孵化的同时，形成了来自政府、学术界和社会等多个层面的专业顾问团队，通过理论和实践的结合，形成了分块化的专业服务团队，来合作进行项目的选择和设计；民办非企业 SXB 则是探访农户代表，拜访能人、最贫困人群和特殊人群等，通过综合分析他们的需求，来构建组织发展的项目。

二是扶贫社会组织作为捐赠人群和受助人群的协调沟通者，邀请捐赠人群深入贫困村庄，在实地考察中寻找贫困村需求与捐赠方感兴趣的项目结合点，来设计发展项目，如社会团体 LQJ 在吸纳发展了包括企业老板、社会爱心人士、医院、街道干部、律师等在内的 130 多名会员后，定期开展社会公益培训班，讲述当地贫困地区的发展情况、当前的政府方向，以及具体扶贫的对象和方式，与其一块讨论可供实施的项目，甚至直接到项目区域进行考察，以深入地区接地气，提出针对性有效的项目，避免产生不对接、好心办坏事的情况。

三是针对捐赠方有指定用途的捐赠资金，直接尊重捐赠人的意愿，进行相应项目的实施，如基金会 QFP 针对对口帮助乡镇学校的捐赠资金，直接按照捐赠方的意愿和当地扶贫系统的统一协调执行。

（2）项目模式的专业化

在项目运作模式上，扶贫社会组织依据之前的项目选择机制设计出合理的项目形式，来保证项目效果的实现。为了保证扶贫干预项目的效果，扶贫社会组织或注重对项目持续干预的时间保证，或注重对项目的分级阶段性设计，如国际机构 GJH 则是每到一个地区开展项目均是长期性的，一般以县为单位，最长的干预年限达到 16 年，针对儿童保护单项目的个体支持，最短的为 6 年，最长的为 16 年。关注于教育的基金会 DLF 在项目运作上设计了三段式的项目体系：第一阶段是扶持帮助和资助阶段，通过精准定位，对贫困大学生、甚至优秀的高中贫困生进行教育资助；第二阶段是跟踪培育阶段，选拔优秀的贫困学子，为其设立全育化的人生导师，包括来自校内理论和校外实践的双重导师，将其人道打通，成了一个好人；第三阶段是辅助其就业成业创业，使项目落地，实现对人才的终极培养。

依据救济型与发展型项目的差异，具体的项目运作核心存在一定的差异。

第一，对救济型帮扶项目来说，扶贫表现为注重帮扶项目的有效性设计，从机制设计上防止出现新的问题，如基金会 WMC 针对地震灾后专业志愿者缺乏专业化的效率，创新制度，用实践经验将志愿人群和受助人群进行分组，哪些照顾伤残，哪些照顾老人；为了减少避灾场所空瓶乱扔的浪费，组织在发放救助水时，要求人们领水的时候用空瓶来还，方便了管理，也提升了效率；针对地震后所有物资汇集到百川学校，导致学生书包堆积如山，造成严重物资浪费的情况下，发起"爱心圆梦"活动，收集了 2 万多孩子的心愿（99% 的心愿都不是为自己要礼物，而是提出为爸爸妈妈或爷爷奶奶添置东西，减缓其辛苦），并利用专业的志愿者队伍来帮助孩子达成心愿；针对地震之后人们心理创伤的长期持续性，设计了心理陪伴的心灵家园，通过成立"爱心天使艺术团"，让孩子站出来激励老年人，让老年人带动中年人走出来。

第二，对产业发展型扶贫项目来说，扶贫社会组织既注重项目实施方式的选择，来使得贫困人群有相应的积极性来开展活动，也注重对项目发展多元辅助资源的支持体系建设，包括项目配套机构的组建与相关人员的能力建设等方面，来降低产业扶贫的风险和脆弱性。如国际机构 XMN 在项目发展前期，注重对项目理念的宣传、项目对象的动员、项目参与主体的组织建设和能力建设；在项目执行过程中，通过扶贫资源的礼品传递来提升扶贫对象的尊严和劳动成就性，通过增强互助组内部的团结和凝聚力、培训其成立合作社搞市场研发销售等，来降低产业扶贫的风险。民办非企业JTF作为为贫困农户提供小额信贷资金支持的社会组织，注重对贫困农户信贷服务的专业性，并通过附带服务的提供来降低贫困农户利用信贷资金发展生产的风险，具体表现为其尽可能按照贫困户的需求设定贷款条件，增强对贫困农户的宣传教育与培训，提供全程上门服务的支持，包括贷前考察、贷中培训、贷后回访，与客户建立长期健康的关系，帮助其开拓发展思路，共同探讨产业投资方向，使农户获得更多信息、支持、理念、政策等多方面的非金融服务；为了增强贫困农户的信用，并根据其信用等级提供其需求不等的资金需求，该组织需要该农户从获得贷款的第三个月开始每月等额本息还款，并根据借款还款经历，为农户设立信用等级，随着等级的提高，其贷款额度也在提高。

基于扶贫项目持续发展的多维资源欠缺，创新性的扶贫社会组织尤其注重对政府、企业和社会等多方主体资源的调动和干预整合。如社会团体SDF开展了以村庄为基础的扶贫模式，充分发挥政府的资源干预整合能力，通过企业认购捐赠，增强对企业社会价值的宣传，利用社会的创新和能力培训支持创建多种利益模式，具体形式有：以孩子为纽带，加强城乡家庭的结对，使其一起劳动生活，使孩子得到教育；针对留守老人、妇女、儿童等容易遭遇的公共社会危害，开展有针对性的教育引导；在村庄建立卫生站，通过卫生站对低保户和绝对贫困户看病费用予以免除，药费由对接的社会相关机构帮扶；针对政府和企业扶贫人力资源短缺的情况，充分发挥社工机构的职能，发动社会力量，邀请相关社会网络中的优秀人才和周边的亲戚朋友，参与到村庄建设中，使社会的人力、企业的捐赠、政府的规划等多方优势资源整合起来，产生多元合作创新效果；对有劳动志愿脱贫的人，设立创业基金，社会帮扶搞产业，创新就业平台，增加其工资性收入。

（3）项目监督的专业化

在项目运作过程中，保证项目按照既定的路线执行，并根据实践的情况进行适应性调整，是体现项目监督管理专业化的重要体现。同时，在项目监管过程中，发现整理项目执行中出现的问题和经验性的成功做法，既有利于项目本身的矫正和效果的实现，也有利于发现项目进一步持续干预的切入点，还有利于向捐赠方提供详实的项目反馈资料，获取持续的捐赠。典型案例突出表现在国际机构 XMN 和 GJH 中。

在项目监管上，国际机构 GJH 充分利用了其内部的组织体系、外部的合作伙伴，以及完善的财务体系来对项目实施情况进行监督管理。该机构在每个县都设有县级办公室，在妇女项目干预方面，该办公室与县级的妇联指导委员会合作，每两年签订一个合作协议，约定双方职责和分工，如 GJH 为县级合作伙伴提供财务和项目培训的机会，而项目的设计和监督由合作伙伴完成，GJH 负责审核；项目实施过程中，GJH 监督审核原来主要体现在资金的来源和使用上，以避免和杜绝资金违规使用情况的发生，而随着中国政府财务要求的改进与完善，该机构已将监管更多放在项目的实施质量环节。

对国家机构 XMN 来说，其对项目的监管首先表现在其财务系统上，即要求县里的领导团队必须开一个单独的账户，拥有会计和出纳，以此保证专账使用。其次表现在不同组织层面的相互监督，如在社区层面，利用 15—20 人组成的互助组，实现礼品传递的透明；在社区与县级层面，通过专业财务人员的定期查账实现财务的监督，通过与社区协调员、县级合作伙伴的合作实现项目内容设计和实施的监督。

对于本土的扶贫社会组织，其也有自己的项目监管体系，但主要依赖的是非正式的监管，如社会团体 LQJ 对于具体的监督管理主要采取的是非正式访谈，借助政府系统的威望和经验进行判断，依靠的是以往的专业政府工作经验，而程序上的专业性相对不强。

（4）筹资管理的专业化

获得持续有效的捐赠资金，是扶贫社会组织正常有效运转的必要条件。随着国家对社会组织社会化发展的引导，扶贫社会组织在发挥自身优势的基础上，逐渐开始尝试新的项目筹资方式和管理模式。调研发现，案例扶贫社会组织社会筹资渠道主要有以下几种。

首先是通过捐赠方社会网络建设进行筹资，即通过动员社会网络组织和人群的支持，来筹集资金。如社会团体 LQJ 通过开展社会公益培训班，联络会员及发展新会员，邀请其参加相关的培训班，一般持续三天左右，讲述本地贫困地区的发展情况、政策性问题，以及具体扶贫的对象和方式；截至调研时间，该社会团体一共吸纳了130多名会员，包括企业老板、社会爱心人士、医院、街道干部、律师等，获取的捐赠资金占到了组织年度运转资金的30%。

其次是面对社会大众以项目、网络平台，或项目公益平台等渠道进行公众筹资或网络众筹，如基金会TXC主要依赖项目开展活动，每年均是根据项目募集资金，形成募捐方案，再动员募捐筹集资金；国际机构GJH靠社区的志愿者在当地找到贫困儿童，收集信息获取儿童需求后，发送到筹资办寻找资助人，结对成功后将资助资金汇入到GJH进行日常管理；国际机构XMN则是在互助组完成培训和能力提升后，由该互助组根据现实需求提出发展想法，组织地区监测部根据地区的情况进行项目包装，最后由专业的香港筹资部门根据捐赠方的需求，进行定向的项目捐赠筹资；民办非企业SXB主要采用项目投标的方式进行筹资，表现为向国内或国际基金会申请项目来获得捐赠资金；社会团体CCS每年摸索形成一个新的项目模式，通过建立爱心品牌，来吸引企业家爱心人士加入爱心队伍，如2014年其通过寻找一些爱心企业，举办音乐夏令营活动，将孤儿聚集在一起，开展爱心捐赠。

最后是创新筹资模式，开展专业反馈，提升捐赠效益，激励捐赠方的捐赠意愿。如基金会TXC为了保证扶贫活动的持续性，与捐赠企业达成一致，将企业每年增值部分的5%用于慈善事业；社会团体SDF通过采用挂名捐赠和提升捐赠资金的针对性使用，来追踪资金的使用效果，改变了以前捐赠资金的分散使用，从而也提升了企业的社会形象。

除了创新社会资金筹资渠道外，扶贫社会组织也注重加强对筹集资金的专业化管理，主要表现为三个方面：一是表现为注重筹资队伍的建设，如基金会DLF注重筹资队伍的建设，倡导"筹资人人负责，筹资全面化"，连办公室的人都要学会如何筹资，尝试将组织里的每个人都培养成筹资人；二是表现为对专项基金的设立，对大型的捐赠或项目基金进行专项管理；三是表现为对筹集资金和组织注册资金的管理，如基金会社会组织采取留本用息的方式来保持增值。

3. 专业服务的公开性

除了加强自身服务的专业性外，扶贫社会组织也会通过一定的媒体渠道，将相关专业服务的内容公开，增强相关主体对服务专业性的了解程度。研究显示，调研的26家社会组织中有18家通过官网、微信公众号、微博、刊物等一种或多种渠道向公众或特定的捐赠群体公布了与该组织项目相关的信息，主要体现形式为项目进展的新闻报道、专门促进宣传的刊物、专业的项目报告和机构组织的年度报告等。为了更透彻地展示相关项目公示的内容，研究选取了实地调研中的公募基金会 ZGF、私募基金会 YCQ、社会团体 SDF、民办非企业 SXB 和国际机构 XMN 五家机构项目报告作为深度解剖案例，具体公开的项目信息如表 92 所示。数据显示，五种类型的扶贫社会组织都有通过一定的努力，来促进机构内部项目信息与外部主体的宣传沟通，呈现出一定的共性，但在宣传的内容与形式上也存在明显差异，具体表现如下。

首先，机构或组织的年度报告和项目报告，是扶贫社会组织完整系统的公开透明化项目信息的重要平台和媒介。五个案例或通过常规性的一年一度的项目报告，或通过项目的进展、监测和总结报告来对其开展的项目活动信息进行公开，其中：公开最为详尽和具体的是公募基金会 ZGF；国际机构 XMN 则是各个维度都有所涉及，但是项目具体涉及实施的内容和步骤则较为粗略；民办非企业 SXB 均有所涉及，且对项目信息公开的内容也很详尽，但是项目信息公开的持续性却相对较差；社会团体 SDF 和私募基金会 YCQ 对项目内容信息有所公开，但是信息详尽度不够，且渠道依赖较为单一。在内容上，年度报告注重对项目的简述、对项目帮扶人群故事的微观描述和代表项目成果的照片展示等，相对比较精炼；而项目报告则相对较为详细，涉及项目的实施背景、具体的活动内容、产生的效果等方面。因此，完善的项目报告是扶贫社会组织向社会展示项目服务系统专业性的重要方面。

其次，在项目的动态新闻上，所有的案例社会组织都在官网、微信或微博上进行了相关项目内容信息的公开透明，并保持实时的动态更新；在动态新闻的内容上，注重对项目理念、项目核心活动和微观项目故事及图片的直观性表达，便于媒体传播对象的理解吸收。对比五个案例，有利于项目动态宣传的创新做法在于注重项目的前期倡导、采取论坛沙龙和新闻发布会等形式进行项目专业化的宣传，而不利的做法在于新闻更新的频率低、发布信息的网络平台不稳定等。

表92 扶贫社会组织典型案例项目信息公开维度

案例组织	2015年度报告	项目报告	官网项目新闻	微博微信项目内容	印刷刊物
公募基金会ZGF	·大事记 ·项目概要（项目瞄准的问题、捐赠总额、受益人总数、辅助照片）	·分项目撰写季度报告、项目进展报告和项目年度总结报告 ·年度总结报告内容包括项目背景、项目调研、项目实施、项目遇到的挑战、项目规划等内容	·培训活动 ·宣教演练活动 ·行动倡议 ·项目活动启动仪式等	·重点活动的微观案例和图片 ·项目动态速递 ·项目交流活动与案例分享	·有机构内刊 ·各品牌项目有内刊
私募基金会YCQ	·倡导活动大事记 ·项目概述和项目成果 ·重点项目新闻 ·参与者心语、受助方心声 ·项目活动图片	·无独立的项目报告	·研讨论坛、沙龙 ·部分精彩项目活动 ·网站不稳定不及时更新	·倡导项目价值宣扬和发展历史 ·具体项目简介与进展 ·品牌项目的微观故事及影响力	·两本定期出版刊物 ·一本专注国内外社会创新前沿理论与实践 ·另一本聚焦实践问题及解决方案探讨
社会团体SDF	·无年度报告	·独立项目的概述、倡议书、项目列表、认购方法和成果展示 ·内容板块很不完善，倡导部分内容缺失 ·所有实施项目图片及活动内容	·受益人故事、捐赠人故事（仅2015年三则新闻） ·培训班（仅2015年一则新闻）	·扶贫动态新闻的报道 ·某品牌项目活动的概况、特点、善款使用和联系人及方式	·实时更新的扶贫工作简报

续表

案例组织	2015年度报告	项目报告	官网项目新闻	微博微信项目内容	印刷刊物
民办非企业 SXB	·无2015年度报告 ·仅有2013年度报告，阐述当年项目核心开展的活动	·已完成项目有独立的项目总结 ·包括项目地点、周期、背景、实施情况、主要活动、取得的成果、经验、影响、照片等内容	·有专门的项目动态板块 ·包括项目活动新闻、受助方故事表达、项目督导会议等内容	·项目活动动态新闻 ·主营项目的详细活动过程、照片、微观感知故事等	·单独定期出版刊物 ·内容包括行业内新事物、经验总结分享、倡导理念的论述、微观人物故事
国际机构 XMN	·项目进展概要，包括总的项目数、受惠农户数、受培训人数、传递礼品数等 ·项目大事记，项目掠影	·项目监测评估数据定期公开，包括项目数、受惠农户数、受培训人数、传递礼品数等 ·项目组每半年提交项目进展报告	·项目实施动态新闻和图片	·农户故事 ·项目掠影 ·活动现场	·有画册和宣传册的印刷 ·内容涉及机构历史、使命、发展模式、项目故事、影响、受助方感知表达等

最后，除了常规的年度报告、项目报告和新闻动态外，所有的案例都通过印刷定期或不定期的刊物来增强机构项目专业性的宣传；在宣传内容上，印刷刊物注重对企业项目前沿、发展理念和运作模式的宣传；在宣传对象上，印刷刊物针对的是具体的主体。

此外，在项目信息的互动上，部分机构有一些特殊的做法来增强与多方群体的互动，如基金会 DFP 在网站开辟专门的"问卷调查"栏目，了解社会大众对扶贫项目的关注和选择。

综合上述分析可见，扶贫社会组织都采取了一定的措施来增强自身项目信息与公众的沟通交流，即通过公开的讨论或论坛来增强项目设计的专业性，通过完整的项目报告增强对项目规划、实施和效果的宣传，通过定期适时的项目新闻更新来增强项目的真实感知，通过特定刊物的印刷发放增强特定对象对机构、行业动态和实施项目的专业系统了解。然而，不同的案例在公开专业项目信息时存在较大的差异，相关信息的不足，降低了相关主体对扶贫社会组织项目专业性的了解，影响扶贫社会组织专业公信力的提升，主要表现在：信息平台的不稳定、信息更新不及时、缺少对项目运作机理和实际效果的详细论述等。

三 对象瞄准性

扶贫社会组织作为一种以扶贫为主要目标的社会组织，确保其帮扶对象是真正的贫困群体，采取相应合理的帮扶措施，是实现其组织使命，体现其专业公信力的重要内容。本章节主要考察了 26 个案例扶贫社会组织服务对象瞄准的专业公信力程度，具体包括三个方面，即：文本上界定帮扶对象的标准及其依据来源，实践过程中确保对象瞄准的机制，以及项目实施后服务对象瞄准程度评估。

1. 服务对象的界定

案例访谈发现，扶贫社会组织在选取受助对象时，均比较谨慎，有组织提到社会团体在从事扶贫工作时，"有时也怕搞错对象"或遭遇重复帮扶的境遇，特别是自己的机构没有稳定的作为支撑的"脚"的时候，常常面临组织功能弱化或不健全，工作人员少，无法了解基层真实情况，出问题时会严重影响机构的公信力。为此，为建立自身组织对象瞄准的专业公信力，确保服务对象和服务内容选择的恰当适宜性，案例扶贫社会组织依据自身的实践情况，采取不同的服务对象。研究通过查阅案例扶贫社会组织官网、微信、微博中公开的项目信息和项目报告，对案例扶贫社会组织所界定的服务对象信息进行了整理，具体如表93所示。

表93 案例扶贫社会组织服务对象界定标准

组织类型	案例简称	服务对象界定
基金会	ZGF	贫困地区、欠发达县和灾区县；特困大学生；不同品牌项目受益对象有所不同，如爱加餐项目针对贫困地区农村小学生等
	YCQ	教师，学生，学校
	QFP	老人，学生，贫困户，贫困病人
	CFP	大学生，灾民，贫困病人
	DLF	第一层级：栋梁，要求品学兼优 第二层级：栋梁之星，要求学习成绩年级30%以内；社会核心价值观的弘扬和践行者；有明确的人生规划，用行动去实践自己的志向
	WMC	照顾三孤（孤儿、孤老、孤残），灾区社会群体
	DFP	最需要帮助的穷人做事
	TXC	扶贫帮扶村
社会团体	XCS	孤老孤儿和城乡困难户
	CFK	残疾儿童，孤儿，贫困企业，贫困退役士兵，贫困户
	DFK	贫困学生、因病致贫者、贫困劳动力、贫困户
	SDF	政府设定的帮扶村庄
	CCS	受灾群众、贫困大学生，贫困病人
民办非企业	WLY	九类人群：包括大中专毕业生，下岗失业人员，返乡农民工，"农转非"人员，三峡大坝移民，残疾人，城乡退役军人，文化创意人员，信息技术人员。同时，会挑选符合条件的小型企业和微型企业给以支持
	SXB	大学生、老人、少数民族
	ZHN	20—60周岁，本地常住人口，身体健康，具有稳定的经济收入，信用良好

续表

组织类型	案例简称	服务对象界定
国际机构	GJH	留守儿童，失业青年
	XMN	贫困社区

数据显示，26家案例扶贫社会组织仅有18家通过网络相关项目信息界定了组织的服务对象。比较其界定标准，呈现出四种界定特征：一是界定标准非常详细，如民办非企业 ZHN，对贫困对象的年龄、身体健康程度和信用程度等方面均有所要求，这与其生计发展型的小额信贷项目定位有较大的一致性；二是针对项目差异，对服务对象进行差异化界定，如基金会 ZGF 和 DLF；三是对服务对象体现出区域界定和个体界定两种趋势，如国际机构 XMN 将其界定对象先定位贫困社区，社会团体 SDF 则设定为政府的帮扶村庄，基金会 ZGF 对整体的扶贫区域界定为贫困地区、欠发达地区和灾区县，而民办非企业则将帮扶对象具体界定为九类人群；四是大多界定标准相对简单宽泛，体现出对需救济型和需发展型两种弱势人群的关注。

在服务对象的界定依据上，五个案例进行了相关内容的阐述，具体如表94所示。数据显示，案例扶贫社会组织依据的服务对象界定标准主要有三：一是国内公开的相关项目领域内的研究报告；二是国际发展领域选择界定的发展指标和实践区域的指标发展情况；三是扶贫社会组织自身设定的扶贫原则、实践经验累积或依据从事项目自身的行业准则等，体现出一定的实践多样性和与其他行为主体的一致性。

表94   案例扶贫社会组织界定服务对象的依据

组织类型	案例简称	服务对象界定依据
基金会	ZGF 爱加餐项目	中国疾病预防控制中心营养与食品安全所2006年发布的《中国学龄儿童少年营养与健康状况调查报告》显示"我国农村贫困地区儿童男生、女生身高比城市儿童男生、女生身高平均总体低5厘米和4.2厘米，体重男生、女生平均总体低4.5千克和3.4千克；农村贫困儿童贫血患病率为14.4%；维生素A边缘缺乏率13.2%"

续表

组织类型	案例简称	服务对象界定依据
社会团体	DLF	基于对服务对象持续发展的关注，并聚集专家学者、企业家和媒体等组织开展发展研究会，形成合理的服务对象界定标准
	DFK	组织设定的扶贫原则：在政府扶贫框架内开展社会扶贫；实践形成的工作机制：根据志愿者进社区进农村反馈回来的信息，界定服务对象，并根据其需求开始创造新的项目
	SDF	贫困村根据省的界定，帮扶的对象由与贫困村紧密互动的驻村干部摸查复核确定
民办非企业	WLY	组织设定的扶贫原则：选择政府扶持的潜力对象
	ZHN	行业设定原则：有还款意愿和还款能力，排除不良嗜好和没有正常劳动能力的
	SXB	组织根据微观实践互动和项目资助体系，来选择设定，团队讨论确定
国际机构	GJH	根据人类发展指数选择工作区域
	XMN	以贫困区域为主体，注重政府和村庄村民的参与，以及发展价值观的认同

同时，研究也发现，部分扶贫社会组织在发展初期界定服务对象时面临一定的偶然性和随意性。如基金会 SSH 在发展初期利用社会网络筹集 50 多万元，但因尚未形成项目开展的具体方案，资金花费出去的较少，且仅有的几次花费都是相关组织成员在下乡碰到贫困人群时，依据政府对贫困对象的认定证标准和手续，对两家贫困大学生进行的资助。

此外，部分扶贫社会组织在确定帮扶对象时体现出一定的发展动态性，或根据实际项目需求界定帮扶对象，即根据捐赠需求，寻找相应的资助对象。如社会团体 LQJ 在接受了爱心人士捐赠的净水器物资后，首先将受助区域瞄准在缺水和水质不好的区域；然后选择针对性的群体进行物资的发放；同时，LQJ 在接受某银行对贫困生的帮扶时，依据扶贫系统掌握的数据系统，选择了 50 个贫困生进行从小学到大学的资助。

综上，在界定服务对象的标准和依据上，可以看出扶贫社会组织有主动和被动两种不同的对象选择机制，主动体现在可以根据自己的界定标准，被动则体现为在实践中根据筹集的资金和项目，进行服务对象的重新调整和筛选。

2. 受助对象的瞄准机制

为了确保项目在执行时选择的受助对象能在界定的标准范围内，扶贫社会组织还采取了系列辅助措施或项目设定的特殊的自我矫正与瞄准机制，来确保扶贫对象的准确性。分析现有扶贫社会组织的访谈资料，发现目前扶贫社会组织的瞄准机制主要有以下几种做法。

一是通过参与项目活动的形式来自动排除项目瞄准之外的群体。如以小额信贷作为主要活动内容的民办非企业JTF，为了使贷款对象覆盖当地农村真正有需要的人群，其设定的贷款模式为：在农民中招聘信贷员，以信贷员为中介进行分片管理，通过农户熟人间的相互信任，形成五户自愿组成的联保小组，来自愿筛除村中信用程度较差的农民；设立当地贫困人群需求的贷款额度和贷款利率，如2013年起贷款额度为每户8000元，2014年提高到10000元，后续贷款额度在信用级别提升的情况下，逐步增长；设定稍高于正规金融系统的贷款利率，却远低于当地高利贷的贷款利率，来满足贫困人群的日常贷款需求，如2014年贷款实际利率为15%，高于银行的利率6%，但低于当地的高利贷30%。

二是先依据区域的宏观经济指标，进行贫困区域的选择，然后依据项目的培训机制和具体的项目演练实践，来考察筛选确定具体的项目支持群体。如国际机构XMN认为能力和区域经济发展环境是贫困人群面临的两个重要难题，因而在选择干预对象时，首先确定地区的贫困程度；其次是形成异质化的互助团队，并对其提供强大的能力培训体系，具体做法是：在项目发展前期注重对项目理念的宣传、项目对象的动员、项目参与主体的组织建设和能力建设，要求项目以互助小组的形式进行申报，通过培训，让其寻找设立合理的发展目标，知道"怎么做预算，怎么做活动，怎么写项目申请书"，"怎么与项目伙伴持续沟通交流"，并通过其切实从事的事情来进行考察筛选，确定项目对象。

三是通过创新项目工作程序，加强多元主体的监督公示，来确保受助方为机构所瞄准的服务对象。如基金会DLF界定服务对象为贫困学生后，注重整合与受助方相关的多部门资源，将包括团委、妇联、教育、残联、工会等与教学助学相关的部门都整合在一起，按照各自侧重领域进行资助名额的协调；在收集到多方申请信息后，专门的项目工作组会依据村、乡镇、区委会对申请者家庭贫困状况的说明、教育部门对学生成绩的考核、学校对学生德智体美劳各方面的存档等资料，对受助方的信息进行材料上的核查，同时通过学校学生品学兼优的公示和村庄家庭经济状况的公示，来确保受助方为组织所界定的服务对象；地方公示和工作组审核之后，基金会组织层面会确定最终资助的名单和金额，并在相关传媒上进行公示。

3. 服务瞄准的评估

加强对项目开展过程中的监测和事后的总结评估，对于提升服务对象的瞄准程度和服务活动的有效性，具有十分重要的意义和作用。通过对案例资料的分析显示，扶贫社会组织的评估主要有三种机制。

第一种机制是政府民政部门组织或主导的监督评估机制，主要有两种组织类型。一种是民政部门扮演合法性监督的角色，主要以年检的形式进行评估，会对不合格的组织进行取缔；另一种则是以民政部门为主导，团结社会各方力量，开展社会组织的等级评估。如广东省在2014年开始启动社会组织评估工作①，主要由政府主导、社会力量承办、专家行家参与的方式，形成评估专家库，讨论设立评估的标准和程度，通过下发通知和宣传动员、自查自评和准备材料、实地考察和初评、评估委员会终评、社会公示和公告、授予牌匾证书等环节进行评估。在具体的评估过程中，会从评估专家库中随机抽取3人组成评估专家小组，评估专家小组深入社会组织办公场所，采取"听、看、查、问、议"评估手段了解社会组织的运作情况，严格按照评估标准打分，形成对社会组织的初步评估意见；继而，评估专家小组就初步评估意见与参评社会组织进行交流，通过交流形式实现"以评促改、以评促建"；最后，对每一家参评社会组织的实施考察和初评结束后，评估专家小组要撰写评估报告，向评估委员会报告，由评估委员会进行终评。评估结果显示，最高等级5A类社会组织呈现出的特点为：在同类型的社会组织中属于佼佼者，具有一定的标杆影响作用；在社会上有一定的知名度，服务社会、服务政府、服务会员情况良好；社

---

① 《广东5A等级社会组织达79家》，《南方日报》，http：//kb.southcn.com/content/2016-04/20/content_146319154.htm。

会组织的领导班子团结，组织机构健全，在基础条件、内部治理、工作绩效等方面表现突出。可见，政府组织的对社会组织的评估更多是从组织整体的维度上进行评估的，跟对象瞄准的评估主要体现在工作绩效该指标中，对其系统深入的论述相对较少。

第二种机制是扶贫社会组织承担的部分项目有专门的项目评估经费，专业的项目捐赠方会聘请专业的第三方组织对扶贫社会组织的某具体项目进行评估。如 ZGF 基金会在 2010 年 11 月 20 日如期完成对 92150 户农户、每户 2000 元、共计 1.843 亿元的救助资金拨付，受益农户覆盖了西南 5 省/直辖市/自治区的 17 县 120 个乡镇、761 个行政村、5980 个自然村，经外部评估机构抽样监测，瞄不准率 0.85%，小于合同约定的 1%，极大地提高了该机构服务瞄准的公信力。民办非企业 SXB 在承担一些国内基金会和国际组织的项目时，项目本身会邀请一些专业第三方的机构对项目执行情况和对象瞄准受益情况进行评估，以此获取组织专业公信力的客观评估。

鉴于第三方评估的专业性和深入系统性，我国民政系统于 2010 年出台了《社会组织评估管理办法》（民政部令第 39 号），2015 年发布了《民政部关于探索建立社会组织第三方评估机制的指导意见》（民发〔2015〕89 号），对培育第三方评估组织、建立第三方评估机制给出了方向引导。案例中的社会团体 LQJ 作为类似的第三方评估机构，积累了一定的实践经验。LQJ 作为社会中间力量和公民社会组织第三方，政府会委托其加强对其项目的监督检查，监督项目进展，关注三个问题：是否专款专用，工程质量是否有以劣充好的现象，了解群众满意度，进行入户调查，随即抽问，以避免"自买自卖"。如某扶贫办的项目监管有 4 个县，每县 1000 万基础设施建设，扶贫办将文件反馈给 LQJ，委托其监督发包猫腻，对质量存在问题的及时提出批评整改措施，不听或整改力度不够的报告给相关主管部门。日常监督主要是老促会自己去，会请当地的扶贫办陪同，也会进行入户访谈，了解群众满意度；技术上会邀请技术部门陪同，工程上走一圈，听工程汇报，记录，并随机提问，得到大概满意度；资金主要由社会审计部门负责。

第三种机制是扶贫社会组织建立了自己组织内部的项目监测和评估机制。如基金会 ZGF 为提高机构的服务瞄准性，会设定核心问题，由机构专业评估团队进行对象瞄准和服务效果的评估，并在此基础上进行自我反思和后期矫正，具体评估反思问题包括：在面对诸如重大自然灾害发生后，提供的援助是否提供了完善可行的解决方案；机构是否能准确瞄准项目目标受助群体；资助工作对目标受助群体是否产生了可清晰观察到的直接影响等。社会团体 LQJ 针对某捐赠方选择的对学生持续小学到大学的资助项目，采取了对受助方发展保持动态性监测的考察。为保证钱按时划到受助方制定的户头，该组织会适时下乡抽查，确认准确度；对于中途辍学的学生，一经发现则取消资助的进一步发放，也会去扶贫办的系统名录中去查、核对；对于情况差不多，没有拿到资助的，会进一步申请确认；对于家庭变化的，会委托各乡镇调查，由扶贫办系统确认。

在评估结果的信息披露上，政府民政部门对社会组织的等级评定结果都会在省级民政厅网站和各案例扶贫社会组织的官网上予以公示，信息透明度非常高；而专业性的第三方项目评估结果和社会组织自身的监测反思则常用于组织内部和项目合作单位间的分享，很少在公开场所进行公开，使社会大众较少获知此方面的专业性。

基于上述员工专业性、服务专业性和对象瞄准性内容的分析，案例研究结果显示，整体来看，目前扶贫社会组织根据自身的实际发展状况，采取了很多适应性的专业公信力建设做法，使得组织拥有较高的员工专业公信力、服务专业公信力和对象瞄准公信力，突出表现在：

（1）核心员工普遍拥有扶贫领域或社会组织领域的工作经验、教育背景和公益情怀；组织能通过社会招聘、会员拓展和寻找合作伙伴等渠道，采取培训开发、干中学、经济激励和管理创新的方式来吸纳、培养和激励员工行为，增强员工队伍的专业性；

（2）组织能通过对脆弱人群多维度的能力建设和资源辅助支持来提升服务内容的专业性，通过相关群体的需求调查与互动沟通等方式来提升项目选择设计的专业性，通过创新项目救济方式和增加辅助配套产业措施来提升项目核心运作模式的专业性，通过项目执行体系的合理设置、常规核查和非正式检查来提升项目监管的专业性，通过筹资队伍建设、筹资平台创新和筹集资金有效管理来实现筹资的专业性等，最终使得组织的项目运作专业性得到较大幅度的增加；

（3）通过项目活动机制、对象选择程序和组织体系设置等确保对象的瞄准性，通过政府、第三方机构和自我反思来对服务瞄准情况进行评估反馈，来提升服务对象瞄准的专业性。

然而，在促进专业公信力建设方面，案例扶贫社会组织也面临着以下挑战：

（1）人才队伍的保留面临两难的境地，即顶尖的人才留不住，一般的员工能力差；

（2）在服务内容的选择上，大多数扶贫社会组织仍较多注重应急救灾和对弱势群体的简单救助，体现为救济型扶贫，而对改变贫困人群脆弱的生计结构和预防返贫的措施活动开展均较少；

（3）在界定瞄准服务对象时，在部分扶贫社会组织可以主动选择界定时，仍有大部分扶贫社会组织需要根据筹集的资金和项目被动临时性地进行服务对象的调整和挖掘；

（4）在专业信息披露上，扶贫社会组织均能借助现代多元的媒体渠道进行组织相关专业性信息的公开与透明，但在信息的披露的维度和平台更新维度上却存在较大差异，如整体来看，目前扶贫社会组织信息披露幅度最大的是社会组织核心负责人的信息，而对直接参与项目执行和决策的人员信息披露，及其专业化职业发展背景的披露，相对较少；在专业服务反馈上，对核心的专业信息披露较少，缺少对项目运作机理和实际效果的详细论述；在信息平台维护上，面临平台稳定性维护不够、信息频率更新不及时等问题。

第四节 结论与反思

本章通过对 26 家扶贫社会组织实践案例的访谈和网络收集的相关信息，描述了目前案例扶贫社会组织在管理公信力、财务公信力和专业公信力等多维公信力建设方面的措施和做法，分析了其公信力现状，这些机构具体公信力现状与发展趋势如下。

1. 扶贫社会组织对提升多维公信力具有较强的主观能动性

研究从案例扶贫社会组织主体性出发，探讨了其在公信力建设各个维度上的具体措施，展现出各个案例组织都在现有的外界制度体系下，结合自身的发展特点进行了积极主动的探寻实践。尽管有些社会组织的行为有些稚嫩，组织之间也存在差异，但仍体现了各个社会组织想将相关事情做好的意愿和努力，体现出较强的主体能动性。

2. 通过健全的制度设计和专业的机构设置提升管理公信力

在管理公信力提升维度，案例扶贫社会组织积极的做法是对机构的使命价值和工作原则进行了基本的设计，对机构日常运行的章程和规章制度进行了细化颁布，对机构决策的程序和管理信息的公开进行了有效监管，对各部门的分工与合作进行了合理设置，即总体上是通过制度的细化颁布和部门的合理设置，来实现机构内部运行管理的规范性和决策的科学性，最终提升组织的管理公信力。

3. 通过可追溯财务系统和多主体审计监管提升财务公信力

在财务公信力维度，案例扶贫社会组织在面临较为严格完善的外部监管体系的背景下，进行了大量的工作机制创新，具体措施包括内部财务的分类管理、财务系统的可追溯、自律行为的创新，和外部专业审计机构、政府监管机构等多维主体互动途径的审核等，核心是通过财务数据的可追溯和内外部不同主体的监管，实现财务数据获取的可靠性，并以此提升组织的财务公信力。

4. 通过员工的培养激励和项目的有效运转提升专业公信力

在专业公信力提升维度，案例扶贫社会组织根据自身的实践发展情况，采取了诸多适应性的专业公信力做法，核心是确保组织的核心员工通过针对性的推荐挑选，普遍拥有扶贫领域或社会组织领域的工作经验、教育背景和公益情怀；确保组织的普通员工通过培训开发、合作拓展和制度激励等具有专业化的能力实践；确保通过需求调查、对象瞄准、创新设计、多维辅助支持、专业筹资和有效监管等，实现项目运作有效持续的发展，并以此最终提升组织的专业公信力。

5. 多维公信力措施缺乏核心信息的解读沟通和持续化披露

在多维公信力相关信息与公众的互动沟通上，案例扶贫社会组织基本上都进行了一定信息的披露，但是整体上信息透明化的处理仍有大幅改进的空间，具体表现在信息披露平台的稳定性和更新频率差异较大，对组织的成长路径和管理绩效专业分析对比不够，对组织的财务信息公示不完整，对直接参与项目执行和决策的人员信息披露较少，对核心的专业服务信息披露和项目运作机理与实际效果的详细论述较少，且大多缺少对公示信息的专业沟通和反馈途径。

6. 人才队伍和持续精细项目缺乏制约了组织公信力的提升

研究显示，从内部公信力建设措施来看，扶贫社会组织公信力的提升面临两个重要的难题。一是专业的员工依赖知识和实践的双重积累，是扶贫社会组织公信力提升的主要载体，然而案例扶贫社会组织在人员的持续培养和保留上却面临较大的问题，即人才队伍的保留面临两难的境地，即顶尖的人才留不住，一般的员工能力差；二是服务项目的专业性，有助于实现对受助方持续效益的改善，是实现扶贫社会组织公信力展现的重要绩效体现，然而目前扶贫社会组织在服务内容的选择上，大多数扶贫社会组织仍较多注重应急救灾和对弱势群体的简单救助，体现为救济型扶贫，经营管理相对粗放，常常以"区域瞄准"为目标，而对改变贫困人群脆弱的生计结构和预防返贫的措施活动开展均较少，不利于扶贫社会组织项目持续公信力的提升。

7. 多类型社会组织公信力建设存在一定的差异但不够明显

案例显示，不同的扶贫社会组织在多维公信力建设的具体措施方面，依据自身发展情境的不同，体现出较大程度的差异，而从基金会、社会团体、民办非企业和国际机构四种扶贫社会组织类型来讲，其差异呈现出一定的趋势，但区别不够明显，具体体现在：（1）从管理公信力来讲，基金会的组织结构、制度建设和财务公示相对其他类型来讲，最为健全；社会团体其次；民办非企业基于其行为的微观性和利益群体的针对性，对现代媒体利用宣传较少；而国际社会组织管理公示的信息也极少。（2）在员工招聘上，基于组织不同的活动模式，在专业性员工获取要求上，各种类型的扶贫社会组织要求从高到低的依次为：国际机构、社会团体、基金会、民办非企业，具体表现在：国际机构对员工的招聘要求相对较高，部分甚至将其机构的理念反映在具体的招聘活动中，如国际机构GJH鼓励满足条件的女性应聘，体现一定的性别敏感性；民办非企业因为工作在最基层，其对员工的学历和知识背景要求最为宽松，但在基本的素质和能力要求上，与其他机构类型相比并没有太大差别；社会团体相比于基金会来说，对应聘员工的个性和能力要求最多。

第五章 扶贫社会组织公信力建设的机制探讨

第三、第四章分别从社会公众对目前扶贫社会组织多维公信力的认知评价、扶贫社会组织自身为提升公信力的措施经验方面，探讨了扶贫社会组织公信力的建设现状。本章将从扶贫社会组织自身主体能动性的角度，探讨其在诸多政府及多元社会主体问责的情境中，进行公信力建设的行为机制，包括行为产生的环境、行为发生的动力、具体的行为选择，以及产生的行为结果等。

第一节 扶贫社会组织公信力建设的环境分析

在社会组织丑闻不断发生和影响后果严重的背景下，促进社会组织公信力建设，已经成为政府和社会共同关注，社会组织自身关注并力求突破的一个重点议题。在各个主体探讨如何推动扶贫社会组织公信力建设的同时，相关法律法规和制度环境也在发生变化，主要体现在法律条文的颁布和第三方评估制度的实施。

一 社会组织法律法规的演变

在现有社会组织的分类方式上，我国民政系统将社会组织分为三大类：社会团体、基金会和民办非企业单位。国务院和民政部先后颁布了相应的登记管理条例来规范不同类型社会组织的发展，具体如表95所示。

表95　　　　　　　规范约束社会组织发展的法律法规

名称	施行时间	文件编号	约束组织类型
社会团体登记管理条例	1998年10月25日	国务院令第250号	社会团体
民办非企业单位登记管理暂行条例	1998年10月25日	国务院令第251号	民办非企业
基金会管理条例	2004年6月1日	国务院令第400号	基金会
中华人民共和国慈善法	2016年9月1日	主席令第43号	社会团体、民办非企业和基金会

为了保证上述基本法律条例提出的监管和约束措施的可操作性，一系列细化的规章制度得以制定和颁布，具体如表96所示。

表96　　　　　　　细化的社会组织管理的规章制度

名称	施行时间	文件编号	约束组织类型
取缔非法民间组织暂行办法	2000年4月10日	民政部令第21号	社会团体和民办非企业单位
基金会名称管理规定	2004年6月7日	民政部令第26号	基金会
民间非营利性组织会计制度	2005年1月1日	财会〔2004〕7号	社会团体、基金会、民办非企业单位和寺院宫观、清真寺教堂等
民办非企业单位年度检查办法	2005年6月1日	民政部令第27号	民办非企业
基金会年度检查办法	2006年1月12日	民政部令第30号	基金会
基金会信息公布办法	2006年1月12日	民政部令第31号	基金会
社会组织登记管理机关行政执法约谈工作规定（试行）	2016年3月16日	民发〔2016〕39号	社会团体、民办非企业和基金会

续表

名　称	施行时间	文件编号	约束组织类型
关于加强和改进社会组织薪酬管理的指导意见	2016年6月14日	民发〔2016〕101号	社会组织
社会组织登记管理机关受理投诉举报办法（试行）	2016年9月1日	民发〔2016〕139号	社会组织
公开募捐平台服务管理办法	2016年9月1日	民发〔2016〕157号	慈善组织
慈善组织认定办法	2016年9月1日	民政部令第58号	社会团体、民办非企业和基金会
慈善组织公开募捐管理办法	2016年9月1日	民政部令第59号	慈善组织
关于慈善组织开展慈善活动年度支出和管理费用的规定	2016年10月11日	民发〔2016〕189号	慈善组织
社会组织抽查暂行办法	2017年3月13日	民发〔2017〕45号	社会组织

有关社会组织的法律法规逐年推出，不断发展完善，对社会组织在类型、多主体监管、内部管理及活动开展等方面进行了原则性和具体操作层面的规定，目的在于加强对社会组织的有效监管。具体的规范和约束内容逐一阐述如下。

1. 界定社会组织的类型

表95和表96显示，现有法律法规的名称中，涉及的主体对象有五种，分别是社会团体、民办非企业、基金会、慈善组织和社会组织。

在"社会组织"对象上，《社会组织登记管理机关行政执法约谈工作规定（试行）》第一条指出，"为加强对社会组织的事中事后监管，提高行政监管效能，促进社会组织健康有序发展，根据《社会团体登记管理条例》《基金会管理条例》和《民办非企业单位登记管理暂行条例》，制定本规定"；《社会组织登记管理机关受理投诉举报办法（试行）》第一条指出，"为规范社会组织登记管理机关（以下简称登记管理机关）受理投诉举报工作，推进执法规范化建设，根据《中华人民共和国慈善法》《社会团体登记管理条例》《基金会管理条例》和《民办非企业单位登记管理暂行条例》等法律法规及相关政策规定，制定本办法"。可见，社会组织是社会团体、民办非企业、基金会和慈善组织等的总称。

在"慈善组织"对象上，《中华人民共和国慈善法》第八条指出，"本法所称慈善组织，是指依法成立、符合本法规定，以面向社会开展慈善活动为宗旨的非营利性组织"，"慈善组织可以采取基金会、社会团体、社会服务机构等组织形式"；第十条指出，"设立慈善组织，应当向县级以上人民政府民政部门申请登记，民政部门应当自受理申请之日起三十日内作出决定"，"本法公布前已经设立的基金会、社会团体、社会服务机构等非营利性组织，可以向其登记的民政部门申请认定为慈善组织，民政部门应当自受理申请之日起二十日内作出决定"。可见，慈善组织是社会团体、民办非企业和基金会等组织集合的子集，是需要申请认定的。

鉴于此，现有法律对社会组织的类型界定为三种，即：社会团体、民办非企业和基金会。对此三种类型的界定，较早的存在于表95所示的前三个条例中，具体如下：

（1）社会团体是由公民或企事业单位自愿组成，为实现会员共同意愿，按章程开展活动的非营利性社会组织，包括行业性社团、学术性社团、专业性社团和联合性社团。社会团体的经费，以及开展章程规定的活动按照国家有关规定所取得的合法收入，必须用于章程规定的业务活动，不得在会员中分配。

（2）民办非企业单位是由企业事业单位、社会团体和其他社会力量以及公民个人利用非国有资产举办的、从事非营利性社会服务活动的社会组织。该概念是中央和国务院领导针对以往的民办事业单位这一概念，于1996年作出的修正，即事业单位是国家举办的，而民间不应再称事业单位。

（3）基金会是利用自然人、法人或者其他组织捐赠的财产，以从事公益事业为目的的社会组织，包括面向公众募捐的公募基金会（公募基金会按照募捐的地域范围，分为全国性公募基金会和地方性公募基金会）和不得面向公众募捐的非公募基金会，是为特定的公益目的而设立，有募集资金的权力，涉及基金会、捐赠人和受益人三方权益。

从这些定义可以看出，三种类型的社会组织均强调其活动的非营利性和公益性,类型的差异体现在构成主体、资金来源和活动目标三个方面,如社会团体是会员制组织,以人为基础,更加强调会员共同意愿;民办非企业更加强调运营资金利用的是非国有资产;而基金会则更加强调利用的是捐赠的财产,是以财产为基础设立的法人。三种社会组织类型的界定与划分,体现出社会组织的差异,有助于实现对社会组织的分层管理;同时,相关法律的完善也为社会组织的有效管理提供了合法依据。

2. 明确多主体监管职责

表95中所列的社会组织管理条例的颁布,对相关主体监督管理社会组织的行为进行了明确规定,具体如表97所示。

表97　　法律法规对社会组织监管主体及监管内容的规定

组织类型	监管主体	监管内容规定
社会团体和民办非企业（1998）	登记管理机关	·成立、变更、注销的登记或者备案; ·年度检查;对违反条例问题进行监督检查; ·对违反条例行为给予行政处罚; ·换届或更换法定代表人前,应当组织对其进行财务审计。
	业务主管单位	·筹备申请、成立登记、变更登记、注销登记前的审查; ·监督指导遵守宪法、法律法规和国家政策,依据章程开展活动; ·年度检查的初审; ·协助查处社会团体违法行为; ·会同有关机关指导社会团体的清算事宜; ·换届或更换法定代表人前,应当组织对其进行财务审计; ·组织应向业务主管单位报告接受、使用捐赠、资助的情况。
	财政部门	·监督其执行国家规定的财务管理制度。
	审计机关	·监督来自国家拨款或者社会捐赠、资助的资产使用。
	社会公众	·组织应将接受使用捐赠、资助情况以适当方式向社会公布。

续表

组织类型	监管主体	监管内容规定
基金会（2004）	登记管理机关	·年度检查； ·依条例和章程对开展活动进行日常监督管理； ·对违反条例行为依法进行处罚。
	业务主管单位	·指导监督依据法律和章程开展公益活动； ·负责年度检查的初审； ·配合登记管理机关和其他执法部门查处违法行为。
	税务部门	·税务监督。
	会计主管部门	·会计监督。
	审计部门	·在换届和更换法定代表人之前，应当进行财务审计。
	社会公众	·应当在通过登记管理机关的年度检查后，将年度工作报告在登记管理机关指定的媒体上公布，接受社会公众的查询、监督。
慈善组织（2016）	县级以上人民政府民政部门	·设立慈善组织，应当向县级以上人民政府民政部门申请登记； ·依法对慈善活动进行监督检查； ·依法对慈善行业组织进行指导； ·对涉嫌违法组织，有权采取如下措施： ·对慈善组织住所和慈善活动进行现场检查； ·要求慈善组织作出说明，查阅复制有关资料； ·向与慈善活动有关单位和个人调查和监督管理有关情况； ·经本级人民政府批准，可以查询慈善组织金融账户； ·法律和行政法规规定的其他措施； ·建立慈善组织及其负责人信用记录制度，并向社会公布。
	登记的民政部门	·慈善组织应当每年向其登记的民政部门报送年度工作报告和财务会计报告。

续表

组织类型	监管主体	监管内容规定
慈善组织（2016）	政府有关部门	·慈善组织应当执行国家统一的会计制度，依法进行会计核算，建立健全会计监督制度，并接受政府有关部门的监督管理。
	慈善行业组织	·建立健全行业规范，加强行业自律。
	接到投诉的部门	·民政部门、其他有关部门或者慈善行业组织接到投诉、举报后，应当及时调查处理。
	社会公众	·任何单位和个人发现慈善组织、慈善信托有违法行为的，可以向民政部门、其他有关部门或者慈善行业组织投诉、举报； ·国家鼓励公众、媒体对慈善活动进行监督，对假借慈善名义或者假冒慈善组织骗取财产以及慈善组织、慈善信托的违法违规行为予以曝光，发挥舆论和社会监督作用。

条文显示，相关主体对社会组织的监督管理体现在四个行为维度上，即重大事项的变更登记管理、日常的监督检查与指导、定期规律性的年度检查和涉嫌违法行为的调查与处罚等；监管的内容维度体现在两个方面，即金融财务的规范合法性和开展活动的合理合规性；涉及的监管主体有三大类型，即政府相关部门、行业组织和社会公众。

从1998年到2016年的条文变迁来看，法律层面对社会组织的监管，1998年和2004年的管理条例更加强调从财务、审计、税务、活动的开展等内容进行多维度的监管，而在2016年的文件中则更强调从多主体参与监管的维度进行阐述，如鼓励公众、媒体对慈善活动进行监督，在行业层面成立行业组织，推进行业公信力建设，同时将原来固定的政府登记管理机关、业务主管单位、财务审计单位扩展至所有与社会组织活动相关或诉讼相关的政府部门，对社会组织实行直接登记，取消业务主管单位的前置审批，改变了实施多年的社会组织登记管理机关和业务主管单位双重管理的体制，赋予了行业组织和社会公众更多的监管职责。在监管内容上，

2016年文件更为细化对社会组织资金、活动和行为的全面监管，监管更为全面。

在社会组织与多主体监管的互动手段上，近年来颁布的文件制度对其进行了进一步的规范，主要体现在年度报告和约谈抽查上。首先，年度工作报告是所有法律条例都涉及的一个重要的信息互动沟通渠道，相关条文对年度工作报告包含的内容和提交审查的渠道都进行了说明，具体如表98所示，包括资金往来、项目实施、组织变动和人员福利情况等。相比较而言，基金会的财务要求比社会团体和民办非企业的更为严格。同时，民政部也制定了单独的条例来细化社会组织的年度检查程序，具体体现在《民办非企业单位年度检查办法》和《基金会年度检查办法》两个文件上。

表98　　　　　　法律法规对社会组织年检报告的要求

组织类型	条文内容
社会团体和民办非企业（1998）	·于每年3月31日前向业务主管单位报送上一年度的工作报告，经业务主管单位初审同意后，于5月31日前报送登记管理机关，接受年度检查。 ·工作报告内容包括：遵守法律法规和国家政策的情况、依照本条例履行登记手续的情况、按照章程开展活动的情况、人员和机构变动的情况以及财务管理的情况。
基金会（2004）	·于每年3月31日前向登记管理机关报送上一年度工作报告，接受年度检查。年度工作报告在报送登记管理机关前应当经业务主管单位审查同意。 ·年度工作报告应当包括：财务会计报告、注册会计师审计报告，开展募捐、接受捐赠、提供资助等活动的情况以及人员和机构的变动情况等。
慈善组织（2016）	·慈善组织应当每年向其登记的民政部门报送年度工作报告和财务会计报告。 ·报告应当包括年度开展募捐和接受捐赠情况、慈善财产的管理使用情况、慈善项目实施情况以及慈善组织工作人员的工资福利情况。

此外，表96也显示，相关规章制度对政府监管的程序进行了细化规定，可以采用的监管手段包括主动的行政约谈和抽查，以及被动的受理投

诉等，具体规定如下。

- 2017年3月13日施行的《社会组织抽查暂行办法》第五条规定，"抽查分为定期抽查和不定期抽查两种方式"，"定期抽查是指登记管理机关按年度随机抽取本级登记的社会组织开展检查。县级、市级、省级登记管理机关对本级登记的社会组织的抽查比例分别不低于3%、4%和5%，民政部对本级登记的社会组织的抽查比例不低于10%"，"不定期抽查是指登记管理机关根据社会组织类别、所属行业、检查事项等条件，不定期随机抽取本级登记的社会组织开展检查"；第六条规定，"登记管理机关开展定期抽查，检查内容主要包括社会组织的年度报告、信息公开、内部治理、财务状况、业务活动等情况"，"不定期抽查可以在前款规定的检查内容中选择若干项开展检查，也可以结合实际情况，合理确定其他检查内容"。

- 2016年3月16日实施的《社会组织登记管理机关行政执法约谈工作规定（试行）》第二条规定，"社会组织登记管理机关对发生违法违规情形的社会组织，可以约谈其负责人，指出问题，提出改正意见，督促社会组织及时纠正违法违规行为"。

- 2016年9月1日施行的《社会组织登记管理机关受理投诉举报办法（试行）》第十二条指出，"登记管理机关对受理的投诉举报应当依法调查核实，并及时将处理结果以口头或者书面形式（包括数据电文）告知举报人，举报人身份信息或者联系方式不详以及处理结果需保密的除外。对被投诉举报对象予以行政处罚的，应当依法将行政处罚结果向社会公布"。

3. 规范内部管理的原则

随着相关法律法规的相继出台，社会组织内部应该如何管理的制度和原则得以凸显，具体规范约束的内容主要体现在五个维度上：结构体系、经费管理与支出、员工待遇、负责人的约束和信息公开等。

第一，在结构体系的约束上，相关法律主要体现在对社会组织分支机构的设立权限上。《社会团体登记管理条例》规定，社会团体可设立分支机构。社会团体的分支机构、代表机构是社会团体的组成部分，不具有法人资格，应当按照其所属社会团体章程所规定的宗旨和业务范围，在该社会团体授权的范围内开展活动和发展会员。社会团体的分支机构不得再设立分支机构。社会团体不得设立地域性的分支机构。《民办非企业单位登记管理暂行条例》规定，民办非企业单位不得设立分支机构。相比较而言，社会团体和民办非企业这两种社会组织的区别体现为：社会团体可以设立民办非企业单位，而民办非企业单位却不能设立社会团体；社会团体可以设立分支机构，而民办非企业单位不得设立分支机构。这样的结构体系使得社会团体的组织结构较为松散，活动具有不确定性；而民办非企业是面向社会开展服务的组织，活动特点则是连续经常的，组织结构具有实体性。《基金会管理条例》指出，基金会分支机构、基金会代表机构依据基金会的授权开展活动，不具有法人资格。

第二，在经费的管理与支出上，1998年和2004年颁布的三个基本法规文件，对社会团体和民办非企业的管理较多体现在原则性规定上，对基金会的经费管理则要求更为细致具体；2016年颁布的《慈善法》进一步细化了慈善组织经费的投资和年度使用限制，增加了特殊情况的处理办法，且在2016年10月11日施行的《关于慈善组织开展慈善活动年度支出和管理费用的规定》中，对不同类型慈善组织的经费支出做出了更为细化的分类型规定，具体条文如下所示。

- 《社会团体登记管理条例》和《民办非企业单位登记管理暂行条例》同时指出，社会团体和民办非企业"接受的捐赠和资助必须符合章程规定的宗旨和业务范围，必须根据与捐赠人、资助人约定的期限、方式和合法用途使用"。
- 《社会团体登记管理条例》指出，

a. 社会团体的资产来源必须合法，任何单位和个人不得侵占、私分或者挪用社会团体的资产；

b. 社会团体的经费，以及开展章程规定的活动，按照国家有关规定所取得的合法收入，必须用于章程规定的业务活动，不得在会员中分配；

c. 社会团体必须执行国家规定的财务管理制度。

- 《基金会管理条例》指出，

a. 基金会应当按照合法、安全、有效的原则实现基金的保值、增值；

b. 基金会应当根据章程规定的宗旨和公益活动的业务范围使用其财产；

c. 捐赠协议明确了具体使用方式的捐赠，根据捐赠协议的约定使用；

d. 接受捐赠的物资无法用于符合其宗旨的用途时，基金会可以依法拍卖或者变卖，所得收入用于捐赠目的；

e. 公募基金会每年用于从事章程规定的公益事业支出，不得低于上一年总收入的70%；非公募基金会每年用于从事章程规定的公益事业支出，不得低于上一年基金余额的8%；

f. 基金会应当执行国家统一的会计制度，依法进行会计核算、建立健全内部会计监督制度。

- 《关于慈善组织开展慈善活动年度支出和管理费用的规定》指出，

a. 慈善组织中具有公开募捐资格的基金会年度慈善活动支出不得低于上年总收入的70%；年度管理费用不得高于当年总支出的10%。

b. 慈善组织中具有公开募捐资格的社会团体和社会服务机构年度慈善活动支出不得低于上年总收入的70%；年度管理费用不得高于当年总支出的13%。

c. 慈善组织中不具有公开募捐资格的基金会，年度慈善活动支出和年度管理费用按照以下标准执行：

①上年末净资产高于6000万元（含本数）人民币的，年度慈善活动支出不得低于上年末净资产的6%；年度管理费用不得高于当年总支出的12%；

②上年末净资产低于6000万元高于800万元（含本数）人民币的，年度慈善活动支出不得低于上年末净资产的6%；年度管理费用不得高于当年总支出的13%；

③上年末净资产低于800万元高于400万元（含本数）人民币的，年度慈善活动支出不得低于上年末净资产的7%；年度管理费用不得高于当年总支出的15%；

④上年末净资产低于400万元人民币的，年度慈善活动支出不得低于上年末净资产的8%；年度管理费用不得高于当年总支出的20%。

d. 慈善组织中不具有公开募捐资格的社会团体和社会服务机构①，年度慈善活动支出和年度管理费用按照以下标准执行：

①上年末净资产高于1000万元（含本数）人民币的，年度慈善活动支出不得低于上年末净资产的6%；年度管理费用不得高于当年总支出的13%；

②上年末净资产低于1000万元高于500万元（含本数）人民币的，年度慈善活动支出不得低于上年末净资产的7%；年度管理费用不得高于当年总支出的14%；

③上年末净资产低于500万元高于100万元（含本数）人民币的，年度慈善活动支出不得低于上年末净资产的8%；年度管理费用不得高于当年总支出的15%；

④上年末净资产低于100万元人民币的，年度慈善活动支出不得低于上年末净资产的8%且不得低于上年总收入的50%；年度管理费用不得高于当年总支出的20%。

e. 计算年度慈善活动支出比例时，可以用前三年收入平均数代替上年总收入，用前三年年末净资产平均数代替上年末净资产。上年总收入为上年实际收入减去上年收入中时间限定为上年不得使用的限定性收入，再加上上年解除时间限定的净资产。

f. 慈善组织的年度管理费用低于20万元人民币的，不受本规定第七条、第八条、第九条规定的年度管理费用比例的限制。

第三，在员工待遇上，相关法律法规对社会组织员工的薪酬待遇进行了原则性的规定和整体上下限约束。《社会团体登记管理条例》和《基金会管理条例》对其工作人员的工资进行了条文规定，指出"社会团体专职工作人员的工资和保险福利待遇，参照国家对事业单位的有关规定执行"，"基金会工作人员工资福利和行政办公支出不得超过当年总支出的

---

① 民政部在2016年5月26日发布了一个关于《民办非企业单位登记管理暂行条例（修改草案征求意见稿）》公开征求意见的通知，该通知指出，为了更准确地反映社会服务机构的定位和属性，以及与《中华人民共和国慈善法》的表述相衔接，此次修订将"民办非企业单位"名称改为了"社会服务机构"，将现行《民办非企业单位登记管理暂行条例》名称改为了《社会服务机构登记管理条例》，之后也有部分文件直接使用"社会服务机构"一词。因为该修改仍在探讨，在相关统计文件中还未完全更改，所以本报告主体仍沿用以前的"民办非企业"一词。

10%";《关于慈善组织开展慈善活动年度支出和管理费用的规定》第五条指出,"慈善组织的管理费用是指慈善组织按照《民间非营利组织会计制度》规定,为保证本组织正常运转所发生的下列费用:理事会等决策机构的工作经费;行政管理人员的工资、奖金、住房公积金、住房补贴、社会保障费;办公费、水电费、邮电费、物业管理费、差旅费、折旧费、修理费、租赁费、无形资产摊销费、资产盘亏损失、资产减值损失、因预计负债所产生的损失、聘请中介机构费等",且对管理费用有最低额度和最高支出比例的限制。民政部 2016 年 6 月 14 日发布了《关于加强和改进社会组织薪酬管理的指导意见》,指出社会组织对内部薪酬分配享有自主权,从业人员实行岗位绩效工资制,包括基础工资、绩效工资、津贴和补贴等,依法享有年休假、探亲假、婚假及丧假,应及时足额兑现薪酬,建立薪酬管理制度和薪酬水平正常增长机制,完善公积金缴存机制。《慈善法》规定,要保障志愿者的合法权益,可以与志愿者签订协议,明确双方权利义务,约定服务的内容、方式和时间等,应当安排志愿者从事与其年龄、文化程度、技能和身体状况相适应的慈善服务,组织必要的培训,并为志愿者购买相应的人身意外伤害保险。

第四,在对负责人的约束上,《基金会管理条例》和《慈善法》对相关组织负责人的任职条件进行了限定,一些部门在此法规指引下陆续发布了一系列文件,对负责人与政府公职人员的兼职情况也进行了相应规定,具体条文如下:

- 《基金会管理条例》第二十三条指出:"基金会理事长、副理事长和秘书长不得由现职国家工作人员兼任。基金会的法定代表人,不得同时担任其他组织的法定代表人。公募基金会和原始基金来自中国内地的非公募基金会的法定代表人,应当由内地居民担任。因犯罪被判处管制、拘役或者有期徒刑,刑期执行完毕之日起未逾 5 年的,因犯罪被判处剥夺政治权利正在执行期间或者曾经被判处剥夺政治权利的,以及曾在因违法被撤销登记的基金会担任理事长、副理事长或者秘书长,且对该基金会的违法行为负有个人责任,自该基金会被撤销之日起未逾 5 年的,不得担任基金会的理事长、副理事长或者秘书长。"

- 《慈善法》第十六条规定,有下列情形之一的,不得担任慈善组织的负责人:无民事行为能力或者限制民事行为能力的;因故意犯罪被判处刑罚，自刑罚执行完毕之日起未逾五年的；在被吊销登记证书或者被取缔的组织担任负责人，自该组织被吊销登记证书或者被取缔之日起未逾五年的；法律、行政法规规定的其他情形。

• 2015年9月7日执行的《全国性行业协会商会负责人任职管理办法（试行）》规定：负责人基本任职条件是（一）坚持中国共产党领导，拥护中国特色社会主义，坚决执行党的路线方针政策；（二）遵纪守法，勤勉尽职，个人社会信用记录良好；（三）具备相应的专业知识、经验和能力，熟悉行业情况；（四）身体健康，能正常履责，年龄界限为70周岁；（五）具有完全民事行为能力；（六）没有法律法规禁止任职的其他情形。理事长（会长）、秘书长不得兼任其他社会团体理事长（会长）、秘书长。理事长（会长）和秘书长不得由同一人兼任，并不得来自于同一会员单位。全国性行业协会商会负责人每届任期最长不得超过5年，连任不超过两届。全国性行业协会商会秘书长为专职，可以通过选举、聘任或者向社会公开招聘产生。聘任或者向社会公开招聘的具体方式由理事会研究确定。聘任或者向社会公开招聘的秘书长任期不受限制，可不经过民主选举程序。聘任或者向社会公开招聘的秘书长不得担任全国性行业协会商会法定代表人。

• 2016年8月，中共中央办公厅、国务院办公厅印发了《关于改革社会组织管理制度促进社会组织健康有序发展的意见》，要求在职公务员不得兼任基金会、社会服务机构负责人，已兼职的在本意见下发后半年内应辞去公职或辞去社会组织职务。

第五，在信息公开方面，相关法律法规条文指出，社会组织应当将相关信息以适当方式向社会公开，并反馈处理捐赠人对信息的主动查询。《社会团体登记管理条例》和《民办非企业单位登记管理暂行条例》指出，社会团体和民办非企业"应当向业务主管单位报告接受、使用捐赠、资助的有关情况，并应当将有关情况以适当方式向社会公布"。《基金会管理条例》指出，捐赠人有权向基金会查询捐赠财产的使用、管理情况，并提出意见和建议；对于捐赠人的查询，基金会应当及时如实答复。2006年1月12日施行的《基金会信息公布办法》指出，信息公布是将基金会内部信息和业务活动信息通过媒体向社会公布的活动。该办法对公布的信息内容、媒介和信息存档保管等也都进行了规定；2016年9月1日执行的《慈善法》单独列出一个"信息公开"的章节，对信息公开的平台、具体内容、特定信息对特定对象的特别告知等内容进行了细化规定。

4. 明晰活动开展的规范

开展公益活动和非营利性活动是社会组织存在和发展的基础。相关法律法规对社会组织开展活动程序的规定大体经历了三个阶段。

第一个阶段是1998年颁布实施的《社会团体登记管理条例》和《民办非企业单位登记管理暂行条例》，这两个条例更多体现为对社会组织开展活动的原则性规定。如该两部行政法规对社会团体和民办非企业的活动约束，更多体现在"依照法律、法规及其章程开展活动"，强调"接受捐赠、资助必须符合章程规定的宗旨和业务范围，必须根据与捐赠人、资助人约定的期限、方式和合法用途使用"，对具体操作程序的规范并不多。

第二个阶段是2006年颁布实施的《基金会管理条例》，对基金会、受助人和捐赠人的互动进行了法律规范。该条例指出：组织募捐时，公募基金会应当向社会公布募得资金后拟开展的公益活动和资金的详细使用计划；捐赠使用时，捐赠协议明确了具体使用方式的捐赠，根据捐赠协议的约定使用，接受捐赠的物资无法用于符合其宗旨的用途时，基金会可以依法拍卖或者变卖，所得收入用于捐赠目的；捐赠实施时，基金会可以与受助人签订协议，约定资助方式、资助数额以及资金用途和使用方式，基金会有权对资助的使用情况进行监督；活动完成后，受助人未按协议约定使用资助或者有其他违反协议情形的，基金会有权解除资助协议，基金会违反捐赠协议使用捐赠财产的，捐赠人有权要求基金会遵守捐赠协议或者向人民法院申请撤销捐赠行为、解除捐赠协议。

此外，《基金会信息公布办法》详细规定了基金会对公众公布的内容、程序和途径：强调社会组织的募捐活动，应当向公众公布募得资金后拟开展的公益活动和资金的详细使用计划；在募捐活动持续期间内，应当及时公布募捐活动所取得的收入和用于开展公益活动的成本支出情况；募捐活动结束后，应当公布募捐活动取得的总收入及其使用情况；开展公益资助项目，应当公布所开展的公益项目种类以及申请、评审程序；评审结束后，应当公布评审结果并通知申请人；公益资助项目完成后，应当公布有关的资金使用情况；事后对项目进行评估的，应当同时公布评估结果；在公布的程序上，机构应当在通过登记管理机关的年度检查后，将年度工作报告在登记管理机关指定的媒体上公布，接受社会公众的查询、监督；

除年度工作报告外，信息公布义务人在公布信息时，可以选择报刊、广播、电视或者互联网作为公布信息的媒体；在公布的途径上，应当能够覆盖信息公布义务人的活动地域，保证捐赠人和社会公众能够快捷、方便地查阅或者复制公布的信息资料。

第三个阶段是2016年施行的《慈善法》，对慈善组织活动开展的程序进行了更为细化的规定。该法律指出：

（1）在慈善募捐时，公开募捐应有募捐方案，公开募捐后应公开资金的使用，公示捐赠的结果；向特定对象募捐时，应当及时向捐赠人告知募捐情况、募得款物的管理使用情况；慈善组织通过互联网开展募捐的，应当在民政部门统一或者指定的慈善信息平台发布募捐信息，其中，在省级以上民政部门登记的慈善组织也可以在其网站发布募捐信息；

（2）在慈善活动实施的内部管理中，慈善组织开展慈善活动支出的比例以及管理成本的标准，捐赠协议有约定的，按照其约定；捐赠协议未约定的，依照国务院民政部门的有关规定；建立项目管理制度，对项目实施情况进行跟踪监督；

（3）在慈善活动实施，以及与受助人互动时，要向受益人告知资助标准、工作流程和工作规范等信息；确定受益人时，要确保公平、公开、公正；根据需要可以与受益人签订协议，明确双方权利义务，约定资助财产用途、数额、服务内容、方式等；受益人未按照协议使用资助财产或者有其他严重违反协议情形的，慈善组织有权要求其改正，拒不改正的，慈善组织有权解除协议；尊重受益人的人格尊严，不得侵害受益人的隐私；

（4）在慈善活动结束时，捐赠人有权查询、复制其捐赠财产管理使用的有关资料，捐赠财产价值较大的，慈善组织应当及时主动向捐赠人反馈有关情况。

综合以上法律文献回顾和分类总结，自1998年《社会团体登记管理条例》和《民办非企业单位登记管理暂行条例》两部社会组织行政法规的颁布实施，到2016年《慈善法》法律的颁布，再到法律颁布后多维行政法规、部门规章以及试行办法的制定和实施，与社会组织自身发展相关的活动，包括从登记成立、机构设置、内部管理、财务金融，到活动开展等多方面内容均得到了一定程度的规范约束和指导限定。这些法律法规为社会组织的存在及发展创造了一个较为健全的法律环境。此外，从法律法规的内容变迁来看,其对社会组织的约束由原来更多直接的行政指导干预,逐渐转向给予社会组织更多的行为自主性,促进多主体的参与和互动,依赖在健全法律背景下,政府、社会和行业组织等多主体参与的有效的社会治理来促进社会组织的持续健康发展。

二 社会组织配套制度的改革

1. 规范社会组织评估机制

在社会组织发展的环境中,相关法律法规的颁布为社会组织的建立和发展提供了基本的行为依据,是对社会组织发展的底线约束。然而,如何区分社会组织的优劣,建立行业标杆,为培育社会组织增瓦助力,激励社会组织的整体发展,则是社会组织发展实践中需要解决的一个重要议题。为了解决这一问题,社会组织等级评估工作得以倡导和开展。对社会组织进行科学透明的等级评估也是增强政府监督管理社会组织、引导社会组织加强自身建设、提高社会组织自律性诚信度和社会公信力、促进社会组织健康发展的一个重要途径。对社会组织进行等级评估的相关规章制度颁布时间和颁布背景如表99所示。

表99 社会组织评估工作相关的制度规章

文件名称	施行时间	文件编号	颁布背景/目标
民政部关于推进民间组织评估工作的指导意见	2007年8月16日	民发〔2007〕127号	民间组织在发展中存在组织机构不健全、内部治理不完善、组织行为不规范、社会公信力不高等问题
全国性民间组织评估实施办法	2007年8月16日	民函〔2007〕232号	规范评估程序,促进民间组织健康有序地发展
社会组织评估管理办法	2011年3月1日	民政部令第39号	规范社会组织评估工作
民政部关于探索建立社会组织第三方评估机制的指导意见	2015年5月13日	民发〔2015〕89号	社会组织评估面临发展不平衡、评估机构独立性不强、专业化水平不高和评估机制不健全等问题

在具体的法律条文上，2007年《民政部关于推进民间组织评估工作的指导意见》作为第一个推进社会组织评估工作的政策性文件，提出了建立政府指导、社会参与、独立运作的民间组织综合评估机制，构建了社会组织评估工作的指导思想、主要原则、评估机构、评估内容、评估程序、评估等级等基本框架，制定出了详细的民间组织评估指标体系供实践参考，同时也强调相关部门之间的沟通合作、宣传培训和必要的人员经费保障。培训的具体操作指南在《全国性民间组织评估实施办法》中也有明确的表述，该文件对参与评估的社会组织条件、评估委员会的专家构成、评估的程序以及后期的监管都做了较为翔实的规定。

2007年两个政策文件的宣传动员和试点实践，促进了2011年行政法规《社会组织评估管理办法》的出台，该办法界定了参与评估的社会组织的条件和内容，强调对社会组织实行分类评估，即"社会团体、基金会实行综合评估，评估内容包括基础条件、内部治理、工作绩效和社会评价；民办非企业单位实行规范化建设评估，评估内容包括基础条件、内部治理、业务活动和诚信建设、社会评价"；提出了评估机构的构成、职责和委员具备的条件；规定了社会组织的评估、回避与复核的程序和方法，以及评估等级的管理等。

为提升社会组织评估结果的科学透明和公开公平，完善社会组织综合监管体系，社会组织第三方评估机制作为社会组织评估的未来发展方向，在2015年颁布的规章《民政部关于探索建立社会组织第三方评估机制的指导意见》中提出。该文件强调增强对社会组织第三方评估机构的培育与规范，建立评估经费的保障机制，宣传倡导增强第三方评估信息结果的应用，指出"各地要制定与评估结果挂钩的激励政策，提倡把评估结果作为社会组织承接政府转移职能、接受政府购买服务、享受税收优惠、参与协商民主、优化年检程序、参加表彰奖励的参考条件，鼓励把评估结果作为社会组织信用体系建设的重要内容"。

相关制度规章的颁布，为社会组织评估工作设定了基本的框架和标准，也体现了社会组织评估工作逐渐由试点、推广到成熟的发展历程。在此政策制度的指引下，我国实际上于2007年就启动了社会组织的评估工作，2013年后开始每年编纂《中国社会组织评估发展报告》，来对中国社会组织发展现状进行详细的数据分析和个案研究，揭示社会组织评估规律和未来发展方向。

2. 推进政府购买服务

随着政府社会管理职能的强化,现有行政体系直接提供公共产品和服务的成本过高、效益低下、质量不佳等弊端日益凸显;同时社会经济的发展加大了人们对公共服务多样性和差异性的需求,而现有行政体系公共服务供给和保障不足的问题日益突出。在这种背景下,政府购买服务作为一种社会管理体制的创新路径,进入我国实践领域。

从概念上来讲,政府购买服务,是指通过发挥市场机制作用,把政府直接提供的一部分公共服务事项以及政府履职所需的服务事项,按照一定的方式和程序,交由具备条件的社会力量和事业单位来承担,并由政府根据合同约定向其支付费用的做法。最早的试点始于 2000 年上海政府推出的依托养老机构开展居家养老服务,后逐渐扩大至医疗卫生、教育、就业培训和社区服务等诸多领域。2012 年,中央财政拿出 2 亿元资金,购买民政部门登记的社会团体、基金会和民办非企业等社会组织提供的社会服务。自此,政府购买服务进入政策主流议程,转变政府职能、培育社会第三部门也成为推动政府购买服务的重要途径。此后,相继出台的政策文件如表 100 所示。

表 100　　　　政府购买服务政策推进的相关文件

文件名称	施行时间	文件编号	颁布背景/目标
国务院办公厅关于政府向社会力量购买服务的指导意见	2013 年 9 月 26 日	国办发〔2013〕96 号	在公共服务领域更多利用社会力量,构建多层次多方式的公共服务供给体系
财政部、民政部关于支持和规范社会组织承接政府购买服务的通知	2014 年 10 月 24 日	财综〔2014〕87 号	将提升社会组织公共服务能力作为开展政府购买服务的基础性工作,支持和引导社会组织健康有序发展,充分发挥社会组织在承接政府购买服务中的主体作用
政府购买服务管理办法（暂行）	2015 年 1 月 1 日	财综〔2014〕96 号	转变政府职能,推广和规范政府购买服务,更好发挥市场在资源配置中的决定性作用

在具体的文件条文上，2013 年的文件《国务院办公厅关于政府向社会力量购买服务的指导意见》第一次论述了政府向社会力量购买服务的重要性，提出了政府向社会力量购买服务的总体方向，包括指导思想、基本原则和目标任务，界定了购买服务事件中的购买主体、承接主体、购买内容、购买机制、资金管理和绩效管理等，并提出了推进相关工作的配套措施，包括组织领导、工作机制、监督管理和宣传引导等。2014 年出台的《财政部、民政部关于支持和规范社会组织承接政府购买服务的通知》从购买主体，即培育社会组织、促其能力提升、建立健全社会组织承接政府购买服务信用记录管理机制等方面，来推进政府购买服务的施行。2015年 1 月 1 日施行的《政府购买服务管理办法（暂行）》正式界定了政府购买服务的购买主体和承接主体的类型与条件，罗列了购买服务的内容及指导目录，规范了购买方式和购买程序、预算和财务管理、绩效和监督管理等。

相关制度的出台，推动了政府购买社会服务行为的开展，也使得政府购买服务的资金成为社会组织活动经费的一个新的稳定的来源和渠道。而社会组织要获得相应的购买服务资金支持，则需要加强自身的公信力建设，以此提升在提供社会组织服务中的竞争力。因此，推进政府购买服务，为社会组织增强自身公信力建设提供了强有力的资源激励。

3. 落实税收优惠政策

税收优惠，是政府监管社会组织的一个重要杠杆，也是政府为社会组织提供的一个重要支持手段，具体体现为两种类型：一种是社会组织本身的税收优惠；另一种是向社会组织捐赠的组织或个人的税收优惠，相关的政策文件如表 101 和表 102 所示。

对于社会组织本身的税收优惠，具体如表 101 所示，相关政策大体可分为四个阶段：第一阶段主要体现在社会组织所得收入、进口关税增值税和支出项目的多种税种减免上；第二阶段体现在政府对具备捐赠税前扣除资格的社会组织的资格认定和程序审批上；第三阶段是为简化工作程序、减轻社会组织负担，合理调整公益性社会团体捐赠税前扣除资格确认程序，对社会组织报送捐赠税前扣除资格申请报告和相关材料的环节予以取消；第四阶段是在扣税资格认定审批环节取消后，强调对税务票据的后续管理和监督处罚。

表 101　　　社会组织本身税收优惠的相关政策文件

文件名称	施行时间	文件编号	具体约束内容
事业单位、社会团体、民办非企业单位企业所得税征收管理办法	1999年1月1日	国税发〔1999〕065号	·对社会组织自身，一部分项目可以享受免税政策，如对财政拨款、政府资助、会费、捐赠收入、公益基金会的基金存款取得的利息收入等企业所得税种，免收企业所得税 ·对部分应税收入有关的成本、费用和损失等支出项目，在计算应纳税所得额时应予以扣除，包括部分工资扣除、部分职工福利教育经费、用于公益救济性的捐赠、贷款利息等
关于公益救济性捐赠税前扣除政策及相关管理问题的通知	2007年1月8日	财税〔2007〕6号	·规定了申请捐赠税前扣除资格公益性社会团体所应具备条件、捐赠物资用途、捐赠票据使用等
民政部关于基金会等社会组织不得提供公益捐赠回扣有关问题的通知	2009年4月21日	民发〔2009〕54号	·基金会不得在接受的公益捐赠中提取回扣返还捐赠人或帮助筹集捐赠的个人或组织 ·按照捐赠协议，基金会可以在接受的公益捐赠中列支公益项目成本，项目成本必须是直接用于实施公益项目的费用，属于公益支出
社会团体公益性捐赠税前扣除资格认定工作指引	2009年7月15日	民发〔2009〕100号	·明确了申请公益性捐赠税前扣除资格的申请条件、审核程序、申请文件、财务审计、监督管理等内容

续表

文件名称	施行时间	文件编号	具体约束内容
公益事业捐赠票据使用管理暂行办法	2010年10月28日	财综〔2010〕112号	·捐赠票据是捐赠人对外捐赠并根据国家有关规定申请捐赠款项税前扣除的有效凭证
全国性社会团体公益性捐赠税前扣除资格初审暂行办法	2011年5月18日	民发〔2011〕81号	·规定了申请获得公益性捐赠税前扣除资格的社会团体应当具备的条件和不属于公益性捐赠税前扣除资格的认定范围
国务院关于取消非行政许可审批事项的决定	2015年5月10日	国发〔2015〕27号	·"公益性捐赠税前扣除资格确认"作为非行政许可审批事项予以取消
关于公益性捐赠税前扣除资格确认审批有关调整事项的通知	2015年12月31日	财税〔2015〕141号	·财政、税务、民政等部门结合社会组织登记注册、公益活动情况联合确认公益性捐赠税前扣除资格,并以公告形式发布名单 ·加强公益性社会团体的后续管理,建立信息公开制度,加大对公益性社会团体的监督检查及违规处罚的力度
慈善捐赠物资免征进口税收暂行办法	2016年4月1日	财政部,海关总署,国家税务总局〔2015〕102号	·对境外捐赠人无偿向受赠人捐赠的直接用于慈善事业的物资,免征进口关税和进口环节增值税

续表

文件名称	施行时间	文件编号	具体约束内容
关于进一步明确公益性社会组织申领公益事业捐赠票据有关问题的通知	2016年2月14日	财综〔2016〕7号	·公益性社会组织接受捐赠应当遵守相关法律、行政法规规定，遵循自愿、无偿原则，并严格按照《财政票据管理办法》和《公益事业捐赠票据使用管理暂行办法》使用公益事业捐赠票据，自觉接受财政部门监督检查 ·各级财政部门应当加强对公益性社会组织领用（购）、使用、保管公益事业捐赠票据的监督检查，发现违规使用公益事业捐赠票据问题，应予以严肃查处，并及时向有关部门通报，确保票据管理规范有序 ·各级民政部门要督促公益性社会组织做好公益事业捐赠票据使用管理工作，并将公益性社会组织使用公益事业捐赠票据情况纳入年度检查、评估、执法监察以及公益性社会组织信用信息记录等工作体系中，加强对公益性社会组织监管

对向社会组织捐赠的组织或个人提供税收优惠，是强有力的推动社会组织发展的政策激励措施。社会组织作为非营利性组织，其活动经费较大程度上依靠社会捐赠，而公益税收减免制度是鼓励和推动社会捐赠的重要措施。表102所示的法律法规相关条文显示，我国于1999年开始在《公益事业捐赠法》中提出对捐赠方给以捐赠优惠，具体的减免力度在2008年的《企业所得税法》及之后的《个人所得税法实施条例》中得以明确；2016年针对新出现的公益股权捐赠，提出了捐赠税收扣除的方法。

表102　　　社会组织捐赠方公益捐赠税前扣除相关政策文件

文件名称	施行时间	文件编号	具体约束内容
中华人民共和国公益事业捐赠法	1999年9月1日	主席令第十九号	·公司和其他企业依照本法的规定捐赠财产用于公益事业，依照法律、行政法规的规定享受企业所得税方面的优惠 ·自然人和个体工商户依照本法的规定捐赠财产用于公益事业，依照法律、行政法规的规定享受个人所得税方面的优惠 ·境外向公益性社会团体和公益性非营利的事业单位捐赠的用于公益事业的物资，依照法律、行政法规的规定减征或者免征进口关税和进口环节的增值税 ·对于捐赠的工程项目，当地人民政府应当给予支持和优惠
关于企业等社会力量向红十字事业捐赠有关所得税政策问题的通知	2000年1月1日	财税〔2000〕30号	·企业、事业单位、社会团体和个人等社会力量，通过非营利性的社会团体和国家机关（包括中国红十字会）向红十字事业的捐赠，在计算缴纳企业所得税和个人所得税时准予全额扣除
中华人民共和国企业所得税法	2008年1月1日	主席令第六十三号	·企业发生的公益性捐赠支出，在年度利润总额12%以内的部分，准予在计算应纳税所得额时扣除；超过年度利润总额12%的部分，准予结转以后三年内在计算应纳税所得额时扣除

续表

文件名称	施行时间	文件编号	具体约束内容
中华人民共和国个人所得税法实施条例	2008年1月1日	国务院令第512号	·个人捐赠额未超过纳税义务人申报的应纳税所得额30%的部分，可以从其应纳税所得额中扣除
关于公益股权捐赠企业所得税政策问题的通知	2016年1月1日	财税〔2016〕45号	·企业实施股权捐赠后，以其股权历史成本为依据确定捐赠额，并依此按照企业所得税法有关规定在所得税前予以扣除。公益性社会团体接受股权捐赠后，应按照捐赠企业提供的股权历史成本开具捐赠票据

政府为激励社会组织发展而制定出台的税收优惠政策，不仅降低了社会组织运营发展的成本，增加了所需要的资金，激发了社会组织的主动性和积极性，也使得政府增加了监督管理社会组织运营发展的新标准、新维度。该政策环境的创造，使得社会组织为了获得合法的收入所得税减免、应税收入的成本支出减免、境外捐赠税免征和公益捐赠票据的开具权，就必须在运行中自觉遵守国家对公益性社会组织的监督管理，增强自身公信力的建设。

4. 创新政府管理体制

社会组织的发展，生发于社会内部，也受助于政府的引导和培育。基于独特的社会发展阶段，在过去的数十年间，我国政府对社会组织发展的管理体制经历了以下几个变化和推进。

第一个变化体现在社会组织管理体系的改革。2016年8月，中共中央办公厅、国务院办公厅印发的《关于改革社会组织管理制度促进社会组织健康有序发展的意见》中提出，对社会组织实施分类管理，一方面是在重点培育、优先发展行业协会商会类、科技类、公益慈善类、城乡社区服务类组织的政策背景下，对该四类组织施行直接申请登记制度；另一方面是在对直接登记范围之外的其他社会组织，如政治法律类、宗教类社会组织和境外非政府组织在华代表机构等，基于组织复杂性的考虑，在申请登记前，仍需经业务主管单位审查同意，实行双重管理的社会组织的业务主管单位，要对所主管社会组织的思想政治工作、党的建设、财务和人事管理、研讨活动、对外交往、接收境外捐赠资助、按章程开展活动等事项切实负起管理责任，每年组织专项监督抽查，协助有关部门查处社会组织违法违规行为，督促指导内部管理混乱的社会组织进行整改，组织指导社会组织清算工作。社会组织直接登记制度的推进，使得原来实施多年的社会组织登记管理机关和业务主管单位双重管理的体制得以转变，为社会组织提供了更为广阔的发展和成长空间。

第二个变化体现在政社分开系列制度的创新。基于我国独特的社会组织发展历史，官办社会组织曾占据了社会组织绝大部分的比例，政府对社会组织的干预一方面使得社会组织具有较为稳定的人力、资金和其他发展资源；但另一方面也使得其行为较多被限制在政府鼓励、允许和默许的范围之内，缺少与社会竞争的能力。2016年8月，中共中央办公厅、国务院办公厅印发的《关于改革社会组织管理制度促进社会组织健康有序发展的意见》中提出，推行社会组织政社分开，一是按照《中共中央办公厅、国务院办公厅关于党政机关领导干部不兼任社会团体领导职务的通知》《中共中央组织部关于规范退（离）休领导干部在社会团体兼职问题的通知》等文件，从严规范公务员兼任社会团体负责人，在职公务员不得兼任基金会、社会服务机构负责人，即从负责人决策权层面实现社会组织的独立性；二是在相关文件中，对社会组织管理费用的提取比例进行了明确细化的规定，即从资金的合法提取制度方面实现社会组织的独立性。

第三个变化体现在社会组织年检程序的简化。年度检查是社会组织相关法律条例赋予业务主管单位和登记管理机关的权利和义务，是政府对社会组织实现常规监管的一个重要渠道，然而其对年度报告和财务审计报告的要求，使得社会组织承担了较多额外的成本。2011年实行的《社会组织评估管理办法》提出，"获得4A以上评估等级的社会组织在年度检查时，可以简化年度检查程序"，实践中体现为直接加盖年检合格章，免资料审核；在社会组织年度财务审计上，民发〔2015〕47号文件《关于规范全国性社会组织年度财务审计工作的通知》中提出，"社会组织在接受年度检查时，应当按照登记管理机关的要求报送会计师事务所出具的年度审计报告","登记管理机关为履行监管职责，可以同时出资委托会计师事务所对社会组织进行年度财务抽审","社会组织审计业务收费实行市场调节价","鼓励会计师事务所对部分确有困难的社会组织适当减免审计费用，提供公益审计服务"，该规定一定程度上规范了社会组织年检中的财务审计行为，降低了财务审计成本。

第四个变化体现在政府对社会组织监管方式的创新，具体体现在政府逐渐从以结果为导向的监督，转向更多日常的监管和建立起多主体参与的机制，更为强调综合监管的实践。从早期针对社会团体和民办非企业发布的三个文件来看，在监管体制上，首先强调多部门政府主体对社会组织发展的负责，强调政府的指导、监督管理职责，包括财政部门和审计机关、业务主管单位、登记管理机关等。2016年施行的《慈善法》，则将政府促进社会组织发展的职责进一步拓展丰富化，除了之前的指导、监督管理外，对政府的职责增加了建立统一的慈善信息系统、信用记录制度、组织评估制度，促进行业规范，以及惩戒规则等，提供税收优惠、金融政策支持、政府购买服务，民政等部门接受投诉举报等。这些监管方式的创新，也推动着社会组织问责体制由原先均一的政府问责，逐步发展为分类的、多主体问责的制度。

综上，配套制度的改革与实施，使得社会组织逐渐由被动的要求提供材料和项目解释，转由社会组织自身的主动反馈和负责；由对政府过度的资源依赖和政府单一主体的问责，转向多主体间的良性互动和相互主动的监督负责；由原来过度强调政府对社会组织的监管职责，转向更多强调政府的服务职能和培育社会组织发展的功能；由原来强调年度检查和年度报告的形式监管，转向更多强调社会组织内部制度的建立、实时动态信息在相关平台的发布和违反条例后清晰的处罚措施。这些制度的改革与转型，为社会组织的成长与发展提供了较为有力的助推作用，也引导和激励了社会组织主动进行公信力建设。

第二节 扶贫社会组织公信力建设的动力分析

公信力水平高低直接影响社会组织自身资源的获取和活动的持续开展，也是关乎行业生态的重要指标。在提升社会组织公信力水平的初始阶段，社会组织外部环境的强制约束与引导激励和内部环境的主观构建与能动催生，是社会组织进行公信力建设的两种重要的动力来源，也为社会组织公信力建设形成了自律和他律的两种实践形态。本节依据扶贫社会组织的主体实践案例，认为公信力建设动力主要来源于以下四个方面。

一 政府的底线监管

基于中国独特的问责路径，塑造公民社会的"公共性"，促进公民社会的建立和非政府组织的良性发展，是政府的重要责任（何华兵等，2015）。在扶贫社会组织实践当中，社会组织与政府存在一种普遍型的监督管理关系，即依据相关法律的规定，政府是社会组织合法身份的审核、确定、监督、评估和行政处罚主体，社会组织对政府负有普遍的底线责任。目前，政府对社会组织的底线监管行为，主要表现为两个方面：一是对社会组织合法身份获取和维持的监管；二是对社会组织违规行为的处罚式监管。

首先，自1998年社会组织第一批法律法规出台以来，社会组织的登记管理就一直是法律赋予政府相关部门的一项重要职能，政府可以通过常规年检、日常监督等途径来实现对社会组织进一步发展资格的认定。在这种普遍性的监督管理关系中，所有的社会组织都要接受政府相关部门的监督与检查，需要每年在指定的时间内向登记管理机关提交年度报告和财务审计报告。对于社会组织来讲，法律的底线要求使其要获得合法身份，就必须提交年度总结报告和财务报告，如若未接受监督检查或年审不合格，就会面临限期停止活动、撤销登记，甚至刑事责任的处罚。

其次，基于现代社会多元化的发展，公共服务的内容在不断扩展和延伸，政府职能的履行面临人员和专业不足等问题，使得对社会组织的日常监管往往停留在理论和形式层面。实践调研发现，地方民政局并没有对社会组织进行普遍的日常监管，而只进行有针对性的监管，如对特殊行业协会、涉及安全问题的社会组织如教育卫生组织等实行重点监管；同时通过政府部门间的日常工作交流、特殊事件反应机制和定期的信息公报等非正式机制运作途径，对出现问题的行业、领域或组织进行特殊监管和查看，原因主要在于两个方面：一方面是民政局负责民间组织管理的人员偏少，如重庆黔江区仅1人，登记工作就占据了其工作的大部分时间；另一方面是管理手段较为落后,缺少统一的监管信息平台,导致社会组织活动过程无法监督,仅有问题时民政系统才会被动处理。为了弥补政府日常监管的劣势,降低登记门槛,简化登记流程,发挥社会公众和行业组织的监督检查和察举功能,增强对违规行为的处罚力度,已经成为政府实现对社会组织行为约束的强有力途径。2016 年施行的《慈善法》专门设置了"法律责任"章节,分设了 12 条款,对慈善组织违规行为进行了细化阐释,情节较轻的,由民政部门责令限期改正;逾期不改正的,吊销登记证书并予以公告;产生违法行为的,由相关机关依法查处;构成犯罪的,依法追究刑事责任。

在相关法律规定的政府底线监管措施下,被调研的扶贫社会组织都能够按照相关要求,以提交相关的年度总结报告和审计报告的形式,来满足政府的底线监管,使自身机构具备合法的社会组织身份。从表面来讲,政府的这种监管能够较为顺利地施行,但是在实践当中,却面临来自以下三个方面的挑战。

首先,从扶贫社会组织角度来讲,这种提交报告的监管仅限于程序上和任务上的完成,缺少专业化的问责反馈机制,对自身的发展只是徒增成本而无收益。调研案例显示,扶贫社会组织在提交年度报告时,面临两种难题:一是年度总结报告需要经业务主管单位同意后盖章,方能提交到民政部门;二是审计报告需要独立第三方审计部门的评估,财务制度要求 50 万元以上的项目要单独审计,单项审计花费数千元,有时一年审计费就达 2 万—3 万元,而捐赠的 50 万元可能没有工作经费,没有审计费,由此使得审计成为社会组织正常运转的一大成本开支。可见,在对政府底线负责行为中,社会组织要处理好同业务主管部门的关系,还要承担一定的负责成本,获得的收益则是自身合法运营的身份和税收减免的资格,而当这个成本影响到社会组织正常的运行时,就会造成社会组织内在的积怨,不利于其持续的发展。

其次,从政府监管层面来讲,在以前的双重等级管理制度下,登记管理机关日常监管人员和专业性的缺乏,使得大部分的日常监管就落在了业务主管单位身上,赋予了业务主管单位较多的权限和较大的权力,引发了系列收费乱象和部分社会组织转向工商部门注册为企业法人的现象。

最后,从社会日常监管层面来讲,相应机构、媒体和个人则面临监管能力不足、专业性欠缺的局面，如社会团体 LQJ 经常也会被委任为第三方，对其他社会组织从事的相关活动进行监管，在监管中主要采取的是非正式访谈，借助政府系统的威望和经验进行判断，依靠的是以往的专业政府工作经验，而程序上的专业性则相对不强。

为了进一步推动社会组织的发展，政府开始推动简化社会组织年检流程政策。如从 2014 年 7 月开始，黔江区民政局在登记环节，对因团体会员数量不足无法到民政系统合法登记的中小组织，改在街道、居委会申请备案；对业务主管单位比较难确定的组织，民政局出面进行协调指导，与相关的主管单位进行衔接沟通确定，对于部分找不到业务主管单位的，则直接归民政局系统管理；在程序上，对以前符合条件的要求在 30 个工作日内办妥手续，现在要求 5 个工作日内完成，原来要求从筹备到申请需要经过 30 个工作日，现在对于规定的无须潜质许可要求的四类社会组织，将筹备阶段取消，只要证件齐全即可直接登记办理；在年审阶段，将社会团体的业务主管单位的报告年审盖章制度取消，改为仅要求接受行业主管单位指导，资金运作报告直接由审计所提供，简化了年审流程。广州市在 2014 年 10 月 30 日发布的《广州市社会组织管理办法》第四十四条规定"社会组织应当于每年 3 月 31 日前提交年度报告书。除社会组织负责人换届或者更换法定代表人之外，年度报告不需提交财务审计报告"。

这些改革，一定程度上降低了社会组织对政府底线式监管的负责成本，规避了政府双重管理的弊端，但在社会监管的能力和渠道上仍面临较大的挑战。如何增加社会监管的渠道机制，提升社会监管的专业能力，让处罚式监管变得更为有力，则是让政府底线监管成为社会组织公信力建设的重要途径。

二 社会组织的主动构建

每个扶贫社会组织作为一个独特的社会组织主体，都会有自己的主观行为选择。在实践中，也会依据自身的特点、能力和发展方向，在公信力建设的某些方面主动进行公信力构建。调研案例显示，扶贫社会组织进行主动的公信力构建的动力主要源于三个方面。

一是源于扶贫社会组织核心负责人自身的职业操守、职业理想，以及对所从事行业的职业道德和职业规范的追求。基金会 SSH 成立于 2014

年，机构负责人常年在扶贫领域的工作使其希望通过自身的努力来推动中国扶贫事业的发展，使贫困人群受益，并将基金会作为自身发展的一项新的事业来做；在组织运行初期，该负责人参加了多种类型的与社会组织发展相关的正式与非正式会议，并与多个相关机构进行了经验借鉴交流活动，深知机制管理和深层次的内外监督机制对于现代社会组织发展的重要性。因此，在发展初期，就在参考借鉴其他社会组织相关制度的基础上，结合自身组织的实际情况，秉持规范做事的原则，对组织运行所涉及的各方面规章制度进行了规范，为组织从事相关的活动设立了基本的准则、框架和标准。对于基金会 CFP 来说，其主要领导都是从党政机关退下来的老干部，本身对自己要求比较严格，因此，在实践中能够按照政府对基金会的管理条例执行，在组织结构上从捐赠方以及具有一定社会威望和良好道德品质的人群中推选出监事对其进行监督；在项目运行上，与爱心友好人士在商谈后，按照捐赠人的意愿接受对于资金的约定使用并签订协议，同时，在项目结束后，将项目的执行情况及影响写成报告，以报告的形式及时反馈给捐赠人。

调研案例也显示，部分扶贫社会组织在发展初期，由于毫无运行基础和内容，如何界定其活动空间和应该开展的项目活动，成为其生存发展面临的首要难题。在此背景下，初期的试验性活动成为其主要的关注点，因此无暇顾及机构的公信力建设，直到转入正常发展轨道后才会着力进行公信力建设。如社会团体 QXH 成立于 1994 年，但是在 2008 年前基本没有开展过任何公信力建设活动；一直到 2009 年，才进行了核心负责人的物色，2010 年召开了换届大会，选举产生了新的领导班子，业务得以正常开展。

二是行业中或日常紧密合作的机构团体中，已发生的公信力事件，会影响扶贫社会组织对公信力建设的认识，转而关注自身公信力的构建，开始积极主动地进行自我约束以及完善的制度建设。如面对同行中发生的由于项目新闻报道与实际信息不符而导致机构负面影响不断扩大的事件时，社会团体 CCS 就会对项目信息透明化所依赖的媒介选择变得更为谨慎，也开始探讨建立独有的信息沟通机制。社会团体 DFK 从红十字会郭美美丑闻事件中意识到，扶贫社会组织作为一种特殊类型的慈善组织，要避免发生偏差行为，就需要从以下几个方面提升自身的公信力：树立正确的办会思想，区分开公共利益与私人利益，坚持非营利的发展宗旨，履行正当的组织功能，设立基本的工作规范，建立透明的管理决策体制，实施机构领导出席活动报告制度，保证开展活动的阳光透明，使得机构分工合作有序，岗位职责明确，监管机制健全，建构自律自强的机构文化，形成自己的公益品牌理念，继而提升机构的公信力。

三是为获取相关群体的信任与资源支持，维持自身正常持续的发展活动，扶贫社会组织需要在公信力建设层面，加强对相关群体的负责，主要表现为使内部员工、机构会员和捐赠主体形成对社会组织的信任和依赖。如基金会 YCQ 认为员工是组织发展的重要资源，让员工理解、信任组织，培养员工的专业能力和调动员工的工作热情，是机构持续发展的必备条件，因此会经常组织各种机构文化建设、业务能力培训、项目分享研讨等活动，来促进员工对机构的信任和归属感。对于基金会 QFP 来说，受自身发展条件限制，缺少专业的资金募集人员，发展资金主要依赖 18 个会员单位，因此，让会员了解基金会项目的运作方式和管理制度，信任基金会的管理与使命，有助于激励机构后续的募款行为。此外，调研案例也显示，当项目资源捐赠方是政府时，扶贫社会组织会主动定期向政府汇报工作，以保证持续地获取资金；当捐赠方的捐赠额度较大时，扶贫社会组织会将与项目有关的材料，以邮寄的方式汇给捐赠方，实现对大笔资金的一对一反馈；当捐赠方的捐赠额度较小，是消费性或试探性捐赠时，则会通过丰富的网络资源，建立相应的平台进行反馈，促进捐赠资金流向的清晰度和可追溯性，使捐赠者能够利用公开的媒体界面，查阅获知资金的使用去向。这些行为都是扶贫社会组织为提升自身在相应群体中的公信力而主动采取的公信力构建行为。

四是机构转型发展的需要，使得扶贫社会组织不得不改变现有的工作机制，开始主动进行公信力构建。从机构层面来讲，此时公信力的建设更多来源于机构对自身使命、理念和持续发展目标的认同与努力，扶贫社会组织会以自身发展为主线，倡导自己的使命和理念，并构建相应的项目制度、人事制度和财务制度，以及关注人群的瞄准、监测和自动纠错机制，依赖制度和执行力的保证，来实现对自身使命持续发展的负责。基金会 ZGF 在 2000 年实施了"去行政化"改革，确立了真正非政府非营利组织的体制设计思路，"无行政级别、无事业编制、不进行行政化募捐和项目实施，实行企业化经营和管理"成为其体制改革的最重要原则。依据上述思路与原则，该机构对内部人事制度进行了根本性的改革，彻底取消了事业编制，建立了最高决策层的理事会以及掌管日常经营管理的管理执行团队秘书处，构建了以企业化经营和管理为目标的专业化领导团队，并围绕提升机构敬业精神和专业水准的执行力和透明度两大要素来培植机构的公信力。

三 主体的传导约束

随着一些社会组织的日趋专业化，社会组织之间的分工越来越明显，社会组织之间开始以一定的契约方式在公益活动的各个环节进行衔接与合作，这样使得一些社会组织内部形成的制度和文化在整个行业体系中得以扩散和蔓延，从而对与之合作的伙伴产生传导性效应。同时，公众和相关群体参与社会组织监管并与之互动，也会在很大程度上影响被监管社会组织对公信力的认知和建设行为。本书将社会组织的这种由于受到周围其他组织或群体的影响而产生的相应的公信力建设行为的动力来源，称为主体的传导约束。

首先，调研案例显示，为了争取稳定持续的资金投入，不少扶贫社会组织会主动寻找与自己所倡导的价值观理念相吻合的捐赠机构进行合作，按照其设定的原则和价值观从事相关的活动，即公益活动环节中，不同组织间的合作会产生一定的公信力建设传导效应。

民办非企业 SXB，作为一个纯粹的民间草根社会组织，本身并没有向社会募集资金的能力，因此主要是通过向国内或国际基金会申请项目，通过项目招标中标的方式，获取捐赠资金，成为项目执行单位，然后开展项目活动。但是国内外成熟的基金会一般都会要求申请机构遵循自己的项目申请流程、价值观理念和践行的工作方式；强调申请机构的项目执行须满足一定的监控指标，同时应最大限度地满足服务人群的需求，并定期提交项目报告，甚至还会设置专业的第三方评估，对项目经费的使用进行财务审计，评估所实施的项目，看资金是否花得合适等。为争取到合作项目，SXB 会依据合作方感兴趣的领域以及合作方所要求的各项能力，来申请、实施和评估相应的项目。具体体现为：在申请项目之前，SXB 会利用参与式的方法，拜访能人、贫困人群和特殊人群等，综合分析他们的需求，准确界定并瞄准某个贫困村或人群所面临的问题或需求，同时用基层人群的声音来激发项目出资方的兴趣，以体现项目设计的专业公信力。除此以外，SXB 也将有关其之前完成的项目的积极评价传递给出资方，增加出资方对其管理公信力、财务公信力和专业公信力等维度的感知，进而对其产生好感和信任，或者将其推荐给同行，由此产生持续的合作。随着中国整体经济发展水平的提升，国际资金逐渐撤出，SXB 开始更多寻求国内合作，了解政府的招标考核指标，同时基于自身的发展优势，寻找政府着力推动的项目资助点，寻求进一步发展的空间。可见，不同扶贫社会组织之间的合作，是二者之间相互信任的结果，即仰赖在价值观理念或行为方式上一定程度的认同或一致性，毫无疑问，这种合作也推动了不同机构间的公信力认知和传递，由此对对方的公信力建设行为产生影响。

其次，公众参与社会组织的监管，也能在一定程度上激励社会组织主动构建自身公信力。调研案例显示，部分扶贫社会组织在增强自身组织公信力建设的同时，会主动邀请捐赠者参与项目的监督执行，与受益人群进行面对面的接触和互动，使之获得直观的感受，并从他们的角度来表达对扶贫公益活动的认识，了解扶贫社会组织主动建设公信力的情况。如案例：

> 2010 年，中国扶贫基金会与曹德旺、曹晖父子合作救助西南旱灾的行动成为倡导并推动公益问责的典型个案。
>
> 2010 年 5 月 4 日，曹德旺、曹晖父子捐款 2 亿元，委托基金会除援建 1 所便民桥（计划投资 970 万元）外，对西南五省/区/市旱灾受灾贫困农户每户发放 2000 元的救助款。在签订的协议中规定：项目资助方将组织独立的监督委员会对项目的执行进行全过程监督，如果在抽样检查中，瞄不准比例超过 1%，捐方可要求中国扶贫基金会按照抽样获得的超过 1% 部分缺损比例的 30 倍予以赔偿；项目完成日期为 2010 年 11 月 30 日，之后未发放到户的善款将由曹德旺、曹晖父子收回。
>
> 2010 年 11 月 20 日，中国扶贫基金会如期完成对 92150 户农户、每户 2000 元、共计 1.843 亿元的救助资金拨付。受益农户覆盖了西南 5 省/直辖市/自治区的 17 县 120 个乡镇、761 个行政村、5980 个自然村。经外部评估机构抽样监测，瞄不准率为 0.85%，小于合同约定的 1%。曹德旺先生对项目执行过程与结果均表示满意。
>
> 曹德旺、曹晖父子选择通过基金会执行 2 亿元捐赠并亲自监督善

款使用，被誉为开创了中国"慈善问责第一单"。《中国第三部门观察报告（2011）》认为：这是一次非常专业的捐赠行为，捐赠人对捐赠方式、捐赠途径、捐赠时间、捐赠结果都非常关注。

四　评估的软性激励

针对政府底线监管更多作为一种事后处理的惩罚式监管制度，缺少对扶贫社会组织正向激励和引导的功能特点，民政部自2009年开始推行社会组织等级评定工作及与之配套的政府购买服务。2010年，民政部颁布《社会组织评估管理办法》，尝试增加登记管理机关和第三方机构对社会组织的评估和等级评定，配套推进政府购买服务，用激励的方式来推动社会组织的公信力建设。

具体的激励措施为：通过设立全国统一的基本评估指标，建立评估专家库，成立从专家库抽取、多方主体组成的评估委员会，组织实施评估工作，作出评估等级结论并公示结果，评级3A以上的非政府组织可优先接受政府职能转移、获得政府购买服务和政府奖励，可以按照规定申请公益性捐赠税前扣除资格，4A以上可以简化年度检查程度等优惠政策。此政策的设立，使得对社会组织的管理由原来的惩罚式管理向激励式管理的方向转变。

调研发现，政府的这些创新使得部分社会组织会经常主动向政府汇报，希望获得政府的认可，获得较高的等级评定，以记入具有接受公共捐赠权利的社会组织名录；或借助与等级配套的政府择优宣传来影响社会组织捐赠方的态度和认识。如作为省5A级的非政府组织，基金会CFP执行了意大利一个1400万欧元的项目，对中国11个贫困县提供医疗设备，因为这些设备符合当地医院的需求，且贷款期限和额度都在医院可负担的范围内，因此很受当地的认可，覆盖了较广的区域和贫困人群，民政部还对此项目进行了宣传，在外界也得到了较高的认同。2014年项目结束以后，捐赠方再次联系CFP进行新一轮捐赠。

不过，部分地区案例也显示，基于当地尚无成熟的第三方评估机构能够承担相关工作，再加上信息采集工作的艰难，类似的第三方评估机构的评定等级工作并未能顺利开展。

综合本节上述内容，可见，扶贫社会组织会进行公信力建设的动力主要来源于四个方面的推拉作用。推的作用，一方面来源于政府的强制规定，政府强制规定要求扶贫社会组织须按年度，常规化地提交年度工作报告和财务审计报告，同时不定期的抽查、约谈和投诉处理使违规行为面临较大的处罚式监管；另一方面来源于社会组织同行制度的传导式约束，以及社会大众主动问责能力提升后带来的公众话语的约束。拉的作用，则一方面来自于社会组织基于自身的价值追求、持续发展或转型发展，而主动进行公信力构建；另一方面源于评估制度所带来的系列配套措施的激励，使得扶贫社会组织主动提升公信力水平，以获得持续的资源支持。

第三节　扶贫社会组织公信力建设的行为分析

上文分析显示，目前扶贫社会组织的公信力建设正处在一个相对健全发展的法治创新环境中，配套制度的改革、政府工作机制的创新、社会主体的多元参与倡导，正在为社会组织公信力建设提供良好的底线约束和激励动力。本节将以调研扶贫社会组织案例公信力建设为基础经验，对目前扶贫社会组织公信力建设的行为维度、行为特点和行为逻辑三方面进行分析探讨。

一　扶贫社会组织公信力建设的行为维度

案例显示，从扶贫社会组织自身发展的主体性来看，目前扶贫社会组织为提升自身的公信力建设水平，主要会在以下三个行为维度上采取措施：一是加强制度建设，促进组织行为的规范化发展；二是建立公开平台，促进组织信息与公众的互动；三是推进协同治理，促进组织运行的过程创新和效率提升。具体内容阐释如下：

1. 制度建设促管理规范化

随着社会组织逐渐由实验性探索、示范性培育到竞争性合作的运行，规范化发展，既是外部环境对社会组织发展的期望，也是社会组织提升自身运行的重要行为措施。调研结果显示，案例扶贫社会组织认为扶贫社会组织本身具有较大的弱势特征和社会公益性，要想持续地获取外部资源，确保运作的规范性，而规范性首要体现在内部运行的诸多制度上，即组织运行的各项活动是否均有制可依，已颁布的制度是否涵盖组织日常管理、财务管理、项目管理和人力管理等方面，实践行为是否按照已颁布的制度合理开展。如农村资金互助社作为特殊类型的扶贫社会组织，在最初政府扶贫资金的支持下，要确保资金发挥最大效用，首要的是确保资金有效运行，案例DQC和LZC之所以能成为众多资金互助社的典型，关键在于其建立了切实可行的制度，且该制度为内外部相关群体所认可，并得到了有效的贯彻执行。同时，在实践中，扶贫社会组织对规范化的制度建设呈现出极强的立体化拓展趋势，具体体现为涉及的制度维度越来越多、越来越细，逐渐由最开始单纯的章程制度建设，向项目制度、财务制度、人力资源管理制度等领域拓展，再到各领域制度的进一步细化。

2. 平台建设促信息公开化

信息沟通，是社会组织公信力提升的一个重要途径。以不同的文件在多元的现代传播沟通媒介上，进行信息公示，促进利益相关群体对社会组织运行行为的关注和理解，是社会组织提升社会公信力水平的重要行为。沟通媒介的设立和完成，是相关群体能否及时获知社会组织的项目活动进展，并信任相关信息的重要渠道。调研显示，现代信息传播的迅速和低成本，促使案例扶贫社会组织均不同程度地采用官网、微信、微博、报纸、期刊等多种方式，来公开其机构相关信息，少部分机构甚至开通了专线来与社会大众沟通所公示的信息。

在案例扶贫社会组织建设的众多的沟通平台中，采用比例最高的是其机构官网，通过官网公布的信息通常较为全面，但是信息的连续性和稳定性较差，且不同案例扶贫社会组织在信息公开上呈现出两种行为取向：一种是积极推进相关信息的公开及与相关群体的互动，表现在充分挖掘和利用现代多媒体媒介的优势，公开媒介对象所关注的有关机构的信息，甚至成立专门的信息公开部门对机构的信息进行有效的整理和恰当的发布；另一种则是基于外界社会组织因信息公开而引致的混乱，因而对信息公开采取非常审慎的态度，只是在确保不会引起误解和最大程度沟通的背景下，针对少量特殊群体的需求，进行较为充分的信息沟通与互动，但对社会大众仍保持比较神秘的状态。

在公信力的传播上，除了现代沟通平台的创建外，部分传统的信息传播平台也在现代得到创新和延续。如社会团体SDF建立了常态化的捐赠者年会，通过年会这样一个非正式的平台，使得诸多信息在熟人半数人的社会网络间得到传递,扶贫社会组织所做的事情会得到更多同行的信任和了解,有助于社会组织公信力的内部传播和捐赠网络的进一步扩大。

3. 机制建设促治理协同化

基于社会组织活动参与的社会性、动态性和长链条性,组织项目运行本身是一个多主体互动和干中学的过程,相关项目运作的状况和实践的效果感知需要社会多主体的参与,需要有项目自身运行的纠错与矫正机制。案例扶贫社会组织通过增强社会群体对社会组织参与式的综合监管,来更好地实现外部监管,提升组织的运行效率;同时,在组织活动时,也同样最大程度地吸收社会群体,促进其对组织活动设计和监督的参与,从而最大程度地实现不同群体之间行为的协同,保证组织项目得以最优化地运行。在实践案例中,少部分扶贫社会组织开始创造机会让一些利益相关群体介入组织的运行,如基金会 ZGF 让捐赠者参与组织公信力问责和项目对象瞄准率的监督中,社会团体 SDF 充分利用政府、企业和其他草根社会组织的力量,来分工协作帮扶贫困人群。

二 扶贫社会组织公信力建设的行为特点

综合扶贫社会组织公信力建设的具体行为措施,研究发现扶贫社会组织的公信力建设行为呈现出以下几个方面的特点。

1. 报告是主要的公信力机制

(Ebrahim, 2003) 总结出了目前普遍使用的五类公信力机制:报告和公开法律声明(reports and disclosure statements)、绩效考核与评估(performance assessments and evaluation)、参与情况(participation)、自律(self-regulation)以及社会审计(social audits)。

第一,在公信力机制报告和公开法律声明机制上,调研素材显示,案例扶贫社会组织会对组织相关的信息进行相关文件的凝练,具体的文件形式包括年度报告、项目报告、审计报告、季度报告和新闻等,其中采用最为广泛的文件形式是年度报告和审计报告,这也是相关政策对社会组织合法化发展的底线要求。

第二,在绩效考核和评估机制上,案例扶贫社会组织主要呈现出三种类型:一是扶贫社会组织自身组建专业的绩效考核团队和项目实施周期管理制度,形成了包括基线考察、中期评估和终期评估的项目考核机制,这种类型仅占极少数；二是扶贫社会组织执行部分项目的捐赠方要求其要开展绩效评估，主要依赖聘请的外部独立的第三方进行评估，此种类型仅限于社会组织执行的少部分项目；三是采用非正式的抽查走访，对执行的项目进行核心内容的检查，此种类型为大多数案例扶贫社会组织所采取的项目评估方式。

第三，在公众参与上，相关的法律和政策制度文件逐渐在倡导和推动公众来参与社会组织的治理；在目前的实践领域，仅有少部分案例扶贫社会组织开始通过机制创新来促进社会大众对组织项目的实质参与和监督反馈，但仍处于探索阶段，即整体来讲，公众对扶贫社会组织发展的实质参与及对其行为公信力的有效制约仍处于初步发展阶段。

第四，在自律的公信力机制上，在政策改革的背景下，不少案例扶贫社会组织面临着依赖公信力求生存的发展转型，其纷纷开始注意自身公信力的建设，但囿于自身的能力和行业协会自律制度尚未形成，自律对扶贫社会组织公信力的建设仍处于起步阶段。

第五，在社会审计维度，政府对社会组织等级评定，形成的专家库对社会组织多维度多阶段的审核考察，一定程度上推动着对扶贫社会组织发展的审计工作和社会审计的专业化发展，但是其所依赖的政府背景和社会独立评估机构的发育较少，又在较大程度上制约着社会审计对扶贫社会组织公信力建设的积极作用。

基于以上的分析可见，年度报告和审计报告为目前扶贫社会组织基本的信息公开载体，是整体采用最多的公信力机制；其他类型的公信力机制虽有不同程度的涉及和推进，但整体上仍处于初步探索阶段，其成为主要的公信力机制仍有较长的路要走。

2. 对谁负责呈现情境多元性

在公信力研究框架中，"对谁负责"是社会组织采取系列主动负责行为的基本出发点，为社会组织公信力建设的一个重要维度。在实践中，基于具体情境的不同，扶贫社会组织最终对谁负责呈现出较大的差异性。

从项目周期的角度来讲，对每个独立的扶贫社会组织来讲，其既要满足政府日常管理的总结汇报以获取基本的合法身份，又要筹集资金开展项目活动，同时也要通过自己的活动开展使受援助对象得到一定的益处。在项目周期的不同阶段，扶贫社会组织体现出对不同主体的负责：如在捐赠资源动员阶段，主要对下负责，表现为对贫困群体生活现状的关注和揭示；在捐赠协议签订后，主要对上负责，表现为要按照与捐赠方签订的捐赠协议开展相关活动；在捐赠执行可以把控的区间内，其会依据使命和价值适当地对下负责，表现为在捐赠协议未明确规定的实践操作层面。

对不同的扶贫社会组织来讲，在组织法律合法性获得方面，注重对政府的负责，表现为日常管理式的汇报。在自身业务活动发展方面，其基于自身发展情境的不同，表现为不同的负责路径。如社会团体LQJ，其发展资金主要来源于政府，故发展初期负责对象主要为对政府的负责，表现为及时主动地将组织计划、具体开展的活动和取得的效果，向政府项目部门进行积极主动的，甚至面对面的联系汇报和沟通；而随着其活动的开展，为了较多地吸纳社会资金，其开始创新机制，积极主动地了解帮扶区域和对象，体现出较多的对受助方的负责。而社会团体DFK，因为秘书长之前有较多的组织经验，加上"郭美美事件"的影响，其在组织创办初期，尤其注重组织内部各项制度的设立和规范性，体现为对自身组织的负责；因为资金较多需要组织自身筹集，其注重对区域贫困人群发展空间的关注，体现为对受助方的负责；当获取受助方需求时，其开始寻找捐助方，并在捐助协议达成后，注重对协议的执行，体现为对资助方的负责。

从社会环境情境变化来讲，当传统信息流通较为缓慢和闭塞时，扶贫社会组织基于信息沟通和公开的成本，以及捐赠资源的集聚化，较多注重对资源捐赠方的负责；而现在随着信息流通的低成本和快速性，负向信息流通所造成的恶劣影响，以及社会大众小额捐赠文化的形成，扶贫社会组织开始注重对社会大众的负责，表现为对组织自身和活动的宣传解释。具体表现为：互联网时代对捐赠模式的重新建构，引发现代社会组织对谁负责行为的变革。首先，互联网时代使更多的人能够接触社会组织，了解社会组织，知晓受助对象，并为社会组织提供捐赠资金，由此使得社会组织捐赠方和受助方同时变得多元，也促进了多种大众公益创新产品的诞生。私人捐赠日益增多，能够使社会组织逐渐摆脱对富豪或大型组织捐赠的依赖，进而能够独立地行驶自身的社会使命，但如何对多元零散的捐赠人负责也成了社会组织现代公信力建设的一大挑战。其次，随着公众社交网络的持续发展和微博微信在日常生活中应用比例的提升，社会组织满足社会大众对其整体透明度和项目执行信息的披露的要求变得可行，成本也得到一定程度的降低，公众实质参与的渠道得到改善。现代互联网的应用和发展使得社会组织对利益相关者负责的信息更加透明，为社会组织对相关信息的反馈和解释提供了较好的平台，而如何利用好该平台，体现出网络时代负责的专业性则是社会组织需进一步解决的难题。最后，众多互联网时代捐赠模式的创新，使社会组织对谁负责的价值选择和风险面临进一步的挑战，如现代众筹依赖对受助方需求的客观介绍，以挖掘捐赠方的利他情结，进而得到持续的资助，但这种对受助方的过度消费，会损伤受助人的尊严，也会纵容虚假公益产品的生产，并对潜在捐赠方产生虚假情感倒逼，一旦真像披露，社会组织的公信力就会受损，并最终波及社会组织整个领域，引发公益道德失范（李小云，2015）。社会组织如何把握自己行为的"度"和伦理底线，提早警觉和规范自身的行为，就显得尤为重要。

因此，扶贫社会组织负责对象的选取，体现了社会组织所处的项目周期阶段、对资源的依赖程度、对道德使命的执行程度和外界主体对社会组织问责的监督制度差异，即扶贫社会组织具体"对谁负责"受制于组织发展的具体情境，且整体上呈现出多元负责的趋势，而如何实现多元主体负责对象和负责目标的一致性则是一个值得进一步探讨的问题。

3. 问责维度呈现类型差异性

从类型方面讲，扶贫社会组织具有基金会、社会团体和民办非企业三种类型。从法律上来讲，《慈善法》和近年来诸多社会组织政策的颁布，三种类型的社会组织均强调其活动的非营利性和公益性，其类型差异正在逐步减少，特别是在后续获取资金募集资格和慈善管理上。而在组建基础上，三者却有较大的差异，具体体现在构成主体、资金来源和活动目标三个方面的差异，如社会团体是会员制组织，以人为基础，更加强调会员共同意愿；民办非企业更加强调组织举办资金利用的是非国有资产；而基金会更加强调利用的是捐赠的财产，是以财产为基础设立的法人。在实践中，基于组织组建基础的差异，三类组织在面临公信力建设时，主要问责的维度呈现出一定的差异。

首先，对扶贫领域的基金会来讲，其有募集资金的优势，表现为对社会资金的募集和吸纳；其可以直接开展扶贫活动，也可以委托其他合作机构开展项目活动。整体表现为资金的总量较大，所处的行政级别较高，故如何保证资金来源和使用的合法，管理公信力和财务公信力就变得尤为重要，由此导致基金会更为重视组织的制度公信力和程序公信力，更注重宏观管理，而对受益者的需求和负责、对具体项目的选择和设计相对较弱。

其次，对扶贫领域的社会团体来讲，其有较为丰富的专业的人力资源和扶贫工作经验，表现为人才优势和业务优势。扶贫社会团体可以通过扶贫政策和贫困区域的宣传、扶贫项目的开发创新、扶贫人才及机构的动员、外部扶贫资源的引进等方面开展活动。整体表现为宣传倡导、项目开发和资源凝聚的功能，故对其问责，更为强调组织的专业公信力。

最后，对扶贫领域的民办非企业来讲，更多为草根，其与基层接触较多，具体负责项目的执行，而如何开展合适有效的项目，保证扶贫资金高效地改善贫困人群的生存状况，则是该类扶贫社会组织需要负责的，故对其问责，更为强调组织的财务公信力和专业公信力。

因此，整体来讲，三种类型的扶贫社会组织呈现出一定的问责差异，但在实践持续发展中，因为活动开展资金、人才、项目等要素的不均衡关系，以及组织间合作机制的缺乏，导致三种类型扶贫社会组织的公信力建设差异并不明显，同一区域的不同扶贫社会组织甚至存在一种非良性的公开的竞争关系，也使得各自的专业性不能较好体现。

4. 自律引导公信力建设行为

自律和他律是公信力研究的一个重要维度。对社会组织来讲，他律主要体现在法律政策和公众舆论上，自律主要表现为组织内部制度和同行规范的约束。回看报告前几章对扶贫社会组织相关法律政策文件的综合梳理和社会组织自身公信力建设做法的阐释，可见扶贫社会组织的外部他律主要表现为政府的底线监管，其中又以对组织财务监管审计关注最多，另外也开始涉及社会参与监管的倡导和做法，但实践仍处于发展初期；从组织内部自律来讲，行业规范在扶贫社会组织实践领域仍较少探讨，案例素材仅在甘肃草根社会组织讨论时有所涉及，故扶贫社会组织要积极地进行公信力建设，其业务活动开展所涉及的内部管理和项目瞄准机制仍更多依靠自身的发展诉求，需要在发展中依赖自律不断完善。因此，从目前的实践和未来短期内来讲，扶贫社会组织公信力的积极建设仍较多依靠自律来进行引导。

三 扶贫社会组织公信力建设的行为逻辑

在上述公信力建设的行为措施和行为特点背后，支撑案例扶贫社会组织进行公信力建设的行为逻辑主要体现在以下几个方面。

1. 预期收益影响投入力度

公信力建设意味着组织面临一系列的资金和人力投入。社会组织普遍认识到公信力建设的重要性，但是其对公信力建设的投入和努力程度，很大程度上受到公信力获取后能给其带来什么影响的预期密切相关。

首先，在社会组织与政府的关系上，早期政府与民间组织更多是管理与被管理的关系，政府对民间组织更多表现为管理，实际的支持和监管力度均相对较少，由此导致民间组织仅在获取组织合法资格上与政府相关部门保持日常的文件汇报，而主动积极的需求沟通则相对较少。现在随着政府对社会组织等级评定和未来购买服务政策的实行，政府对民间组织公信力的发展有等级评判和影响公众认知的能力，同时民间组织的公信力也会进一步影响政府对民间组织的项目支持，由此催生了部分社会组织开始主动地进行自身公信力的建设，以获取潜在的政府认可所带来的资源支持。

其次，在与捐赠方的关系维系中，部分案例扶贫社会组织会对组织依赖的捐赠机构主动进行项目进度的沟通汇报，获取较高的公信力认可，以期得到其持续的资助。如基金会 CFP 会花较多的时间制作项目设计、项目实施及项目效果的文档，或主动邀请捐赠方实地考察项目，以此与大额捐赠的机构或组织保持常态化的沟通交流，以获取其对自身组织的信任，并保持捐赠的持续化。

最后，在社会公信力建设方面，扶贫社会组织信息透明的程度，源于机构对公众评判的依赖程度和潜在收益的预期。透明度已经成为评判、衡量一个社会组织公信力的重要维度，是社会个人捐赠者的重要信息源，也是政府对社会组织进行等级评定的重要参考指标。不同的案例扶贫社会组织依据自身对社会个人捐赠者的依赖、对政府等级评定的依赖，采取了不同程度的信息透明化措施。调研素材显示，某区域访谈的多个扶贫社会组织都在进行与生存相关的宣传活动，力图增加本组织的社会影响力，但在宣传内容和宣传力度上有明显的差异，如组织 A 透明指数全国排名靠前，做到信息一月一公开，从不节流资金，透明度体现为四个不同维度，即筹资与项目执行结果全过程透明（包括方案透明、执行过程透明、执行结果透明），全对象透明（包括特定捐赠人及整个社会大众），关键信息透明和构建多样化的信息披露平台；而组织 B 在宣传内容上更多侧重文化的宣传，展现该区域人民生活的困难和发展诉求，以争取社会关注支援和政策倾斜，而对组织内部的资金收支和项目执行则较少透明。

2. 资源诉求引致对上负责

多重资源的获取和配套使用是扶贫社会组织运行的核心活动。捐赠方作为扶贫社会组织开展活动的一个重要利益相关者，在捐赠资源比较短缺或社会组织处于发展生存期时，获取捐赠方的资源支持，主动建构与捐赠方的关系，对捐赠方负责，期冀与之关系得到延续，是扶贫社会组织开展活动的首要切入点。此时捐赠者具有较多的话语权，会有一套完整的制度来约束扶贫社会组织活动的开展，对于捐赠方主动诉求的反馈和回应，扶贫社会组织依据与捐赠方的要求实现契约式负责。具体来讲，扶贫社会组织对其负责体现为两种路径和三个维度。

从具体负责的路径来讲，一是在没有具体可行的操作协议前，扶贫社会组织获取捐赠项目前和执行捐赠项目时，案例扶贫社会组织通常会提前弄清楚捐赠方对捐赠对象的要求，收集一些捐赠方感兴趣的公益资助领域，实现对其的负责，如社会团体 CFK 在获知上海某基金会打算捐赠 20 万台电脑等教学仪器项目时，首先是弄清楚捐赠方对捐赠对象的要求；其次与基层相关机构联系，推荐学校，经过市县组织审查和网站公示后反馈给上海基金会，基金会认可后，社会团体 CFK 与其签订捐赠协议；最后，CFK 与县教育部门签订捐赠协议，教育局委托采购方采购电脑，明细表发票和采购清单附上，CFK 再将其反馈给上海基金会。因为程序公正合理，上海基金会认可度较高，后来与该组织签了战略合作伙伴协议。

二是在项目执行前，扶贫社会组织会尽可能增强与捐赠方的沟通交流，专业性的要求常常会在签订的协议中体现，或是在项目申请批准的价值导向中体现。国际机构在与扶贫社会组织签订捐赠协议时，常常依据自身完善的制度对资金的使用作出详细具体的规定，要求执行活动的社会组织按照项目建议书的内容执行相应的活动，并适时作出负责任的回应，如基金会 CFP 基本的项目执行模式是按照捐赠人的意愿，接受资金的约定和签订协定，并在项目执行结束后，将项目执行情况、影响写成报告的形式,反馈给捐赠人,其认为"对捐赠人负责是第一的,是生存的根本,根基,要对得起他们的爱心"。同时,当扶贫社会组织将接受的捐赠资金进一步交给基层项目实施单位时,其也会发挥较强的问责功能,如扶贫社会组织将项目交给自己的分支单位或基层合作单位时,会与其签订协议书,每年资金的使用情况要向基金会汇报,主要采取报账制,下面先垫付,在检查的过程中难免会有不符合开支的要求和比例,如贫困户的补助比例、交通比例、劳务比例、吃饭比例等,有时也会添一些培训设施,有时也会出现县里配套资金支付不上的情况,社会组织会根据项目实际情况增加或减少资金的报销额度,当连续三年项目实施不好或不符合协议规定时,会直接取消项目点。因此,与扶贫社会组织签署的协议是捐赠资金合法使用的重要依据,捐赠方对捐赠效果的了解与评价也是其进一步捐赠行为的重要参考。扶贫社会组织依据明细化的协议和多种途径的自律化程序制度来实现对捐赠方的负责,但基于项目理念的成熟度和社会组织相关意识能力的发展,扶贫社会组织实际负责的程度与效果呈现出较大差异。

在具体负责的维度上,扶贫社会组织通过多种负责途径,对捐赠方的负责体现在三个不同的层面:第一层面负责体现为资金使用的方向清晰,可追溯,捐赠方可以通过既有的途径查找到资金的使用去向,捐赠对象确定的流程和程序是否合理,捐赠资金是否用在拟捐赠的对象身上;第二层面负责体现为资金的使用效率,即资金是否以尽可能快的速度、尽可能低的成本来达成捐赠者的意愿;第三层面负责体现为资金对贫困对象的生计持续改善程度,即捐赠资金不仅在表象上改善了贫困对象暂时的生活,而且在实质上推动了贫困对象持久改善生计的动力和能力。调研发现,不同的信息平台和不同类型的扶贫社会组织在实际负责的程度上存在差异,如扶贫社会组织在公信力构建的公共平台信息透明度上,较多公示资金的使用去向,而对对象确定的程序与资金对贫困对象生计的改善效果则较少涉及,即较多存在于第一层次的负责;基金会在调研中阐述公信力时,多利用公共资源进行贫困对象的瞄准,较多强调制度公信力、程序公信力,强调资金的使用效率,而对第三层次的负责则强调较少;社会团体在对捐赠方负责时,较多体现在项目确定前期的沟通交流上,以与捐赠方沟通交流以及实地考察,来引导捐赠方创建寻找合适的项目,即以浅层次的对下负责来诱使捐赠方的捐赠,实现对上负责。

3. 发展诉求引致对下负责

社会性和公益性的道德使命是社会组织得以存在的基础，然而社会组织资源依赖下的发展模式，使其较多形成对上负责的趋势。案例素材显示，在对上负责的整体趋势中，仍有部分组织表现出对下负责的行为与措施，究其行为逻辑，主要源于以下四种情形。

一是扶贫社会组织已经有较为充裕的资金支持，其唯一要做的就是花好钱，花出效益和效率，如1990年成立的基金会XFP，因为成立较早，且有明确的扶贫目标，在成立后就争取了中国扶贫基金会1600万元和省委省政府配套的1400万元基金，在保值增值的原则宗旨下开始了多元扶贫模式的探索。二是依赖于扶贫社会组织的良知与使命，在其行为可能的范围内确保受助方的权益最大化，如社会团体QXH在开展活动时注重项目的实践操作，在开展雨露工程时会逐一与原有的贫困系统核对申报人群的家庭情况，避免冒名顶替的现象发生；社会团体LQJ则是在项目合同确定前期，与捐赠方进行专业的培训讨论、实地考察和发展协商来确定项目，即依赖确定项目的过程来体现对下负责。三是自身发展路径的需求，在组织生存发展的前期，其主张依靠自身对贫困群体发展公信力的构建，来实现小范围内相关群体对机构公信力的认可，进而逐步扩大延伸，以获取未来获得捐赠资源的潜力，即以对下负责来实现对上负责，获得组织持续发展的动力，如民办非企业WLY，寻找政府可能支持的潜在对象，进行相关学习、培训、信息、政策等多维创业支持，以负责对象可持续发展的项目先行的方式，获得政府认可，进而获取政府购买服务的支持。四是不同扶贫社会组织合作时产生的制度传递，使得基层社会组织要获得其他社会组织的资金支持，就要满足其基本的项目执行要求，而成熟社会组织要求项目对下负责的原则就会在基层得到落实，也体现在所有合作网络成员的负责行为中。

在具体负责的维度上，扶贫社会组织具体体现为三个层次的负责：第一个层次是选择项目本身的合理性，不存在资源的浪费和故意的低效率，是最低一层次的负责，如社会团体CCS在选择发展项目时，会对捐赠的项目要求很严格，凡是不符合慈善总会的原则都是委婉的原则，如食品、奶粉等，因为存在食品的安全性，或运输中出问题，都没法保证不出问题，基本不接受，对捐赠的衣服因为面临较高的清洗成本和质量的问题，大多比较谨慎。

第二个层次是选择项目对贫困群体的瞄准性，是否对贫困群体具有针对性和有效性，能否满足所瞄准对象的真实需求，是中等层次的负责。如作为民办非企业 JTF，在发展面对穷人的金融信贷支持时，选派一年四季到各个村庄挨家挨户调查了解的信贷员，发展五户联保，自主筛选组组，同时贷款互相担保，基本贷款 8 千元，信任升级，贷款额度升级，同时提供办手续和收款到家的上门服务贷款模式。此种模式依据与贫困群体的面对面沟通，来考察了解其需求，并根据其需求设计相应的服务项目和贷款额度。

第三个层次是对贫困群体持续发展的负责，不仅对贫困对象的需求能够及时发现与满足，也能建立起负责人的对象反馈和交流机制，促进反思性公信力的构建，是最高一层次的负责。如基金会 DLF 在开展贫困农户高等教育扶贫时，首先是注重扶持对象的瞄准性，即以品学兼优和家庭经济暂时困难作为资助标准，村、乡镇、区委三级鉴定公示家庭贫困情况，学校考察公示成绩和全面发展的德智体美劳情况，实现精准瞄准；其次是注重从道德的层面引导，让孩子立下一个志向，报效祖国，回报家乡，成为一个有德行和国家情怀的人，同时让帮扶对象有余力的时候结对帮扶一名学生，将爱心接力棒传递下去，既滋养了其公益情况，也保证了项目的可持续发展能力；最后是派生出相应的子项目，建立扶持对象的跟踪服务卡，挑选更优秀的人才成为栋梁之星，在给更高奖学金支持的同时，也为其提供配套的来自政界、企业或学校的导师，建立导师跟踪培育制度，来全面关注其健康成长，随时解决其在工作和学习中遇到的困难和挑战。受制于项目资金的筹款难度和捐赠企业价值取向问题，部分基金会尽管也倾向发展对下持续发展负责的新项目，但实践中仍难以践行，如基金会 YCQ 目前的项目仍以应急救灾为主，预防性质的项目依然很少。

4. 适应创新促进使命实现

对扶贫社会组织来讲，使命实现是其组织存在的根本价值。面临生存所需资源导致依赖性的对上负责和长期发展对下负责的实践诉求，案例扶贫社会组织采取了较多的适应性创新来促进自身组织使命的实现，创新的领域主要表现在受助对象的瞄准和相应对象合理项目的选择。

为了瞄准受助对象，案例扶贫社会组织注重对瞄准媒介的创新选择。

因为项目对象零散地分布社会群体中间，直接寻找扶贫对象，需要有一定的财力、人力和精力去做。在瞄准媒介上，因为缺少有效的民办非企业和机制本身的问题，具有官方发展背景的扶贫社会组织多是在省的层面，没有基层项目执行单位，在缺少"脚"的支撑情况下，其更多借助不同层级政府现有的系统来瞄准选择受助对象，由此省掉很多的人力物力，如社会团体 XCS 资金规模较大，不可能实地考察，其充分借助县一级慈善协会、乡镇政府、民政助理员、义务的志愿者等资源，通过程序制度的设立来选择受助对象；社会团体 CCS 则是利用政府民政和扶贫系统形成的大数据来寻找支持救助对象。

为突破"脚"的问题，部分官方背景社会组织尝试建立分会，或发展会员单位等手段来保证合作对象的稳定性与持续性，如基金会 CFP 在全省建立了 10 个分会，7 个联络处，自身有一个志愿者工作部，项目由分会实际操作，总会按比例不定期抽查，每年召开两次固定的理事会进行工作的交流，志愿者工作部通过调用招募更多的志愿者进行知识的宣传，开展教育扶贫；国内部分自主的扶贫基金会，多采用项目招标的方式，寻找合作伙伴，来进行扶贫对象的瞄准，如基金会 YCQ 作为国务院批准的、全国性非营利社会组织，主要是以项目招标的方式选择合作伙伴，通过网上筛选，到员工评审，最后由高层决策三道程序层层把关，确定合作后，与合作伙伴之间建立良好关系，按章办事，有始有终。同时根据项目执行情况，选择性持续资助一些合作较好的伙伴，包括草根机构。

还有一种瞄准受助对象的媒介是自己发展起来的员工，要么自己的员工亲自做，要么是自己亲自招聘的亲自执行，而且在基层有当地的驻扎协调员，形成专业的系统点衔接机制，更接地气，也能更好地监管资金的使用和项目的执行，如国际机构 GJH 每个项目县均有自己的县级办公室，负责项目的监督和设计，并与合作伙伴提供培训，约定双方职责与分工；国际机构 XMN 每个项目都寻找发展一定的当地社区协调员，帮助项目的沟通与反馈，且畜牧局有专人负责小母牛项目，为当地协调员的合作伙伴，对其需求提供帮助和服务。

借助上述三种瞄准受助对象的媒介，案例扶贫社会组织形成了三种项目选择逻辑。第一种是缺少"脚"支撑的扶贫社会组织，多是在政府的统一协调、日常的项目反馈建议或自身偶遇有意的关注下形成资助项目，且在其发展初期体现得就更为明显,如基金会 SSH,2014 年募捐 70 多万元,因组织目标和管理运行未理顺,且缺少相关的人力,截至 2015 年 7 月仅花费 3.3 万元,新制作一网站 0.3 万元,另对领导下乡看到的贫困大学生家庭提供资助,一家 2 万元,一家 1 万元;基金会 XFP 在 1996 年收回资金后做的第一个项目就是会长在下乡期间,发现很多适龄儿童上不了学,辍学严重,就开展了一个万名儿童助学工程,前后进行了 5 年。

第二种是有"脚"支撑或有系统的点衔接机制,或位于基层的扶贫社会组织,借助与受助方联系紧密的互动机制,能够较多了解受助方的需求,不断地改进创新项目扶贫思路和实施过程,提供适宜的项目服务模式,如社会团体 DQC,在贷款资金有稳定来源的情况下,利用与贫困村民的日常互动,选择致力于支持种养农户的生计,并与村庄合作社、村党支部等合作提供配套的技术和销售渠道服务;基金会 XFP 在精准扶贫政策背景下,在长期扶贫项目经验中,认为现在贫苦户缺资金、缺技术、缺劳动力,尝试利用农民专业合作社的平台来打包扶贫,在贫困户具体情况调研清楚的情况下,让合作社按其自己的发展给农户提供相应的支持措施,扶持农户,让每户有一个人掌握产业发展的技术,提高贫困户自我发展的能力,拥有固定收入来源,真正解决贫困户的收入问题,开启扶贫新模式;草根社会组织如民办非企业 SXB,则是以村庄为项目执行单位,在了解村民多维需求的基础上,加强对村民的技能培训,多角度引进项目,同时游说政府合作,加强政府大额资本项目的投入。

第三种是以对下负责为基本出发点,利用与基层的联系和持续互动,首先了解受助方的需求,然后寻找资助方,进而重塑捐赠方和受助方的发生逻辑。国际机构 GJH 围绕自身发展使命和联合国的千年发展目标为基准,每年有固定的预算进行基础调研,来为未来的项目设定方向,具体做什么由项目县办公室具体讨论确定运作计划,计划批准后具体实施独特的筹款机制和渠道,如在进行儿童交流项目时,会首先利用自己的基层协调员或社区的志愿者,在当地找到贫困儿童,收集儿童信息,获取儿童需求,然后将相关信息发送到筹资办,由筹资办寻找资助人,二者交流,确定资助后资助资金汇到国际计划,进行日常管理。国际机构 XMN 则是通过与政府的合作,利用自身的项目区域确定、培训和驱动机制,从政府到基层逐级动员,构建基层组织团队,参与多维的能力培训,然后基层申请项目，机构依据项目进行筹钱发展，以此重构机构公益项目发展的路径。

对下持续负责，需要组织成为学习型组织，在实践中不断学习、改进和创新，判断项目是否合适，考虑到项目对象的瞄准性与可持续发展，以此才能促进组织项目使命的实现。

第四节　扶贫社会组织公信力建设的效果评价

伴随着社会组织公信力发展环境的改善和组织自身公信力建设的努力，扶贫社会组织形成了多维负责体系，产生了多维的负责效果，社会公众也对扶贫社会组织形成了多维认知，具体呈现的实践效果分析如下。

一　政府支持的效果评价

整体来看，非政府组织与政府除了普遍型的政府监督管理关系外，还存在一种特殊型的资源依赖关系，即具有官办背景的非政府组织，基于其特定的发展历史，在人力、财力、物力和业务上与政府有特殊的依赖关系，对政府存在特殊性质的负责。官办型社会组织是中国本土社会组织发展的一种重要类型，他们与政府特殊的依赖关系会使他们对政府有特殊的负责动力和负责路径。跟扶贫类相关、具有官方背景的社会组织有扶贫协会、扶贫基金会、老区建设促进委员会和慈善协会等，基于扶贫行业的特殊性，其均是在政府的培育下成长发展起来的，与政府存在多环节的资源对接，主要体现为四个方面。

首先，在物力上，社会组织登记必备条件之一是"有必要的场所"，调研发现，有官办背景的扶贫社会组织都借助于政府提供的场地来作为办公地址，如社会团体 DFK 依赖的是省农业厅提供的办公场所，社会团体 CFK 则是业务主管单位省扶贫办提供的办公场所。

其次，在人员配备和思想观念上，为了监控社会组织的运行，扶贫社会组织的主要管理者是由业务主管单位直接任命，人员多是离退休的老干部。在 20 世纪 90 年代发展初期特定的时代背景中，不少机构虽然成立，但因很多人不清楚社会组织是干什么的和应该怎么干的问题，以及涉及筹钱等面子问题，很少有实质的人马来设计执行相应的项目，有的只能合署办公，两套牌子一套人马。如社会团体 QXH 在 1994 年与基金会 QFP 一起成立，2008年以前协会受制于人力资本的缺乏，几乎处于停滞状态；社会团体LQJ现有员工12人，其中10人为政府退休干部，2人为外聘全职员工。社会组织这种人才的供给路径，使得其最高决策层和管理执行团队具有丰富的领导才能和社会资本，但缺乏专业职业化的社会公益组织经营管理才能，管理相对粗放，项目定位宽泛，常依据捐赠方的要求做事，难以形成社会组织自身的品牌项目。

再次，在财务上，最开始的注册资金、聘用人员的工资和基本的办公经费离不开财政的支持，主要在于现有的支持公益的资金捐赠方，大多不愿支付相应的管理经费，如社会团体QXH，注册资金6.4万元来自扶贫办资助，办公经费35万元来自财政，10万元来自市扶贫办部分项目管理费，少部分来自会员会费；基金会DFP目前工作经费主要依靠政府，也因为有政府的补助，其对捐赠资金没有提取管理费；社会团体LQJ从管理上，基于自身资源的有限性，会较多依赖扶贫办及现有的政府系统，其组织经费70%来自市财政等政府部门资金，30%来自会员会费、企业及慈善人士捐赠；社会团体CFK在2009年获取政府40万元工作经费，后来灾害比较多，地震灾害洪灾频繁，工作经费增加到80万元，用于平常的调研、招聘人员的工资和部分项目的前期准备，同时也因政府财政资金工作经费的支持，机构基本理念是别人捐赠一分钱，任何一件物品，都要真正落到实处，不能收取克扣，充分尊重捐赠人的意见，层层落到实处。对政府资金的依赖，一定程度上避免了扶贫社会组织对捐赠资金管理费的违规提取；另外也使扶贫社会组织自身运营管理的独立性受到政府的影响，使得社会组织既要接受政府财政拨款资金的例行审查，也要履行一定的政府职能，从事一些政府要求的事情。

最后，在业务上，官办扶贫社会组织成立的背景是政府让渡出来的部分公共空间，主要是承接业务主管单位不能从事、不便从事的相关业务，故在项目的执行上，与现有政策系统能有较好的配合，是在政府公布的贫困户信息和扶贫的宏观框架下开展活动，且在项目执行的"脚"上，也较多依赖与地方基层政府的合作。如社会团体CFK为寻找到合适的"脚"来执行相关项目，直接吸纳各市州扶贫办的主任为常务理事，使之联系较为紧密，工作得以依靠他们。

整体来看，官办背景扶贫社会组织的发展离不开政府资源的特殊支持，这种支持使其享受政府资源所带来的发展优势，有利于组织的形成和活动的初期开展，但对资源的支持和依赖使得其面临政府日趋完善的问责，包括相关财务的审计监督、日常项目的汇报制度、业务活动的干预合作等，这些问责一定程度上约束了官办扶贫社会组织的手脚，使其独立性较差，在开展活动时畏首畏尾，品牌化项目难以形成，且在开展活动时身份较为尴尬，如社会团体 LQJ 一方面依赖政府的经费支持；另一方面又作为独立的第三方成为政府项目的监督评估者和审查的第三方，导致其公信力受损。因此，具有官办背景的扶贫社会组织依赖政府资源得到培育和生存，但也一定程度上制约了扶贫社会组织进一步的发展。

二 对谁负责的效果评价

扶贫社会组织有目标有对象地进行公信力建设，有助于其相应信任度的提升。依据案例中扶贫社会组织公信力建设做法的后续效果展示，下面分三个部分对扶贫社会组织对谁负责的相应效果进行总结。

1. 对上负责的效果

对上负责，主要体现在对捐赠方的负责上。在负责的效果上，获得捐赠方持续的捐赠是扶贫社会组织行为关注的焦点。对案例中的国际机构来讲，其社会捐赠比例较大，其依赖捐赠主体的组织化和专业化的规则制度与反馈机制，让捐赠者能够对项目进行全程的信息获取和意见反馈，并形成对扶贫社会组织持续的资金资助和发展关注。在国内，公信力的构建中捐赠方规则制定较为欠缺，较多依赖彼此小圈子的信任问题，是一个小范围内公信力构建逐步扩大的过程，关系维系和适时高公信力机构的提点与机会给予是扶贫社会组织发展的根基，如民办非企业 SXB 在第一届世界银行牵头，众多世界知名基金会出资创办的中国发展市场上争取到一个项目，项目成功完成，很多指标超额完成，专业评估社会影响力比较好，在业内产生机构信任，中国扶贫基金会访问，产生好感，推荐给加拿大基金会、米索尔基金会，产生了持续的合作。这种契约式负责存在较多弹性的空间，也更多依赖社会组织自身的自律机制。

2. 对下负责的效果

受助方是扶贫社会组织开展活动的重要利益相关者，对受助方负责，是不少社会组织成立发展的使命与职责。对有系统专业的点衔接机制和无障碍沟通机制的扶贫社会组织来讲，接地气和较快获知受助方的需求与反馈是其具有的优势，国际社会组织能利用此优势创新筹款模式，重塑公益发展路径；草根社会组织则有利于引进多维度发展项目。扶贫社会组织在践行对下负责的活动中，产生的一个突出效果是有助于社会组织在业内公信力的达成，利于后续资金的提供，如社会团体DFK，自2010年成立以来，就注重对公益价值的追求，注重建立基本的工作规范，坚定培育扶贫项目的角色定位，为捐赠方和受助方搭建了良好的沟通平台，所做的事情为业内捐赠企业认可，最后有些企业直接为该组织捐赠业务经费，保证其日常的运行活动。同时，受制于扶贫社会组织对外宣传的力度和能力，部分草根社会组织和基层社会组织公信力在业内传播的幅度和范围有限，进一步持续的资金捐赠较为稀缺，如社会团体LZC，通过制度建设和执行力来促进内部资金的有效运行，能够在结果和过程上体现较好的公信力，但受制于自身的外界宣传，在新资金的争取上仍显得较为弱势。

尽管部分案例扶贫社会组织依赖对下负责实现了自身组织的持续发展，但是同时也存在不少以对下负责作为机构发展起点的扶贫社会组织，面临前期发展自筹资金的难题，也有部分案例扶贫社会组织因缺少基层联系的媒介，而运行规模较大，人员也较为欠缺，多是借助政府的力量和体系来实施项目，导致其离地气较远，项目随机性较大，更多强调资源和资金的给予，对捐助对象的发展需求和反馈较为欠缺，缺乏持续的关注，最终导致其项目的选择更多偏向硬件的基础设施建设，而忽视了软性的多维能力建设和贫困人员生计的内生持续发展，大多为救济性，而非发展性，对下负责的持续性受到挑战。

此外，扶贫社会组织对下负责面临的一个重要挑战是不同社会组织对象瞄准的资源整合力度不够，由于缺少"脚"的合理布局，缺少村庄持续发展的关注，缺少多种项目对同一对象的配套协调发展，导致不同社会组织瞄准的受助对象有一定程度的重叠，存在重复救助的问题，或不同社会组织关注的扶贫项目同质性较强，竞争较为激烈，导致"捐钱看面子，关系好才给捐"。如部分省扶贫办主管的多个扶贫社会组织，均从事过对贫困生的救助项目，且各有各的瞄准路径和救助方式，多为短期、一次性的救助，财力较为分散，导致资源浪费严重，可见，缺少社会组织宏观的数据信息系统和扶贫系统多元主体的协调功能，各个扶贫社会组织对自身的职能定位和项目特色重视发展不够，使自身持续发展受到较大挑战，也不利于整体社会公共扶贫生态的形成。

3. 多元负责的效果

扶贫社会组织在公信力建设时有多个利益相关群体，社会组织管理者在平衡各种竞争性与矛盾性的责任关系时，面临三个重要的效果议题：一是负责的优先序问题；二是负责的动态性；三是多元负责的系统协调性和一致性。

首先，在负责的优先序上，理论来讲，道德性的顾客被视为最主要的，组织成员其次，政府或其他的资金赞助者最次。然而在实践垂直负责关系中，社会组织仍出现更多偏向捐赠方而不是受助方负责的现象，甚至完全屈服于捐赠方，如在儿童服务活动中，尽管现有的治理和操作性的结构尝试让社会组织对所有的利益相关者负责，但是社会组织实践中对政府和捐赠者的负责仍然优先于对儿童及其家庭的负责（Fisheret et al.，2015）。异化和分歧的较量主要体现为道德性责任与权力之间的博弈，权力关系会制约相关负责行为的执行，对资源的依赖强过对道德的坚守。身陷权力的慈善组织，以追求物质利益为组织的存在根基，并竭力为组织的主要领导者或其他利益相关者负责，导致对道德使命和基本尊严追求的丧失（石国亮，2015）。实践案例显示，资源依赖型负责仍是目前扶贫社会组织主要的负责方式，但出现的较好的做法是部分扶贫社会组织在生存资源相对充足时，会创新性地采取一些措施来实现对下负责，在满足基本对上负责的前提下实现对下负责。

其次，在负责的动态性上，公信力建设意识的增强，使得扶贫社会组织逐渐会主动采取一些负责行为，将项目相关信息反馈给捐赠方，在确定的项目框架下选择受助方，但是这种负责却较少考虑到项目实施过程中出现的不确定性和调整空间，且这种行为与相关主体的要求和评价是否一致也面临较大挑战，由此使得其负责机制较为静态，针对不同主体特殊要求了解的信息负责差异性不够，对项目实践发展的动态性关注不足。在研究的案例素材中，受制于资源和人才的缺乏，这种负责仍较多存在于理想的设计中，实践中几乎没有涉及。

最后，在多主体负责的系统性和一致性上，扶贫社会组织基于情境的差异对各个利益相关主体呈现不同渠道不同维度的负责,但整体来讲,扶贫社会组织是否实现对诸多群体一致持续的负责,则需要进一步考量,具体来讲,即对部分扶贫社会组织来说,其筹资的时候以捐赠人为中心,项目实施的时候以受益人为中心,二者在末期评估结果上是否一致,且这种一致是否与组织的使命一致。实践案例显示,系统性的负责做法有所涉及,呈现出实践的适应性,具体的做法有三种:一是民办非企业 SXB,其较为成熟的资源提供方,会设置一系列对下负责的指标来筛选其项目,为争取到资金,做好项目,SXB 需要选择合适的项目、以对下负责的方式来建立资助方和合作方对其公信力的认可,并最终获取进一步的资金支持,即这种负责的一致性是以对下负责的方式来实现对上负责,最终使得负责呈现一致性;二是少部分案例共同显示的负责路径,即项目的实施是由捐赠者、扶贫社会组织和资助者在实地考察后共同商量确定的,主要依赖制度和合同契约来保证对上负责,在可变动的空间范围内,扶贫社会组织依赖良知和使命实现对下负责;三是社会团体 XCS 以对受助者负责的态度来设计募捐项目,开展募捐活动,即对下负责项目的创新是其行为的前提,和以对捐助者负责的方式来实施项目,即执行项目过程中对资源方负责,注重制度的合法性,最终使其整体负责的路径,由过去花费更多的精力在资金的来源和使用上,尽量避免和杜绝违规行为的发生,走向更深层次的负责,更多关注项目的质量和项目方案的设计,实现对捐赠者、受助者和自身组织发展的一致性负责。可见,扶贫社会组织对多元主体一致性负责较多体现在创新的适应性经验上,理论深入的探讨还未有涉及。

整体来看,目前扶贫社会组织在"对谁负责"的议题上均有一些较好的效果呈现,对上负责以契约的履行度为参考,效果表现在资金获取的稳定性和持续性上,侧面反映出捐赠方对扶贫社会组织公信力建设的认可;对下负责以使命价值为动力,正向效果表现在有助于创新筹款模式和援助项目,实现组织的内生持续发展,负向效果表现在发展初期的组织单纯对受助方的负责,会面临发展资金的难题,而缺少"脚"支撑的组织会产生项目扭曲,导致对受助方持续发展负责不够,重复救助现象较为严重;在对多元主体的负责效果上,对受助方等道德性顾客优先性负责不够,对主体负责的内容差异性和动态性不足,对多主体负责一致性上有较多适应性创新实践,但在整体理论和思路上系统深入探讨仍较稀少。

三 行为与公众认知评价

比较上文社会大众对扶贫社会组织公信力的评价认知问卷调查结果、26家扶贫社会组织公信力建设的案例访谈结果，以及促进扶贫社会组织公信力建设的政策环境分析，扶贫社会组织的公信力建设在行为与公众认知效果方面，存在以下几个特点。

1. 公信力内外关注增多，专业性不断增强

研究显示，目前约束和激励扶贫社会组织公信力建设的政策环境正在不断细化完善；多数被调研公众与扶贫社会组织有直接或间接的联系或互动，对扶贫表现出一定的、超出工作之外的关注，且关注的维度在增加，少部分调查对象已经开始用专业的眼光和渠道了解审视扶贫社会组织公信力的发展，其将扶贫社会组织公信力作为一种搜寻品，进行专业信息的收集、验证和评论，甚至后续行为的选择与参与，也有少部分调研对象甚至开始逐渐摆脱传统的捐钱捐物的方式，以志愿者的身份参与到扶贫社会组织的发展实践当中；行为主体案例扶贫社会组织在实践中结合自身的发展情境，开始为提升自身的公信力进行积极的构建实践，体现出较强的主体能动性。综合来看，目前扶贫社会组织的公信力建设，正处于较好的政策发展环境中，且受到扶贫社会组织自身的重视和社会大众较为普遍的关注。

2. 管理公信力互动较多，使公众认知较高

研究显示，案例扶贫社会组织在管理公信力建设方面，注重对机构使命价值、工作原则和日常运行制度的颁布，且在自身官网、微信公众号、微博、报纸电视及自编刊物等现代媒体上对相关信息进行公开披露；在日常项目的募捐和活动执行上，依据专业机构设置的贯彻执行，注重对自身倡导理念和工作价值的宣传。扶贫社会组织这些较高频率的信息披露及与社会大众面对面的互动，使得调查公众对扶贫社会组织的管理理念和价值以及其所开展的活动等给予了相对其他维度公信力，较大程度的关注和认同。由此可见，扶贫社会组织互动较多的管理公信力建设行为，提高了公众的认知率，获得了较高的社会公信力，即在管理公信力层面，扶贫社会组织自身所做的公信力建设努力，得到了社会大众对其的回应与认可，二者保持着较高的一致性。

3. 专业公信力付出较多，但公众认知较少

在专业公信力建设方面，研究显示，扶贫社会组织目前正在花费较大的精力进行专业人力资源的挑选与培养，不断依据实践创新组织开展的各种扶贫活动，通过建立有效的机构体系来确保各种扶贫活动对帮扶对象的瞄准性。专业公信力的建设是组织开展活动的灵魂和根基，扶贫社会组织也付出了较大的时间和人力成本，然而调研数据显示，仅有19.7%的问卷调查对象关注"从业人员是否具备专业素质"，远低于其他维度；50.7%对于扶贫社会组织活动是否满足了贫困人群的需求表示不了解，即样本公众对扶贫社会组织专业公信力的认知较少。可见，扶贫社会组织花费了较多的时间和精力进行自身专业公信力的建设，却在公众中获得较为滞后的公信力维度认可，这与核心信息的深入披露和有效沟通缺乏密切相关。

4. 财务公信力干预最多，但公众认可偏低

自社会组织公信力得到关注以来，财务问题一直是社会组织公信力建设的重要维度，金融财务的规范合作性历来是政府对社会组织监管的重要维度，也是多主体对社会组织进行监管的重要方面。案例研究结果显示，扶贫社会组织每年都要向相关部门提交年度报告和财务审计报告，要花费较多的人力财力进行财务信息的整理与审计；为提升财务公信力，扶贫社会组织进行了系列财务工作的创新，如财务的分类管理、财务系统的可追溯、自律规范制度、多维主体互动途径的实施和审核、统一形式的审计报告、具备机构特色的财务报告、附带财务信息的项目报告、官网捐赠支出信息的动态实时报告、针对特殊群体的简报等，确保自身财务信息的透明化和可靠度。然而，如此多的财务公信力监管和建设行为，样本公众对扶贫社会组织的财务公信力认可度却最低，这一方面与部分扶贫社会组织已经出现的丑闻相关；另一方面也与扶贫社会组织与社会公众较少进行财务的公开互动相关。

综合本节分析可见，在扶贫社会组织公信力建设的效果方面，外在政府的支持起到了较好的培育效果，但持续激励的效果有限；内在自身的努力，在对上负责中获得了持续的资源供给，在对下负责中创新了项目及其筹款模式，在多元负责中有较多的适应性创新实践，但对受助方持续发展关注不够，对受助方等道德性顾客优先性负责不够，对主体负责的内容差异性和动态性不足。

第五节　结论与反思

本章通过对扶贫社会组织公信力建设法律政策与规章制度的梳理回顾、案例剖析材料进一步的总结提炼和样本公众调查结果的对比分析，对扶贫社会组织公信力建设的机制进行了环境、动力、行为、效果等方面的研究探讨，得出的主要结论如下。

1. 扶贫社会组织公信力建设的法制环境不断完善

从1998年到2016年，与社会组织相关的法律文件不断更新拓展，外部监管从最开始的政府登记管理和日常的形式监管，发展为后来的多元主体综合监管倡导和不定期的抽查、约谈和投诉处理等处罚式监管措施建立；监管主体从最开始单纯的政府登记部门和业务主管单位，发展为社会多主体间的良性互动和相互之间的主动问责；政府角色从原先单纯的监管职责，发展为政府服务职能和培育引导职能的倡导。相关法律文件的颁布，为扶贫社会组织加强自身的公信力建设营造了较为健全完善的法律环境，既对社会组织的行为提供了底线监管，又为激励其发展带来了社会评估及政府购买服务的改革。

2. 扶贫社会组织公信力建设的主体参与日渐增强

在扶贫社会组织的公信力建设中，参与的主体类型越来越多，且参与的程度和参与的能力在不断增强，具体表现为：政府出台了促进扶贫社会组织公信力建设的系列文件，为部分社会组织提供了其发展初期需要的资金、人力和办公场所；扶贫社会组织基于自身的价值追求、持续发展或转型发展，而主动进行公信力构建，采取了系列公信力建设的措施，包括制度规则的设立、专业活动的开展以及相关信息的公开互动等；捐赠方作为扶贫社会组织资金的重要来源者，开始关注扶贫社会组织的发展理念和活动开展的方式，以及捐助对受助方的改善程度等；社会大众逐渐以志愿者、捐赠者、行为问责主体等方式关注和参与扶贫社会组织的发展。

3. 扶贫社会组织公信力建设的行为维度全面系统

在公信力建设的行为方面，扶贫社会组织所涉及的维度较为多元全面，不同维度的整体负责较为系统协调，具体表现为公信力建设路径和对谁负责两个方面。在公信力建设路径上，扶贫社会组织首先注重自身制度及活动的规范性与专业性建设；其次注重信息平台建设及有效信息的披露；最后注重创新工作机制促进与多主体的互动，以达到最终多个环节联动性作用，推动组织公信力建设做法的有效性。在"对谁负责"的负责对象的选择上，既有对捐赠方的负责，也有对受助方的负责；既有对政府的负责，也有对社会公众的负责；既有对各个主体有针对性的负责，也有对不同主体一致性的负责；在负责内容的选择上，既有小范围的详尽项目信息的沟通交流，也有大范围的面向公众的财务信息和管理信息的披露。

4. 扶贫社会组织公信力建设行为受发展情境影响

在加强自身公信力建设上，不同类型的扶贫社会组织和不同的扶贫社会组织案例的行为选择有较大的差异，主要受制于发展类型和发展情境的影响，体现在负责机制的选取、公信力维度的选择和对谁负责的选择三个方面。在负责机制上，政府监管比较单一的时候，报告是主要的公信力机制，而随着法律制度和规章政策的不断完善，绩效评估、公众参与、自律和社会审计等机制开始进入探索实验阶段；不同的案例扶贫社会组织基于自身发展定位和预期收益的高低，选择了不同的公信力建设机制进行自律建设。在公信力建设维度选取方面，受制于类型的差异，扶贫社会组织生存发展所需要的资金来源、人才来源和项目选择执行方式有较大差异，表现在基金会更注重管理公信力和财务公信力、社会团体和民办非企业更注重专业公信力。在对谁负责的选取上，资源诉求性社会组织选择对上负责，发展追求型社会组织注重对下负责，而生存发展资金缺乏和追求自身使命价值的社会组织，又会根据发展情境，创新性地采取一些适应措施来实现多元负责。

5. 扶贫社会组织公信力建设的效果与理想有差距

扶贫社会组织在外界环境约束和激励下，根据自身发展的情境，采取了系列多维公信力建设措施，整体来看取得了较好的效果，如获得政府的认可、捐助者的持续捐赠、创新项目活动的认可等，但也出现了部分与理想有一定差距的效果，具体体现在公信力建设理论与实践的差距，以及公信力建设行为预期与社会公众评价认可的差异两个方面。在负责对象选择上，公信力建设理论认为，道德性顾客应为社会组织优先负责的对象，但在实践中，该类主体常常是后置负责的对象；在负责内容更新上，理论上，扶贫社会组织项目的设计与实践需要对接，且随着活动的开展应该具有一定的动态性和可调整性，由此使得扶贫社会组织需要根据情境对相关主体进行动态式更新，但是实践中扶贫社会组织的负责却较为静态，过程的适应性调整在信息沟通时较少涉及。在公信力建设行为预期上，扶贫社会组织仅在管理公信力方面所做的努力与社会认可度较为一致，而在专业公信力和财务公信力方面，扶贫社会组织所做的努力与社会公众的认可度之间存在较大的差距。

第六章 推进扶贫社会组织多维公信力建设

基于文献综述和实践经验，研究对扶贫社会组织的公信力建设从管理公信力、财务公信力、专业公信力和社会公信力四个维度进行了探讨，内容涉及具体的公信力建设举措和公信力互动路径两个方面，最后在行为分析的基础上，探讨总结了主体公信力行为建设的逻辑与效果。下面将对扶贫社会组织公信力建设的经验做法和对策建议进行具体阐述。

一 扶贫社会组织公信力建设的经验做法

1. 多维公信力建设措施与公开路径

依据对调研案例深入系统的剖析，整体来看，在公信力建设措施上，案例扶贫社会组织在每个公信力维度上均采取了一定的行为，既有来自外界要求的强制措施，也有来自机构自身的自律创新性做法；对相应的公信力建设行为，扶贫社会组织大多数做法都在官网上进行了公示，公示的形式也有诸多创新。扶贫社会组织具体的多维度公信力建设措施与互动路径的经验做法如表103所示。

表103　　案例扶贫社会组织多维公信力建设的经验做法

多维指标		建设内容的经验举措	社会公信力建设
管理公信力	组织结构	·以活动资金主要来自市场捐赠，来保持组织的独立性 ·依据管理需求设置合理的部门	·将包含资金收入来源结构的审计报告，在官网上进行公示 ·将机构部门设置在官网公示

续表

多维指标		建设内容的经验举措	社会公信力建设
管理公信力	制度建设	·建立章程，提出组织使命、发展愿景与工作理念 ·为组织管理和各项业务活动建立基本的制度规范 ·依赖自律，确保制度的实践适用性和执行的落实性	·将章程和组织的各项制度在官网公示，将使命价值在多种媒介和开展的活动实践上予以宣传
	管理绩效	·通过增加总收支和受益人数，降低行政经费等非业务活动成本及人均服务支出，来提升其管理绩效	·将受益人口和收支结构分别在年度报告和审计报告中公示
财务公信力	透明度	·形成完整的年度财务审计报告 ·形成独立的项目财务报告或特殊时间节点的财务报告 ·形成财务信息捐赠与支出的动态统计	·审计报告按年在官网公示 ·小范围公示独立财务报告、附带有财务信息的项目报告 ·官网设置动态捐赠与支出的信息透明窗
	可靠度	·聘请特殊要求的一个或多个专业审计机构对财务进行审计核实，实现外部监管 ·设置自律性财务制度，如内部审计和自查制度、财务可追溯系统、内部监测调整和外部沟通互动机制等，进行财务信息的内部监管	·官网公开财务制度和专业审计机构出具的完整的审计报告
专业公信力	员工专业	·聘任有扶贫或社会组织工作经验，以及强烈慈善情怀的人作为组织领导人才、核心员工和专职人员 ·拓展建立包括会员、理事、志愿者等在内的多元人力资源供应渠道 ·搭建项目合作团队利用组织外优秀人力资源 ·注重专业的人员发展梯队建设、培训开发和激励管理制度建设	·借助官网和年度报告等信息公示平台，披露核心员工、组织高层决策团队和监督团队的成员，公示的内容包括姓名、职务、照片、社会职务、联系方式、学习和工作简历等

续表

多维指标		建设内容的经验举措	社会公信力建设
专业公信力	服务专业	·选择设计与使命相关的服务项目；注重品牌项目的开发推广； ·形成专业化的项目运作模式，包括适应性项目选择、创新性项目的设计与监督、创新项目筹资与管理模式等	·通过官网、微信公众号、微博、刊物等一种或多种渠道向公众或特定的捐赠群体公布与组织项目相关的信息，主要体现形式为项目进展的新闻报道、专门促进宣传的刊物、专业的项目报告和机构组织的年度报告等
	对象瞄准	·根据专业研究报告、地区发展指标、不同主体确立的原则等清晰界定服务区域和服务对象； ·通过项目活动参与机制、可衡量性指标及工作程序的创新等方法来瞄准服务对象； ·通过政府、项目第三方评估机构和自我监测评估机构对项目对象瞄准程度进行检验。	·通常会对项目对象在官网和重要媒介上进行公示 ·在瞄准做法上，仅有少部分机构通过独立的项目报告进行公示
社会公信力		·设立专业的信息整理及选择公示的部门 ·进行专业网络平台的设计与维护 ·设立监督反馈平台，如网页、电话等	·官网上进行公示

2. 公信力建设的发展机制与价值取向

在整体的公信力建设机制上，本报告主要探讨了扶贫社会组织所采取的公信力机制、对谁负责的实践取向，以及导致其公信力建设的自律和他律机制三个方面。

首先，在公信力机制上，报告是最主要的公信力机制，案例扶贫社会组织通常是对组织相关的信息凝练成年度报告、项目报告、审计报告、季度报告和新闻等，来与公众进行沟通，即年度报告和审计报告为目前扶贫社会组织基本的信息公开载体，是整体采用最多的公信力机制。对于其他的公信力机制来说，扶贫社会组织虽有不同程度的涉及和推进，但整体上仍处于初步探索阶段，其成为主要的公信力机制仍有较长的路要走。

其次，在对谁负责的价值取向上，扶贫社会组织的做法如下：（1）在项目周期的不同阶段，扶贫社会组织体现出对不同主体的负责，即在捐赠资源动员阶段，主要对下负责，表现为对贫困群体生活现状的关注和揭示；在捐赠协议签订后，主要对上负责，表现为要按照与捐赠方签订的捐赠协议开展相关活动；在捐赠执行可以把控的区间内，其会依据使命和价值适当地对下负责，表现为在捐赠协议未明确规定的实践操作层面。（2）在组织法律合法性获得方面，注重对政府的负责。（3）在社会环境情境上，当传统信息流通较为缓慢和闭塞时，扶贫社会组织基于信息沟通和公开的成本，以及捐赠资源的集聚化，较多注重对资源捐赠方的负责；而随着信息流通的低成本和快速性，负向信息流通所造成的恶劣影响，以及社会大众小额捐赠文化的形成，扶贫社会组织开始注重对社会大众的负责。（4）在多情境的驱动下，扶贫社会组织会采取创新的措施来实现多元一致化的负责。

最后，在促进公信力建设的机制上，自律和他律以推拉的牵引作用引领着扶贫社会组织的公信力建设行为，主要体现在政府的底线监管、公众的协同监督，以及社会组织自身及行业的自律约束三个方面，最终走向多主体治理的协同化。具体来讲，扶贫社会组织的外部他律主要表现为政府的底线监管，其中又以对组织财务监管审计关注最多，另外也开始涉及社会参与监管的倡导和做法，但实践仍处于发展初期；从组织内部自律来讲，行业规范在扶贫社会组织实践领域仍较少探讨，案例素材仅在部分草根社会组织讨论时有所涉及，故扶贫社会组织要积极进行公信力建设，其业务活动开展所涉及的内部管理和项目瞄准机制仍更多依靠自身的发展诉求，需要在发展中依赖自律不断完善。

二 扶贫社会组织公信力建设面临的挑战

依据对调研案例的深入系统剖析，如表104所示，在扶贫社会组织公信力建设措施上，扶贫社会组织公信力建设面临的挑战主要表现在科学的管理绩效评价方法的设立、扶贫社会组织人才的培养和持续精细项目的创新三个方面；在社会公信力建设层面，挑战主要表现在有效信息的建立和信息的专业性解读及互动两个方面。此外，在公信力建设发展机制上，挑战表现在对受助方负责不够、动态一致性负责不强和多主体问责能力较为缺乏等。

表104　案例扶贫社会组织多维公信力建设面临的问题与挑战

多维指标		建设内容的问题挑战	社会公信力建设挑战
管理公信力	组织结构	·组织存在多个名称，与相关组织关系未清晰界定	·没有将相关信息公开阐释，导致公众不了解
	制度建设	·制度落实的外在监督性不强	·管理制度完全内部化，外界参与互动较少，导致社会信任感减弱
	管理绩效	·缺少科学的管理绩效评价指标体系和评价方法	·缺少管理绩效形象数据公示，导致公众对此缺少直观认知
财务公信力	透明度	·部分财务内容缺乏，尤其是核心财务信息缺乏，不完整	·财务信息缺少及时、连续有效的披露
	可靠度	·专业审计费缺乏	·与公众互动不够深入，难以获取深层信任
专业公信力	专业员工	·顶尖的人才留不住 ·一般的员工能力差	·员工信息公示不全面，部分核心员工核心信息未公示，如对直接参与项目执行和决策的人员信息披露，及其专业化职业发展背景的披露，相对较少
	专业服务	·服务内容较多注重应急救灾和对弱势群体的简单救助，体现为救济型扶贫，而对改变贫困人群脆弱的生计结构和预防返贫的措施活动开展较少	·公示的项目信息较为零碎，缺少系统性和专业性，对核心的专业信息披露较少，缺少对项目运作机理和实际效果的详细论述
	对象瞄准	·部分机构选择服务对象有一定的偶然随机性	·缺少对象瞄准的方法公示

续表

多维指标	建设内容的问题挑战	社会公信力建设挑战
社会公信力	·建立专业有效的信息沟通反馈平台较难	·平台维护的稳定性不够、信息更新不及时、公示频率较低

具体挑战总结阐述如下：

1. 专业技术和人才较为缺乏

研究显示，从公信力建设措施来讲，扶贫社会组织公信力的提升面临三个重要的难题。难题一是管理绩效的清晰展现，需要科学严谨的管理绩效核算方法，如何在现有的数据中通过创新标准的方法进行扶贫社会组织管理绩效的测量，或开发出利于计算扶贫社会组织管理绩效的指标，促使其相关信息的统计披露，是目前面临的第一个难题。难题二是案例扶贫社会组织在人员的持续培养和保留上面临较大的问题，即人才队伍的保留面临两难的境地，顶尖的人才留不住，一般的员工能力差。难题三是目前扶贫社会组织在服务内容的选择上，大多数扶贫社会组织仍较多注重应急救灾和对弱势群体的简单救助，体现为救济型扶贫，经营管理相对粗放，常常以"区域瞄准"为目标，而对改变贫困人群脆弱的生计结构和预防返贫的措施活动开展均较少，不利于扶贫社会组织项目持续公信力的提升。

2. 有效信息的披露较为有限

在多维公信力相关信息披露上，案例扶贫社会组织基本上都进行了一定信息的披露，但是整体上信息透明化的处理仍有大幅改进的空间，具体表现在信息披露平台的稳定性和更新频率差异较大，对社会组织的财务信息公示不完整，对直接参与项目执行和决策的人员信息披露较少，对核心的专业服务信息披露和项目运作机理与实际效果的详细论述较少。同时，问卷调查显示，样本群体整体上接触的、与扶贫社会组织相关的信息量偏少，了解的渠道主要依赖网络手机和电视广播的主动传播。

3. 信息的多元互动较为缺乏

在扶贫社会组织相关信息的传播上，现代信息传递的低成本和方便快捷性，能使社会大众接触到较多的社会组织公信力建设信息，但基于信息内容的不够全面、财务信息的解读能力较差和较多的社会组织慈善丑闻出现，人们对信息的真实性存在怀疑，信任度不高。研究显示，当问卷调查对象对扶贫社会组织增多一份了解时，其对扶贫社会组织的认可度和满意度也随之提升，因此，有效的互动能够增加社会大众对扶贫社会组织的了解。然而，案例研究显示，仅有极少数扶贫社会组织建立有与公众的信息沟通与反馈机制，大多数社会组织缺乏与公众的信息分享和互动机制。

4. 多元主体负责的力度不足

研究显示，扶贫社会组织在负责的优先序上，对社会组织仍出现更多偏向对捐赠方而不是受助方负责的现象，甚至完全屈服于捐赠方，产生异化负责的现象较多；在负责的动态性上，扶贫社会组织逐渐主动采取一些负责行为，将项目相关信息反馈给捐赠方，在确定的项目框架下选择受助方，但是这种负责却较少考虑到项目实施过程中出现的不确定性和调整空间，且这种行为与相关主体的要求和评价是否一致也面临较大挑战，由此使得其负责机制较为静态，针对不同主体特殊要求了解的信息负责差异性不够，对项目实践发展的动态性关注不足；在多主体负责的系统性和一致性上，扶贫社会组织基于情境的差异对各个利益相关主体呈现不同渠道不同维度的负责，但整体来讲，扶贫社会组织是否实现对诸多群体一致持续的负责，则需要进一步考量，具体来讲，即对部分扶贫社会组织来说，其筹资的时候以捐赠人为中心，项目实施的时候以受益人为中心，二者在末期评估结果上是否一致，且这种一致是否与组织的使命一致。

三 推进扶贫社会组织公信力建设的建议

1. 促进政府底线监管和服务培育职能的凸显

首先，做好底线监管，继续完善有关社会组织，尤其是扶贫类具有公益性质社会组织的各项法律法规，使得社会组织从筹备、创立，到运行和发展的各个阶段的各个行为都有法可依，有章可循，对社会组织的违法和非法行为严厉查处，杜绝违法、非法行为的滋生和蔓延。

其次，为社会组织提供有关多维公信力建设的培训和咨询，使得社会组织对多维公信力的概念和具体内容不仅有认知，了解到公信力并非一个有着单一维度的概念，不仅仅停留于年度报告和财务审计等内容，而是包含了管理、财务、专业和社会等多个维度的、是对社会组织的全方位的要求，并且能够在实际运行中贯彻执行，确保有理念、有方法和有方向。

再次，增强多元主体组织问责意识和问责能力的培训。社会组织公信力建设做得不够好的一个非常重要的原因是外部的参与者没有更多披露报告的要求，问责主体的能动性未得到发挥和调动。对于问责主体来讲，受制于信息不对称、知识结构的差异和多主体沟通机制的缺乏，捐赠方和受助方实践问责的意识和能力比较欠缺，导致负责对象的主动性和话语权会影响非政府组织负责行为的行使。对于组织化的政府捐赠方来讲，尽管实施前设计了愿景目标，并投入了巨量的资金，但是将二者对应起来进行监督的主体却比较缺乏；企业捐赠方较多考虑捐赠行为所产生的税收优惠、对企业形象和产品的影响，以及更为广泛的企业政治利益，而较少考虑捐赠资金的使用去向与效率；个体化的公民捐赠者则较多地受制于个人的想法，对整体的问责能力和问责要求则相对较弱（Bendellet et al., 2006）。受助方基于自身能力、信息和资源的弱势，常常缺乏认知和辨别谁是谁非的能力，无法提出问题和质疑。如何通过机制创新和能力建设，促进相关主体问责权利的行使则是现代社会组织实现对谁负责的重要路径。

最后，促进政府职能转变，增加政府对社会组织的软性激励。进一步推进扶贫类社会组织购买社会服务的制度，激励扶贫社会组织为自身发展资源的获取，主动提升公信力建设水平。

2. 促进扶贫社会组织措施的创新与信息的透明互动

扶贫社会组织作为发展主体，还应在以下几个方面加强自身公信力建设：

第一，注重专业技术开发和人才的培养。专业公信力建设是社会组织开展活动的灵魂和根基，也是保持社会组织可持续发展的根本动力。专业公信力建设的核心来自对人才的需求和对人才的培养。调研结果显示，专业公信力较强的社会组织大都有专业化的技术团队，注重团队精神的构建和维护，同时以打造专业技术和提升专业品质为目标。但是目前许多社会组织的用人机制迄待完善。因此，建立与市场接轨的薪金制度和合理的人才晋升制度是吸引专业人才的关键，此外，定期的人才培训和培养机制是保持社会组织具有永久创造力、创新力及可持续发展的重要动力。

第二，促进有效信息的进一步透明化。针对扶贫社会组织因有效信息披露不全，透明度不高而导致公众对其知之甚少、信任度较低的问题，建议扶贫社会组织多关注公众所关注和想要了解的问题，尤其是财务方面的信息，扩展与公众沟通的渠道和方式，建立与公众的多元互动沟通机制，让公众参与到项目的论证、决策、执行和评估过程当中，做到项目的筹资方案、筹资过程与执行结果全过程透明，在沟通中理解和学习，让公众的反馈意见能够体现在项目的执行过程中以及最后的项目成果之中；此外，信息的透明化还应是对全对象的透明，即包括对特定捐赠人和整个社会大众在内的所有人的透明，具体需透明的信息则不仅包括机构的理念、宗旨和使命，更应包括机构的治理结构、执行的项目及绩效评价，以及机构核心人员等关键的信息。此外，建立多样化的信息披露平台，既包括法定信息披露平台、行业信息披露平台，也包括机构自己建设的平台等多元互动平台。

第三，增强组织与公众的信息互动机制。调查显示，对扶贫社会组织正向评价比较多的原因是因为与扶贫社会组织的互动或关注比较多，比较认同扶贫社会组织对穷人关注和理念的倡导，且在互动的基础上认为扶贫社会组织管理规范化程度较高，对贫困人群的需求也有所满足。因此，要促进扶贫社会组织社会公信力的提升，注重主动的宣传和多元直接有效的互动，有助于扶贫社会组织整体公信力的提升。在具体路径上，首先，应该建立相应的沟通平台和合理的制度机制，促进扶贫社会组织合法性的外部凸显；其次，应促进多元主体直接的互动交流反馈，注重有来有往，反复多元的互动持续性交流；最后，增强参与能力的培训，让多元主体的互动更为有效。

3. 以多元主体沟通机制的创新实现协同发展

搭建社会组织与公众信息沟通互动的平台，创新多主体沟通的机制，增加不同主体间的相互信任，实现多元主体的协商式负责。即社会组织"对谁负责"所依赖的途径和机制面临创新，需要采用创新性行动来推动负责的实现。多元利益相关者的对话、反思和学习是实现多元问责内容动态发展的核心，如为社会组织服务对象或受助群体提供表达需求并被倾听的场所和机会，与服务对象或受助群体建立起畅通的交流沟通机制，与同行协作建立起一种涉及全行业的反思性的文化，就行业最低标准达成共识，并鼓励就最佳标准进行跨部门对话（Crack，2013）。理论上多元的机制创新离不开与实践需求的一致性发展，离不开多元群体利益与权力的博弈，社会组织需要利用实践动态的发展情境，来推动相关负责行为的践行创新。要实现社会组织对利益相关群体负责，必须设有一系列步骤，能使公民、职员、服务使用者和其他人提出质疑或表达抱怨，允许社会组织听取服务对象或受助群体的需求、抱怨并作出回应，是实现对弱势利益相关者负责机制创新的核心，如在项目管理中增加受助方的参与和决策，设立投诉委员会或独立于机构的反馈委员会听取来自受助方的投诉，依据捐赠要求或上一层机构的管理，促进受助方的参与。

参考文献

[1] Abbey, E. M., "Constructive Regulation of Non – Government Organizations", *The Quarterly Review of Economics and Finance*, No. 48, 2008.

[2] Baraldi, C., "Intercultural Education and Communication in Second Language Interactions", *Intercultural Education*, Vol. 23, No. 4, 2012.

[3] Benjamin, L. M., "The Potential of Outcome Measurement for Strengthening Nonprofits' Accountability to Beneficiaries", *Nonprofit and Voluntary Sector Qarterly*, No. 42, 2013.

[4] Beresford, P., "User Involvement in Research: Exploring the Challenges", *NT Research*, No. 8, 2003.

[5] Bies, A. L., "Evolution of Nonprofit Self – Regulation in Europe", *Nonprofit and Voluntary Sector Quarterly*, Vol. 39, No. 6, 2010.

[6] Brinkerhoff, D. W., "Exploring State – Civil Society Collaboration: Policy Partnerships in Developing Countries", *Nonprofit and Voluntary Sector Quarterly*, No. 28, 1999.

[7] Burger, R. & Owens, T., "Promoting Transparency in the NGO Sector: Examining the Availability and Reliability of Self – Reported Data", *World Development*, Vol. 38, No. 9, 2010.

[8] Campbell, P., "The History of the User Movement in the United Kingdom", In T. Heller (ed.), *Mental Health Matters: A Reader*, Basingstoke: MacMillan, 1996, pp. 218 – 225.

[9] Carr, S., *Has Service User Participation Made a Difference to Social Care Services? Position paper* No. 3, Great Britain: Social Care Institute for Excellence, 2004.

［10］Carr, S., "Participation, Power, Conflict and Change: Theorizing Dynamics of Service User Participation in the Social Care Systems of England and Wales", *Critical Social Policy*, No. 27, 2007.

［11］Chisolm, L. B., "Accountability of Nonprofit Organizations and Those Who Control Them: the Legal Framework", *Nonprofit Management & Leadership*, Vol. 6, No. 2, 1995.

［12］Cooper, S. M. and D. L. Owen, "Corporate Social Reporting and Stakeholder Accountability: The Missing Link", *Accounting, Organizations and Society*, Vol. 32, No. 7 – 8, 2007.

［13］Crack, A. M., "Language, Listening and Learning: Critically Reflective Accountability for INGOs", *International Review of Administrative Sciences*, Vol. 79, No. 4, 2013.

［14］Ebrahim, A., "Accountability in Practice: Mechanisms for NGOs", *World Development*, Vol. 31, No. 5, 2003.

［15］Fisher, K. R., Li, J. & Fan, L., "Barriers to the Supply of Non – Government Disability Services in China", *Journal of Social Policy*, Vol. 41, No. 1, 2011.

［16］Fisher, K. R., Shang, X. & Blaxland, M., "Review Article: Human Rights Based Social Policies – Challenges for China", *Social Policy and Society*, Vol. 10, No. 1, 2011.

［17］Hasmath, R. & Hsu, J., "NGOs in China and issues of accountability", *Asia Pacific Journal of Public Administration*, Vol. 30, No. 1, 2008.

［18］Howell, J., "Civil Society, Corporatism and Capitalism in China", *Journal of Comparative Asian Development*, Vol. 11, No. 2, 2012.

［19］Hsu, C., "Beyond Civil Society: an Organizational Perspective on State – NGO Relations in the People's Republic of China", *Journal of Civil Society*, Vol. 6, No. 3, 2010.

［20］Jordan, L. & VanTuijl, P., *NGO Accountability: Politics, Principles and Innovations*, London: Earthscan, 2006.

［21］Kelly, J., "Reforming Public Services in the UK: Bringing in the Third Sector", *Public Administration*, Vol. 85, No. 4, 2007.

［22］Kilby, P., "Accountability for Empowerment: Dilemmas Facing Non-Governmental Organizations", *World Development*, Vol. 34, No. 6, 2006.

［23］Lacy, S., Watson, B. R., Riffe, D. & Lovejoy, J., "Issues and Best Practices in Content Analysis", *Journalism & Mass Communication Quarterly*, Vol. 92, No. 4, 2015.

［24］Lee, M., "Public Reporting: A Neglected Aspect of Nonprofit Accountability", *Nonprofit Management & Leadership*, Vol. 15, No. 2, 2004.

［25］LeRoux, K., "Paternalistic or Participatory Governance? Examining Opportunities for Client Participation in Nonprofit Social Service Organizations", *Public Administration Review*, Vol. 69, No. 3, 2009.

［26］Ma, Q., "The Governance of NGOs in China Since 1978: How Much Autonomy?" *Nonprofit and Voluntary Sector Quarterly*, Vol. 31, No. 3, 2002.

［27］Martin, G. P., "The Third Sector, User Involvement and Public Service Reform: a Case Study in the Co-Governance of Health Service Provision", *Public Administration*, Vol. 89, No. 3, 2011.

［28］Martin, G. P., "Public Deliberation in Action: Emotion, Inculsion and Exclusion in Participatory Decision Making", *Critical Social Policy*, Vol. 32, No. 2, 2012.

［29］Mattei, P., *Restructuring Welfare Organizations in Europe, from Democracy to Good Management?* London: Macmillan, 2009.

［30］McGann, J. J. M., "The power shift and the NGO credibility crisis", *The International Journal of Not-for-Profit Law*, Vol. 8, No. 2, 2006.

［31］McLaughlin, H., "What's in a Name: 'Client', 'Patient', 'Customer', 'Consumer', 'Expert by Experience', 'Service User'—What's Next?" *British Journal of Social Work*, Vol. 39, No. 6, 2009.

［32］Osmani, S., "Participatory Governance: an Overview of Issues and Evidence", In DESA (ed.), *Participatory Governance and the Millennium Development Goals (MDGs)*, New York: United Nations, 2008.

［33］Paul, S., "Accountability in Public Services: Exit, Voice and Control", *World Development*, Vol. 20, No. 7, 1992.

[34] Rose – Ackerman, S., "Altruism, Nonprofits, and Economic theory", *Journal of Economic Literature*, No. 34, 1996.

[35] Rutter, D., "Patients or Parents? Case Studies of User Involvement in the Planning and Delivery of Adult Mental Health Services in London", *Social Science & Medicine*, No. 58, 2004.

[36] Salamon, L. M. & Sokolowski, S. W., *Global Civil Society*: *Dimensions of the Nonprofit Sector*, Baltimore, MD: Johns Hopkins Center for Civil Society Studies, 1999.

[37] Speer, J., "Participatory Governance Reform: a Good Strategy for Increasing Government Responsiveness and Improving Public Services?" *World Development*, Vol. 40, No. 12, 2012.

[38] Stickley, T., "Should Service User Involvement be Consigned to History? A Critical Realist Perspective", *Journal of Psychiatric Mental Health Nursing*, Vol. 13, No. 5, 2006.

[39] Unerman, J. and B. O'Dwyer, "NGO Accountability And Sustainability Issues In The Changing Global Environment", *Public Management Review*, Vol. 12, No. 4, 2010.

[40] Webber, M. & Robinson, K., "The Meaningful Involvement of Service Users and Carers in Advanced – Level Post – Qualifying Social Work Education: a Qualitative Study", *British Journal of Social Work*, No. 42, 2012.

[41] Wolf, T., *Managing a Nonprofit Organization*, New York: Prentice Hall Press, 1999.

[42] 陈超阳:《我国非营利组织自律的演化：基于集体行动的视阈》,《天津行政学院学报》2012年第2期。

[43] 陈宁:《基于公信力的社会组织建设问题探析》,《青年探索》2012年第2期。

[44] 陈元:《农村扶贫中非政府组织（社会组织）的参与》,《农业经济》2007年第6期。

[45] 陈志广:《非营利组织问责：公共选择的分析》,《南京社会科学》2012年第6期。

[46] 褚宏丽：《提升非政府组织公信力的难点与对策》，《中国商界》2009 年第 11 期。

[47] 邓国胜：《中国草根社会组织发展的现状与障碍》，《社会观察》2013 年第 5 期。

[48] 樊瑾：《非营利组织的自律与他律》，《社会学》2006 年第 1 期。

[49] 傅金鹏：《重新思考 NGOs 问责》，《公共管理学报》2012 年第 1 期。

[50] 邰绍辉：《公共精神：非政府组织问责的价值维度》，《云南行政学院学报》2009 年第 6 期。

[51] 苟天来、唐丽霞、王军强：《国外社会组织参与扶贫的经验和启示》，《经济社会体制比较》2016 年第 4 期。

[52] 郭鸿炜：《我国非政府组织问责机制探析》，《沈阳工程学院学报》（社会科学版）2010 年第 1 期。

[53] 韩俊魁：《关于农村社区扶贫类社会组织可持续发展机制的几个问题》，《中国农业大学学报》（社科版）2007 年第 2 期。

[54] 孔维红：《中国社会组织问责及其路径》，《学会》2011 年第 3 期。

[55] 李小云：《在资本和技术的面前：值得警惕的公益异化》，2015 年《中国发展简报》（http://www.chinadevelopmentbrief.org.cn/news-18045.html）。

[56] 李迎生、吴咏梅、叶笛：《非营利组织社会服务的改革与创新：以民族地区反贫困为例》，《教学与研究》2012 年第 8 期。

[57] 李勇：《非政府组织问责研究》，《中国非营利评论》2010 年第 1 期。

[58] 李周：《社会扶贫的经验、问题与进路》，《求索》2016 年第 11 期。

[59] 刘求实、王名：《改革开放以来中国社会组织的发展及其社会基础》，《学会》2010 年第 10 期。

[60] 龙宁丽：《非政府组织治理中的问责研究》，《国外理论动态》2013 年第 4 期。

［61］尚晓援、李敬：《用户参与与民间儿童福利服务机构的公信力》，《学习与实践》2011年第3期。

［62］覃志敏、陆汉文：《社会组织扶贫的改革方向》，《中国财政》2016年第20期。

［63］陶传进：《评估的操作流程与组成要素》，《社团管理研究》2012年第2期。

［64］陶传进：《为基金会的评估定位》，《社团管理研究》2012年第2期。

［65］王珺、赵敬丹：《提升我国非政府组织公信力的路径选择》，《辽宁行政学院学报》2012年第10期。

［66］王名、孙伟林：《社会组织管理体制：内在逻辑与发展趋势》，《中国行政管理》2011年第7期。

［67］王名：《国内外民间组织管理的经验与启示》，《学会》2006年第2期。

［68］王名、孙伟林：《我国社会组织发展的趋势和特点》，《中国非营利评论》2010年第1期。

［69］王名：《社会组织及其在扶贫开发中的作用》，《清华大学学报》（哲学社会科学版）2001年第1期。

［70］王名：《我国社会组织改革发展的前提和趋势》，《中国机构改革与管理》2014年第Z1期。

［71］王名：《治理创新重在政社分开》，《学会》2014年第8期。

［72］王名：《中国民间组织的主要活动领域及其特点》，《中国社会报》2001年6月7日第3版。

［73］王思思：《非营利组织公益募捐中自律规范和他律规范研究》，硕士学位论文，首都经济贸易大学，2016年。

［74］夏道明：《试论我国非政府组织公信力问题及其提升》，《新疆社科论坛》2010年第5期。

［75］谢世宏、柯思林：《国际社会组织在中国》，《中国发展简报》2012年第3期。

［76］许海英、李锦阳：《中国非政府组织筹资问题研究》，《大连民族学院学报》2011年第4期。

[77] 颜琳:《我国非政府组织的公共责任及其实现机制》,《济宁学院学报》2011年第1期。

[78] 姚锐敏:《困境与出路:社会组织公信力建设问题研究》,《中州学刊》2013年第1期。

[79] 游祥斌、刘江:《从双重管理到规范发展——中国社会组织发展的制度环境分析》,《北京行政学院学报》2013年第4期。

[80] 于常有:《非营利组织问责:概念、体系及其限度》,《中国行政管理》2011年第4期。

[81] 郁建兴、沈永东、周俊:《从双重管理到合规性监管——全面深化改革时代行业协会商会监管体制的重构》,《浙江大学学报》(人文社会科学版)2014年第4期。

[82] 张高陵:《社会组织在社会扶贫中的作用》,《社团管理研究》2011年第1期。

[83] 张勇、周雪:《非政府组织公信力建设路径——基于公共理性的研究视角》,《人民论坛》2011年第23期。

[84] 郑超:《2014:社会组织的进取之路》,《中国社会报》2014年12月17日第1版。

附录一：《扶贫类社会组织公信力现状及发展》调查问卷

  本调查主要关注扶贫领域社会组织的公信力，意在了解大众对目前我国扶贫类社会组织发展的关注与评价，为促进该类社会组织公信力的提升提供实证基础。

  本研究严格遵守科学研究道德规范，回答无所谓对错，调查结果仅用于研究分析，我们将对您的信息严格保密，请放心回答。衷心感谢您的支持与协助！

我国扶贫类社会组织公信力研究课题组

被调查者个人信息

（注：社会组织指与政府、企业相区别的一类组织，包括社会团体、基金会和民办非企业单位。）

编号	具体名目	您的答案
T1 \ T2 \ T3	调查日期（　）年（　）月（　）日	
T4	所在省份：_____	
T5	所在城市：_____	
T6	性别：1 = 男；2 = 女	
T7	请问您何时出生？_____年_____月	
T8	学历：1 = 初中及以下；2 = 高中/中专；3 = 大专/本科；4 = 研究生及以上	

续表

编号	具体名目	您的答案
T9	职业：1＝政府；2＝企、事业单位；3＝社会组织；4＝国际机构；5＝农民；6＝下岗职工；7＝其他（请注明：_____）	
T10	所从事工作岗位与扶贫相关性：1＝紧密相关；2＝有些相关；3＝不相关	

A. 与扶贫类社会组织互动情况

（注：扶贫类社会组织则指扶贫领域以慈善、救助和扶贫为宗旨的社会团体、基金会和民办非企业单位。）

编号	具体名目	您的答案
A1	您平常对扶贫类社会组织关注吗？ 1＝非常关注；2＝比较关注；3＝一般；4＝不太关注；5＝不关注	
A2	您日常接触的扶贫类社会组织信息多吗？ 1＝非常多；2＝比较多；3＝一般；4＝比较少；5＝几乎没有	
A3	您接触到的这些信息来源渠道是（可多选）： 1＝网络手机；2＝官方网站；3＝电视广播；4＝报纸书刊；5＝专业年报；6＝户外广告如公车地铁广告等；7＝家人朋友；8＝工作互动；9＝其他（请注明）	
A4	其中最主要的信息来源渠道是：（选项同 A3）	
A5	您是否接受过扶贫类社会组织的资助？（1＝是；2＝否）	
A6	您是否向扶贫类社会组织有过捐赠？（1＝是；2＝否） 请填写您捐赠过的机构或组织：	

B. 扶贫类社会组织公信力评价

（注：公信力是指社会组织的行为及表现，以及为公众所接受认可、信任的程度。）

编号	具体名目	您的答案
B1	您对扶贫类社会组织的公信力情况了解吗？1＝非常了解；2＝比较了解；3＝一般；4＝不太了解；5＝完全不了解；6＝说不清楚	
B2	整体上，您对目前我国扶贫类社会组织的活动和行为认可吗？1＝完全认可；2＝比较认可；3＝一般；4＝不太认可；5＝完全不认可；6＝说不清楚	
B3	您对哪类扶贫类社会组织比较信任放心（公信力比较强）（可多选）？ 1＝名气大的；2＝未出现过慈善丑闻的；3＝由政府或事业单位发起的； 4＝款项去向透明的；5＝有固定办公地点；6＝专业化水平较高的； 7＝其他（请注明）	
B4	扶贫类社会组织的哪些做法让您觉得其公信力不足？ 1＝名气不够大；2＝透明度不高；3＝没有体现民意； 4＝专业化水平不高；5＝其他（请注明）＿＿＿＿＿＿＿＿＿＿＿	
B5	您认为影响目前扶贫类社会组织公信力的因素有哪些？（重要性排序）1＝工作人员的素质；2＝相关法律不健全；3＝外部监督机制不完善； 4＝有效的内部管理机制；5＝与政府的关系；6＝信息的真实性； 7＝社会组织是否注重公信力建设；8＝其他（请注明）	
B6	您认为扶贫类社会组织获取公信力的关键是什么？ 1＝合法性；2＝诚信机制；3＝使命感；4＝效率； 5＝完善的评估机制；6＝其他（请注明）	

续表

编号	具体名目	您的答案
B7	a. 您对目前扶贫类社会组织的工作满意吗？1＝非常满意；2＝比较满意；3＝一般；4＝不太满意；5＝非常不满意；6＝说不清楚 如满意跳答B8，如不满意请继续作答。 b. 您不满意的主要原因是（可多选）： 1＝内部管理机制不完善；2＝从业人员专业性不强；3＝外部监督机制缺乏；4＝针对性不强，工作效率低；5＝经费不透明；6＝其他（请注明）	
B8	您主要关注扶贫类社会组织的哪些方面？ 1＝资金来去向是否透明；2＝对贫困人群的瞄准范围和程度；3＝从业人员是否具备专业素质；4＝资金是否被有效使用；5＝其他（请注明）	
B9	您认为目前扶贫类社会组织的活动对贫困人群的影响：1＝非常大；2＝比较大；3＝一般；4＝比较小；5＝几乎没有影响	
B10	您了解扶贫类社会组织（如扶贫基金会）的管理模式吗？1＝非常了解；2＝比较了解；3＝一般；4＝不太了解；5＝完全不了解；6＝说不清楚	
B11	您赞同他们的理念和做法吗？1＝非常赞同；2＝比较赞同；3＝一般；4＝不太赞同；5＝完全不赞同；6＝说不清楚	
B12	a. 您对扶贫类社会组织的财务状况了解吗？1＝非常了解（继续答b）；2＝比较了解（继续答b）；3＝不了解（跳答B14） b. 如您选择非常或比较了解，您通常怎样了解扶贫类社会组织的财务状况？1＝通过其官网；2＝通过网络、报刊等社会媒体；3＝通过民政部门年检信息和公报等；4＝通过同事朋友等；5＝其他（请注明）	
B13	您认为扶贫类社会组织应公开其财务信息吗？1＝应该；2＝不应该	
B14	您认为目前扶贫类社会组织的整体财务透明度怎么样？ 1＝非常高；2＝比较高；3＝一般；4＝比较低；5＝非常低	

续表

编号	具体名目	您的答案
B15	您认为扶贫类社会组织所公开的财务信息的真实程度如何？ 1＝非常真实；2＝比较真实；3＝不清楚；4＝不太真实；5＝完全不真实 　　您的理由是：（　　　　　　　）	
B16	您认为扶贫类社会组织的哪些财务信息应该公开？（可多选） 1＝资金来源；2＝资金去向；3＝资金使用效率；4＝其他	
B17	您认为扶贫类社会组织财务公开的方式和途径应该有哪些？（可多选）1＝在其官网设透明窗；2＝在民政部门相关网站设透明窗； 3＝通过微信微博的方式定期公布状况；4＝您的建议：（　　　　）	
B18	您觉得扶贫类社会组织从业人员的专业性怎样？1＝非常专业；2＝比较专业；3＝不太专业；4＝不专业，完全外行；5＝说不清楚，不了解	
B19	您认为扶贫类社会组织从业人员应具备怎样的素质？（请按重要性排序）1＝应具备与从事专业相关的教育或培训背景（如扶贫、社会工作等）；2＝了解市场或贫困人口的需求；3＝办事效率高；4＝其他（注明）	
B20	您认为扶贫类社会组织提供的服务内容应该：1＝与市场接轨，反映市场需求；2＝以扶持救助为主，反映贫困人口的需求；3＝与社会组织专长一致；4＝以政府或资源供给者要求为主；5＝其他（请注明）	
B21	您怎样看待扶贫类社会组织的各种扶贫项目或活动？ 1＝很好；2＝比较好；3＝一般；4＝不太好；5＝非常不好；6＝说不清楚； 您认为好或者不好的理由是：（　　　　　　　）	

续表

编号	具体名目	您的答案
B22	就您的了解，您认为扶贫类社会组织所制定的项目或从事的活动是贫困人群所需要的吗？1＝是；2＝不是；3＝不了解	
B23	您参与过扶贫类社会组织的公益活动吗？如做志愿者、为贫困地区捐款或捐献衣物？1＝是；2＝否 请注明参加的具体活动：（　　）	
B24	您选择捐赠组织的标准是什么？1＝其他人选哪个就选哪个；2＝名声好；3＝有政府背景的；4＝自己了解比较多的；5＝其他（请注明）	
B25	您认为扶贫类社会组织应该怎样选择其受助群体或对象？1＝有自己的一套选择体系和标准；2＝以低保或贫困线界定的人群为准；3＝以公众或媒体披露的救助人群为准；4＝以资源供给方的要求为准；5＝以有需要人群的申请或求助为准；6＝其他（请注明）	
B26	您怎样评价扶贫类社会组织对受助人群的瞄准？1＝非常精准，帮扶了真正有需要的人；2＝部分精准，有些偏离目标人群；3＝严重偏离目标人群	
B27	您如何看待扶贫类社会组织接受第三方评估的必要性？（注：第三方是指除扶贫类社会组织及其扶助对象之外的第三方，应具有独立性，专业性和权威性等特征）1＝很有必要；2＝没有必要；3＝不清楚	
B28	您认为哪些方式有助于提升扶贫类社会组织的公信力（请按重要性排序）？1＝加强内部管理；2＝增加失范行为曝光率；3＝增加公众参与监督；4＝促进行业自律；5＝完善法律相关规定	

C. 扶贫类社会组织公信力建设面临的问题和应采取的对策

编号	具 体 名 目	您的答案
C1	您认为目前扶贫类社会组织最突出的问题是什么？ 1 = 内部管理混乱；2 = 从业人员业务不精，效率低； 3 = 对外公布信息避重就轻，透明度不高；4 = 其他（请注明）	
C2	您认为造成以上扶贫类社会组织突出问题的主要原因是： 1 = 扶贫类社会组织行政化色彩太浓；2 = 从业人员素质较低； 3 = 缺乏有效的内部管理制度；4 = 相关法律法规欠缺或不完善； 5 = 外部监督无力，对失范行为惩罚力度不够；6 = 其他（请注明）	
C3	在公信力建设上，您觉得扶贫类社会组织应加强哪几方面的工作：（可多选）1 = 加强宣传，提高社会知名度；2 = 提升服务质量；3 = 提高工作人员素质；4 = 与国内外优秀同行机构交流合作；5 = 加强内部管理和外部监督机制的建设；6 = 增强第三方评估；7 = 其他（请注明）	
C4	在促进扶贫类社会组织公信力建设上，政府应：1 = 完善立法；2 = 承担更多监管责任；3 = 大众参与认可基础上购买公共服务；4 = 其他	
C5	您是否同意：社会组织应加强自身公信力建设，以获得更好的发展？ 1 = 赞同；2 = 比较赞同；3 = 无所谓；4 = 不太赞同；5 = 完全不赞同	
C6	针对部分社会组织公信力缺失，您建议应如何改进？（请按重要性排序）1 = 规范社会组织内部管理；2 = 增强公民参与监督的责任；3 = 加强社会组织行业自律；4 = 增加社会组织的信息透明度；5 = 政府承担更多的监督管理责任；6 = 完善相关法律法规；7 = 其他（请注明）	

续表

编号	具 体 名 目	您的答案
C7	就社会监督机制而言,您认为哪些方式对社会组织公信力的提升比较有效: 1=社会组织定期发布财务及项目执行情况报告;2=社会组织应建立与公众信息交流互动的平台,主动接受公众的监督;3=独立第三方机构的评估报告;4=其他(请注明)	
C8	其他建议对策:(　　　　　　)	

附录二：扶贫社会组织登记管理机关访谈提纲

［1］目前登记造册的有多少个社会组织？还有多少未登记，能否估算一下？这些社会组织为什么不登记，您觉得有哪些方面的原因？门槛高？

［2］这些社会组织主要在哪些部门/领域从事哪些方面的活动？哪些部门的社会组织比较饱和？哪些部门还需要培育？

［3］这些社会组织的资金来源有哪些？基金会？政府部门？个人捐款？稳定吗？他们主要做些什么？做得好吗？

［4］这些社会组织主要对谁负责？对你们（政府）？出资人？服务对象（受益者）？

［5］你们对这些社会组织的评估和监督措施有哪些？年检？财务报告？工作报告？审计？哪种监督最有效，或者最无效？分等级吗？对不同的等级评定有何奖惩措施？

［6］目前有第三方评估的要求吗？谁来评估？怎样评估？对于不合格的有退出机制吗？谁来执行？效果如何？存在哪些问题？

［7］你们觉得目前社会组织存在的主要问题有哪些？可以通过哪些途径提升？

［8］您能否推荐2—3个有代表性的社会组织我们做下实地考察？

附录三：扶贫社会组织案例深度访谈提纲

研究根据访谈机构的不同，设计了内容基本相同，但针对具体机构有所调整的访谈提纲，具体有以下四个模板。

提纲一：

［1］你们有无机构章程？

［2］你们主要做些什么？服务对象是谁？人数？

［3］你们的资金来源有哪些？数量/年？

［4］你们总共有多少员工？他们都有哪些专业背景？各自履行什么职责？你们对这些员工最主要的要求是什么？专业知识还是……？

［5］作为社会组织，一般都有自己奉行的一套使命、价值观或宗旨，你们的价值观、宗旨或使命是什么？这些宗旨和使命是如何体现于每日工作/生活中的？哪些方面还有待提高？

［6］约束你们的主要是这些价值观、宗旨还是外在的条令/条例等（如民政局的管理规定）？你们觉得对你们最有约束力的机构是？对你们最有约束力的管理和规定是哪（些）条？为什么？

［7］你们的决策人/机构是谁？参与的人一般有哪些？决策的依据是什么？体现了市场或者服务对象的需求吗？有市场调研吗？你们的活动通过什么形式让公众知晓？媒体宣传？群众参与决策？

［8］你们每年接受的各种监督和管理有哪些？年度报告（报告主要内容）？对谁报告？年检（谁来检）？财务审计（对谁）？

［9］2007年民政部出台《关于推进民间组织评估工作的指导意见》，这是一个自愿参加的第三方评估，你们参加了吗？从哪一年开始参加？结果怎样？对你们的管理、发展有无促进？

［10］你们觉得最应该对其负责的是谁？民政局？出资方（基金会、用户）？媒体？公众？受益人？

［11］你觉得最有效的管理形式或做法是什么？

［12］你们现在最大的难点或问题是什么？

提纲二：

［1］作为公募基金会，你们主要的资金来源是什么？公募的对象是哪些地方？每年募集的资金有多少？资金筹措难吗？为什么？

［2］资金筹措上来之后主要用在哪些方面呢？采用什么样的形式？是项目还是……？对这些……是如何管理的？在哪些方面是透明的？途径是什么？这些机制的约束力如何？还有提升空间吗？

［3］你们主要对谁负责？民政局？扶贫办？公众？媒体？受益人？能否排个序？第一需要负责的是谁？第二？第三？

［4］你们如何选择跟下面的草根合作？选择的标准是什么？他们一定是在民政局注册过的吗？他们是主要对你们负责吗？你们如何评估和验收他们的工作？有等级评定吗？奖惩如何？

［5］你们这个机构总共有多少人？理事会构成？有监事会吗？专职的人员资质及分工情况？都能胜任吗？

［6］2007年民政部出台《关于推进民间组织评估工作的指导意见》，这是一个自愿参加的第三方评估，你们参加了吗？从哪一年开始参加？结果怎样？对你们的管理、发展有无促进？

［7］你们有明确的宗旨/使命吗？是什么？员工都认同吗？你自己评价下，感觉是不是实现了这些宗旨？

［8］你觉得你们现在主要存在的问题是什么？

提纲三：

［1］你们的资金来源有哪些？每年大概有多少？

［2］主要做些什么工作/职能？采用什么形式？哪些人/部门来执行？

［3］你们的管理模式是怎样的？谁决策？哪些人参与，各自代表什么利益方？

［4］对你们最有约束力的是哪些条例规定？你们主要对哪些人/机构

负责?

［5］你们每年要参加由哪些部门组织的哪些评估？比如年检？主要形式（报告）？管用吗？你觉得最有效的管理形式或做法是什么？

［6］2007年民政部出台《关于推进民间组织评估工作的指导意见》，这是一个自愿参加的第三方评估，你们参加了吗？从哪一年开始参加？结果怎样？对你们的管理、发展有无促进？

［7］你们有明确的宗旨/使命吗？是什么？员工都认同吗？你自己评价下，感觉是不是实现了这些宗旨？

［8］你们的活动通过什么形式让公众知晓？媒体宣传？群众参与决策？

［9］你觉得你们现在面临的主要问题是什么？如何改进？

提纲四：

［1］你们是如何保证公信力的？在机制建设方面有哪些构成及特点？

［2］管理公信力：

　　a）外部管理机制有哪些？对哪些机构负责？如何看待基金会管理条例？

［3］专业公信力

　　a）从管理层到普通员工的专业性如何体现？教育背景怎样？

　　b）项目运作和管理的专业性，有无定期培训？

　　c）有无培训机制及奖惩机制？有具体细则吗？

［4］财务公信力：

　　a）公募基金会，主要资金来源和用途？

　　b）财务透明如何体现？除了网站，还有其他何种方式？

　　c）财务管理和监督机制主要有哪些？

［5］社会公信力：

　　a）对于实施项目的有效性是如何监测的？

　　b）你们主要对谁负责？民政局？扶贫办？公众？媒体？受益人？能否排个序？第一，需要负责的是谁？第二？第三？

［6］你们的资助方式是直接资助还是与草根合作，如何选择合作对象？选择的标准是什么？双方的责任和义务是如何限定的？

〔7〕2007年民政部出台《关于推进民间组织评估工作的指导意见》，这是一个自愿参加的第三方评估，你们参加了吗？从哪一年开始参加？结果怎样？对你们的管理、发展有无促进？

〔8〕你们有明确的宗旨/使命？员工的认同度怎样？你自己评价下，感觉是不是实现了这些宗旨？

〔9〕您怎么看我国扶贫基金会的公信力建设，您有哪些建议？与省、市县扶贫基金会的关系是怎样的？

〔10〕响应国家走出去的战略，你觉得你们机构在哪些方面已经走出去了，后面还有什么计划，制约的因素有哪些？